영적인 스승들과
연결하기 (하)

일러두기 / 이 책은 우리의 상위자아, 그리고 영적 스승인 상승 마스터들과 연결되는 데 필요한 지식과 실용적인 도구를 제공합니다. 영적인 성장을 위해서는 상승 영역에서 제공되는 참조틀이 반드시 필요하며, 상승 영역의 스승들이 이 책을 통해 제공하는 지식과 도구가 안전한 참조틀이 되고 있습니다.

영적인 스승들과 연결하기

ⓒ2024~, Kim Michaels

킴 마이클즈를 통해 전해진, 한국의 미래를 위한 상승 마스터들의 메시지를 '그리스도 의식을 추구하며' 카페에서 공부하는 상승 마스터 학생들이 번역하고 디자인 및 편집을 해서 직접 이 책을 펴냈습니다. 이 책의 한국어판 저작권은 저작권자인 킴 마이클즈와 계약을 한 '그리스도 의식을 추구하며' 카페에 있습니다.

아이앰 출판사(http://cafe.naver.com/iampublish)는 '그리스도 의식을 추구하며' 카페에 의해 상승 마스터의 가르침들을 널리 알리기 위한 목적으로 설립되었으며, 2015년 9월 4일(제 2015-000075호)에 등록되었습니다. 주소는 서울시 송파구 장지동 송파파인타운 11단지 내에 있으며, 인터넷 카페는 http://cafe.naver.com/christhood입니다.

2024년 2월 20일 펴낸 책(초판 제1쇄)

번역 및 디자인, 편집, 출판: 아이앰 편집팀
이 책은 최대한 내용의 명확한 전달에 초점을 맞추어 번역되었음을 알려드립니다.

ISBN 979-11-92409-11-5

이 도서의 국립중앙도서관 출판시도서목록(CIP)은 서지정보유통지원시스템 홈페이지 (http://seoji.nl.go.kr)와 국가자료공동목록시스템 (http://seoji.nl.go.kr/kolisnet)에서 이용하실 수 있습니다.

영적인 스승들과 연결하기 (하)

Connecting with Your Spiritual Teachers

킴 마이클즈

I AM

킴 마이클즈(Kim Michaels)

1957년 덴마크 출생. 킴 마이클즈는 60여 권의 책을 펴낸 저자이자 이 시대의 가장 탁월한 메신저 중의 한 사람입니다. 15개국에서 영적인 컨퍼런스와 워크숍을 이끌면서 많은 영적인 탐구자들의 상담자 역할을 해왔으며, 영적인 주제를 다루는 다수의 라디오 프로그램에 출연하기도 했습니다. 그는 다양한 영적 가르침을 광범위하게 연구해 왔으며, 의식을 고양하는 다양한 실천 기법들을 수행했습니다. 2002년 이래로 그는 예수를 비롯한 여러 상승 마스터들의 메신저로 봉사하고 있습니다. 그는 신비주의 여정에 관한 광범위한 가르침을 전해주었으며, 그 가르침은 그의 웹사이트에서 무료로 제공되고 있습니다.

공식 한국어 번역 사이트 (네이버 카페)
cafe.naver.com/christhood

비영리 단체인 '그리스도 의식을 추구하며' 네이버 카페에서는 킴 마이클즈가 지난 10년 이상 웹사이트에 공개한 상승 마스터들의 메시지 및 기원문을 번역해서 제공합니다. 누구나 가입해서 자유롭게 내용을 볼 수 있으며, 상승 마스터들의 가르침을 따라 스스로 내면의 여정을 걸어갈 수 있는 환경을 만들려고 노력하고 있습니다. 카페에서는 정기적인 온라인/오프라인 모임과 상승 마스터 컨퍼런스, 자아통달의 수행 과정을 진행하고 있습니다. (상세 내용은 책 끝부분 참조)

차례

9. 신성한 사랑을 직접 경험하세요 · 1

9-1. 신성한 사랑의 체험을 기원합니다 · 19

10. 이원적인 순수성의 기준 너머로 가속하기 · 37

10-1. 순수함에 대한 순수한 관점을 기원합니다 · 53

11. 우리를 더 높이 올려줄 진리에 도달하기 · 73

11-1. 나를 더 높이 올려주는 진리를 기원합니다 · 91

12. 멘탈 이미지를 놓아버리고 그 현존을 체험하세요 · 109

12-1. 나다의 현존을 기원합니다 · 135

13. 그리스도 의식을 표현하는 방법을 결정할 자유 · 159

13-1. 그리스도 의식의 표현을 기원합니다 · 181

14. 현존으로 존재할 것인가, 아닌가 · 201

14-1. 나의 현존을 기원합니다 · 221

15. 상위자아와 언어로 소통하는 것을 초월하세요 · 249

15-1. 언어를 초월한 소통을 기원합니다 · 257

16. 공(emptiness)은 빈 개념입니다 · 275

16-1. 고타마 붓다와의 연결을 기원합니다 · 293

9
신성한 사랑을 직접 경험하세요

나는 상승 마스터 베네치아의 폴입니다. 여러분은 영적인 스승들과 연결하는 것이 정말 어려운 과제라고 생각할지도 모릅니다. 그리고 많은 사람에게 그것은 정말 어려운 과제입니다. 이런 이유로 우리 초한들은, 일곱 광선 중 하나와 광선이 지닌 신성한 특성들을 통해 많은 사람이 영적인 스승과 더 쉽게 연결될 것이라는 결론을 내렸습니다.

당연히 예수께서는 자신의 담화가 특정한 의식 수준에 있는 사람들을 대상으로 한 것임을 잘 알고 있습니다. 대부분의 사람은 내면의 그리스도를 받아들이는 전환을 할 수 없기 때문입니다. 따라서 많은 사람에게 일곱 광선 중 하나와 그 특성에 집중하는 편이 더 쉬울 것입니다. 그들은 광선의 특성에 대해 숙고하고 조율하면서 그 광선의 디크리와 기원문을 낭송하는 것을 통해, 아마 자아통달 과정의 책들을 공부하는 것을 통해, 우선 광선의 특성에 더 많이 조율할 수 있을 것이고, 그런 다음 특정한 마스터, 특정한 초한이 이런 특성들을 대표하고 구현하고 있음을 깨닫게 될 것입니다.

결국 우리는 몇 개의 담화를 주기로 결정했습니다. 하지만 이것들이 자아통달 과정의 담화나 특정한 광선에 대한 다른 가르침들을 대체할 수 있는 것은 물론 아닙니다. 이 담화들은 특별히 여러분이 각 광선의 특성에 조율하고 경험하는 것을 돕도록 설계된 것입니다. 그리고 나는 사랑의 특성을 지닌 3광선을 대표하는 마스터입니다.

신성한 사랑 대 인간적인 사랑

예수께서 말했듯이, 어떤 의미에서 그는 가장 조율하기 쉬운 마스터이지만, 또 다른 의미에서는, 그리스도교가 투사한 이미지 때문에 가장 조율하기 어려운 마스터입니다. 마찬가지로, 사랑은 가장 조율하기 쉬운 신성한 자질이라고 말할 수 있습니다. 지구상에서 적어도 사랑의 개념을 갖고 있지 않은 사람은 없을 것이기 때문입니다. 하지만 사랑은 가장 조율하기 어려운 자질이라고도 할 수 있는데, 수많은 사람이 사랑의 개념을 갖고 있지만 그것이 신성한 사랑의 개념은 아니기 때문입니다. 그들이 가진 것은 신성한 사랑에 대해 투사된 인간적인 사랑의 개념입니다.

그런데 여러분이 인간적인 사랑에 기반한 사랑의 이미지 안에 갇혀 있다면 어떻게 신성한 사랑에 조율하고 연결될 수 있을까요? 불가능합니다. 다시 말하지만, 여러분이 진실로 사랑에 조율하고자 열망한다면, 먼저 이번 생이나 전생에서 어떤 인간적인 사랑의 이미지나 우리가 반-사랑(anti-love)이라 부르는 것의 영향을 받으며 자라났는지 숙고해 보아야 합니다.

수많은 사람이 가지고 있는 사랑의 이미지는, 정말 사랑이라기보다는 소유권이나 소유라고 불러야 합니다. 사람들은 누군가를 사랑한다는 것을 어떤 의무로 여깁니다. 즉 여러분이 누구를 사랑한다고 말하면, 그 사람은 여러분에 대한 의무가 있다는 것입니다. 배우자이든 부모이든 자녀이든, 여러분이 그 누구와 사랑하는 관계라면 그 사람에 대한 의무가 있습니다.

그래서 소위 사랑의 관계라는 것이 정말 일종의 파워 게임에 갇혀 있고, 그 관계 안에 있는 두 사람이 다 상대방에게 의무감을 느끼게 하려고 애쓰는 것을 볼 수 있습니다. 그들은 스스로 의무감을 느끼기 때문에, 뭔가를 주거나 혹은 상대방의 요구를 들어줘야 한다고 서로 느끼게 만들려고 합니다. 물론 이것은 신성한 사랑이 아닙니다. 신성한 사랑은 소유하려 하지 않고, 소유를 추구하지 않기 때문입니다.

여러분이 부족함을 느끼지 않는다면, 왜 뭔가를 소유할 필요를 느낄까요? 소유에 대한 모든 욕망은 결핍의 환영에서 생겨나며, 당연히 신성한 사랑은 결핍의 환영에 갇혀 있지 않기에 신성한 사랑에는 결코 부족함이 없습니다. 그것은 창조주로부터 나와서 창조계 안으로 끊임없이 흘러가고 있는 영원한 흐름입니다. 내가 이러한 신성한 사랑을 표현하면서 어떻게 부족함을 느낄 수 있겠습니까? 나는 이 사랑이 나를 통해 끊임없이 흐르면서 모든 사람에게 표현되고 있음을 느끼며, 이 사랑이 무궁함을 경험합니다. 이 사랑에는 결코 다함이 없습니다.

지구의 사람들에게 아무리 많은 사랑을 주어도 나는 결코 고갈되지 않습니다. 왜냐하면 내가 더 많이 줄수록, 더 많이 받게 되기 때문입니다. 이런 것이 사랑입니다. 하지만 나는 사랑을 줄 때, 무상으로 줍니다. 우리가 설명한 중립적인 마음 상태에서, 즉 사랑을 주는 것에서 어떤 결과를 얻어야 한다는 의도 없이 사랑을 줍니다. 사람들이 어떻게 대응하고, 그들이 그 사랑으로 무엇을 해야 하고 무엇을 하면 안 된다는 그런 의도가 전혀 없습니다. 그렇게 나는 위로부터 사랑을 무상으로 받아서 아래에 있는 모든 이들에게 무상으로 주고 있으며, 그러면서도 소유하려 하거나 사람들이 그 선물로 무엇을 하도록 통제하려는 마음의 틀을 만들지 않습니다. 사랑은 내가 주고 있는 선물이 아닙니다. 나는 단지 사랑이 나를 통해 흐르도록 하고 있을 뿐입니다.

여러분은 사랑을 받는 데 열려 있나요?

그러므로 여러분은 이 점을 깊이 숙고해봐야 합니다. 자신이 인간적인 사랑을 원하는지 혹은 신성한 사랑을 원하는지 살펴봐야 합니다. 신성한 사랑을 원한다면, 그 첫 번째 과제로서 신성한 사랑은 그것을 받으려 하는 모든 이에게 무상으로 주어진다는 것을 깨달아야 합니다. 여러분 개인에게 그것은 신성한 사랑이 주어지는지 아닌지의 문제가 아닙니다. 유일한 질문은, 여러분이 그 사랑을 받아들이고 있는지 아니면 받아들이지 못하고 있는지입니다. 신성한 사랑은 이미 주어지고 있습니다. 그것은 주어지는 것입니다. 그러나 신성한 사랑을 받아들이는 행동은 주어지는 것이 아닙니다. 대부분의 사람들, 심지어 많은 영적인 사람들도 여러 이유로 사랑을 받아들이지 않기 때문입니다.

따라서 첫 번째 과제는 사랑을 거부하거나 무시하도록 만드는 잠재의식의 자아들을 항상 살펴보는 것입니다. 그중 가장 일반적인 자아는, 여러분이 사랑받을 가치가 없고 신성한 사랑을 받을 가치가 없다고 말하는 자아입니다. "오, 신성한 사랑은 아주 특별해."라고 투사하는 다른 자아들도 있으며, 신성한 사랑은 아주 특별한 것이므로 그 사랑을 받으려면 여러분도 특별해야 한다고 말합니다. 하지만 신성한 사랑은 특별하지 않습니다. 그것은 어떤 것이라고 꼬리표를 붙일 수 있는 것 너머에 있습니다. 그것은 특별하지도, 특별하지 않지도 않습니다. 신성한 사랑은 어떤 것이라고 명명될 수 없습니다.

조건을 넘어선 사랑

우리가 신성한 사랑에 적용한 단어는 "조건 없는" 사랑입니다. 그러나 이것은 단지 마음이 그 의미를 비틀고 왜곡해서 분석할 수 있는 또 하나의 단어일 뿐입니다. 타락한 존재들은 항상 이런 반대 주장을 펼칩니다. "조건 없는 사랑 같은 것은 있을 수 없으며, 신의 사랑조차도 조건부입니다. 이 때문에 우리가 이 행성과 이전 구체에서 이 거짓 신, 하늘에 있는 분노한 조건부의 신을 창조하기 위해 그토록 노력한 것이 아닌가요? 이 신이 유일한 신이고 유일한 참된 신이라는 생각을 전파하기 위해 우리가 그토록 애쓰지 않았던가요?" 이것이 항상 그들이 주장하는 내용인데, 이 분노한 조건부의 신이 가진 사랑은 조건적일 수밖에 없으며, 타락한 존재들이 정의한 조건에 따라 사는 사람들만 신의 사랑을 받을 자격이 있다는 것입니다.

하지만 사랑은 조건들 너머에, 특히 지구 같은 비자연 행성에서 정의된 조건이나 이원적인 마음을 지닌 타락한 존재들에 의해 정의된 조건 너머에 있습니다. 이원적인 마음 상태에서 정의되는 그 어느 조건이든 상대적인 조건이며, 신성한 자질은 상대적인 것이 아니기 때문입니다. 만일 그것이 상대적이라면, 신성한 자질이 아닐 것입니다. 이것은 조건적인 인간적 사랑과 조건을 초월한 신성한 사랑의 차이에 대해 성찰하면서 여러분이 풀어야 할 수수께끼입니다.

여러분은 다른 사람에게 사랑을 받기 위해서는 어떤 조건에 맞춰 살아야 한다는 데 너무나 익숙합니다. 많은 사람이 부모로부터 이런 이미지를 받았는데, 부모들이 이런 이미지를 의식적으로 여러분에게 투사한 것은 아닙니다. 그들도 그냥 부모로부터 받은 이런 조건적인 사랑의 이미지를 지니고 있었을 뿐입니다. 그것을 여러분에게 전해주는 것 이외에 그들이 무엇을 할 수 있었겠습니까? 그들도 다른 대안이 있다는 것을 몰랐습니다.

조직화된 종교의 조건적인 신

조건적인 사랑에 대한 대안을 세상 어디서 발견할 수 있을까요? 분명 아브라함의 종교(유대교, 구약의 종교, 이슬람교를 말함)나 대부분의 다른 종교에서는 찾을 수 없습니다. 하지만 종교란 무엇입니까? 조직화되고 공식화되고 제도화된 모든 대규모 종교는 인류를 지배하기 위한 하나의 도구입니다. 그런 종교가 어떻게 사람들에게 조건 없는 사랑을 가르치거나 줄 수 있겠습니까?

　대규모의 제도적인 종교가 사람들을 지배할 힘을 가지는 것은 단지 사람들이 그 종교의 지도자들이 자신보다 더 높고 특별하다고 생각할 때입니다. 사람들은 그 지도자에게 받아들여지려면 조건에 맞춰 살아야 한다고 믿게 됩니다. 이런 이미지는 하늘에 있는 분노하는 신에게 그대로 투사되며 따라서 오늘날 많은 사람들이 신의 사랑은 조건적이라고 믿고 있습니다. 이것은 물론, 자신들이 신을 정의할 수 있다고 믿는 타락한 존재들의 오만과 자만입니다. 그들은 그런 이미지를 퍼뜨린 다음, 자만에 빠져서 심지어 신조차도 그 고정된 이미지, 조건적인 이미지에 맞춰 산다고 믿었습니다.

　그래서 사람들은 조건적인 신의 이미지에 대해 생각해 보거나 그것이 정말 이치에 맞는지 깊이 숙고하지 않게 되었습니다. 만일 신이 세상을 초월해 있고 신이 세상을 창조했다면, 왜 신이 세상 안에서 만들어질 수 있는 이미지에 맞춰서 살겠습니까?

인간적인 이미지 너머의 신

　이미지는 형상을 지니고 있습니다. 여러분은 형상 세계에서 살고 있습니다. 인간들은 지구에서 볼 수 있는 형상들을 보고 있습니다. 즉 그들 자신의 이원적인 심리, 분리된 마음에 있는 형상들을 보고 있습니다. 그리고 이것을 이미지를 만드는 데 사용하고, 그 이미지들을 외부로 투사합니다. 그들은 신에 대한 이미지들을 투사합니다. 그러나 신이 형상을 초월해 있는 존재라면, 어떻게 신이 형상 세계에서 만들어진 제한된 이미지에 맞춰 존재할 수 있을까요?

　만일 신이 형상들의 근원이라면, 신은 형상을 초월한 존재라는 추론이 맞지 않을까요? 신은 개성을 가지고 있으므로 엄밀하게 무형의 존재라고 말할 수는 없겠지만 그 개성은 분명히, 형상 세계 안에서 볼 수 있는 모든 형상을 초월한 개성입니다. 따라서 명백히 원시적인 이 행성에 사는 인간들이 신의 이미지를 창조할 수 있고 신은 그 이미지에 따라 존재한다는 말이 어떻게 논리에 맞을까요?

당연히 타락한 존재들은 이것이 신의 모습이므로 형상을 초월한 것은 신의 모습이 아니라고 말할 것입니다. 그러나 다시 말하지만, 세상의 종교에서 묘사하는 신들을 보면 그것은 형상을 가진 신이고 조건적인 신이며, 그 신의 사랑도 조건적임을 알 수 있습니다.

여러분은 과학을 통해 모든 것이 에너지로 만들어졌다는 사실을 알고 있습니다. 에너지가, 물질세계에서 여러분이 보는 것들, 감각으로나 마음으로 보는 것들의 형상을 취한 것입니다. 그리고 그것들 모두가 다른 것들과 구별되는 뚜렷한 형상을 띠고 있습니다. 하지만 이러한 형상들을 만들어내는 에너지는 어디에서 오는 것일까요? 그것은 물질 우주를 초월한 영역에서 옵니다. 그렇다면 형상을 만들어내는 근원인 에너지가 (자신으로부터 나온 형상과) 동일한 형태를 하고 있다는 것이 논리적일까요?

에너지가 형상을 초월해 있다는 것이 더 논리적이지 않나요? 에너지는 이 세상에서 볼 수 있는 그 어떤 형상도 넘어서는 그 이상의 것입니다. 그리고 형상 세계를 창조하기 위해 사용된 에너지 중 한 가지가 사랑, 신성한 사랑입니다. 그러나 이 사랑은 이 세상 안에 있는 형상들을 초월해 있습니다. 영사기의 백색광은 영화 스크린의 색상들 너머에 있습니다. 그 빛이 필름 스트립을 통과하면서 색을 띠게 되지만, 백색광은 필름 위의 이미지들 너머에 있습니다.

반응하는 자아를 통해서는 사랑을 받아들일 수 없습니다

여러분이 신성한 사랑과 연결되고 싶다면, 그 사랑이 인간에 의해 정의된 조건에 따르지 않는다는 것을 묵상하는 일부터 시작해야 합니다. 그리고 자신이 이번 생과 과거 생들에서 조건적인 사랑, 인간적인 사랑, 통제하는 사랑에 대한 이미지에 대한 반응으로 자아들을 창조했음을 인식해야 합니다. 이러한 자아들은 신성한 사랑에 연결될 수 없으며, 그런 사랑을 가늠할 수조차 없습니다.

그런 자아에게 조건 없는 사랑이란 개념은 가늠하기 힘든 것입니다. 그 자아는 그 사랑을 다룰 수 없습니다. 그런 자아를 통해서는 신성한 사랑을 경험할 수 없습니다. 여러분이 그 자아를 드러내고, 그것이 환영임을 보고, 놓아버려야 하는 이유가 여기에 있습니다. 물론 이것은 자아 통달 과정의 일부로 특히 내가 제공한 책에서 가르치고 있는 내용입니다. 하지만 여러분은 아주 간단한 한 가지 명상을 수행함으로써 이를 향한 진전을 이룰 수 있습니다. 이것은 정교한 지적 추론이 필요 없으므로 아주 단순해 보이는 명상입니다.

사랑의 명상

내가 제안하는 명상은 단순히 다음과 같습니다.

조용한 방에서 편안한 자세로 앉으세요. 눈을 감은 다음 부드럽게 마음속으로 이 만트라를 반복하세요:

"Love is, Love is."[1]

그런 다음 여러분에게 이 만트라에 대한 반응이 있는지 지켜보세요. 다음과 같이 말하는 어떤 마음, 어떤 자아가 있을 겁니다. "사랑이 무엇이라는 거죠? 사랑은 반드시 어떤 것이어야 합니다. 사랑이 그냥

---

[1] "Love is."에는 "사랑은" 또는 "사랑이 있습니다."라는 이중의 의미가 담겨 있다. 따라서 이 만트라를 하는 의식 단계에 따라, 사랑이 어떤 것인지에 대한 선형적인 마음의 의문으로 여겨질 수도 있고, 또는 현존하고 있는 사랑에 대한 진술로 여겨질 수도 있다. 선형적인 마음을 무력화하고 신성한 사랑의 에너지와 현존을 경험할 수 있도록 이 만트라와 함께 하는 명상법이 본문에 설명되어 있다.

존재할 수는 없으며, 반드시 어떤 것이어야 합니다. 사랑은 형태가 있어야 합니다. 내가 이해하고 붙잡을 수 있는 뭔가를 주세요. 내가 소유하고 설명하고 분석할 수 있는 뭔가를 주세요. 나는 마음이고, 내 임무는 모든 것을 설명하고 이해하는 겁니다. 하지만 어떤 것에 아무런 특성이 없다면, 설명하고 이해할 것이 뭐가 있을까요? 내가 다룰 수 있는 뭔가를 주세요. 당신이 나를 창조한 것은, 내가 당신을 위해 모든 것을 이해하고 모든 것을 설명하도록 하기 위해서였습니다. 거기 앉아서 '사랑은'이라고만 말하지 마세요. 사랑은 반드시 어떤 것이어야만 하니까요."

만일 여러분이 이런 반응을 관찰한다면 잠재의식 안에 있던 자아들을 드러나게 하는 데 도움이 됩니다. 왜냐하면 그때 자신의 마음이 사랑은 어떠해야 한다고 말하는 것을 들을 수 있기 때문입니다. 마음이 "사랑은"이라는 문장을 끝까지 말하도록 허용하면서, 마음이 사랑에 어떤 자질을 부과하는지 보세요. 이제 여러분은 마음을 딜레마에 빠뜨렸습니다. 만일 마음이 사랑은 이래야 하고 저래야 한다고 말한다면, 이제 여러분은 인간이 만든 신의 이미지와 사랑의 이미지를 지닌 잠재의식 안의 자아 중 하나를 드러나게 한 것이기 때문입니다.

이제 여러분은 그 자아를 보고 내려놓을 수 있을 때까지 작업을 할 수 있습니다. 만일 마음이 프로그램된 대로 말하면서 사랑이 무엇인지에 대한 문장을 완성한다면, 어떤 자아를 드러내게 됩니다. 마음이 할 수 있었던 가장 현명한 일은 침묵하는 일이었지만, 마음이 침묵을 유지할 수 있나요? 아마 그럴 수 없을 겁니다. 이것은 아주 간단한 연습이고 단순한 명상법이지만, 그 효과는 엄청나게 큽니다. 조건적인 사랑이나 어떤 조건에 대한 이미지를 지닌 자아에 대해 작업하는 단계를 돌파하려 한다면, 이 명상을 하세요. 그러면 여러분은 앉아서 "Love is"라는 만트라를 반복하면서, 그냥 그 사랑과 함께 평화를 누리는 지점에 이를 수 있습니다.

여러분은 그 문장을 완성할 필요가 없습니다. 사랑에 특성을 부여할 필요가 없습니다. 사랑이 그 어떤 것이 되어가든 다 허용하세요. 사랑은 스스로 되고자 하는 대로 될 것입니다(I Will Be Who I Will Be). 이때가 바로, 여러분이 조건을 초월한 신성한 사랑에 연결되어 그 사랑을 경험할 수 있는 때입니다. 신성한 사랑은 에너지입니다. 신성한 사랑은 현존(Presence)입니다. 그것은 어떤 의식 상태입니다. 여러분은 신성한 사랑을 이해할 수 없습니다. 마음으로는 그것을 파악할 수 없습니다. 하지만 그 사랑을 경험하기 시작하면, 마음은 그 사랑을 파악할 수 없으므로 실제로 그 사랑을 차단할 수도 없음을 깨닫게 됩니다.

마음은 신성한 사랑에 집중하지 못하도록 주의를 분산시킬 수는 있어도 그것을 차단할 수는 없습니다. 왜냐하면 분리된 자아나 잠재의식의 자아는 단지 마음이 파악할 수 있는 특성을 지닌 것만을 차단할 수 있기 때문입니다. 여러분의 인지 필터는 어떤 특성을 가진 것만을 걸러낼 수 있고, 차단할 수 있습니다. 하지만 이원성 마음이 파악할 수 있는 특성을 지니지 않은 것은 인지 필터를 투과해버릴 것입니다. 그때 여러분은 다시 이 단순한 명상을 사용해서, 사랑에 선형적인 과정을 부과하거나 '참된 사랑(true love)'과 같은 이원적 극성의 척도를 부과하려는 선형적인 마음을 무력화할 수 있습니다.

오직 신성한 사랑만이 여러분을 만족시킬 수 있습니다

거짓된 사랑에 반대되는 참된 사랑이란 개념이 집단의식에 어떻게 스며들어 있는지를 숙고해 보세요. 사랑이 어떻게 참될 수도 있고 거짓될 수도 있겠습니까? 조건적인 사랑은 참될 수도 있고 거짓될 수도 있습니다. 하지만 신성한 사랑이 어떻게 참될 수도 있고 거짓될 수도 있을까요? 참과 거짓이라는 개념을 어떻게 신성한 자질에 적용할 수 있을까요? 하지만 마음은 그렇게 하고 싶어 합니다. 왜냐하면 자신이 통제권을 갖고 있다고 느끼기 때문입니다. 마음은 이제 자신이 사랑을 통제할 수 있고, 사랑을 이용해서 다른 사람들을 통제하여 원하던 것을 얻음으로써 그 분리된 마음 안에 있던 결핍감을 극복할 수 있다고 생각합니다.

그러나 일단 여러분이 분리로 들어가면 결핍을 느끼게 됩니다. 왜냐하면 진정으로 여러분을 만족시키고 채워줄 수 있는 유일한 것인 신성한 자질들을 받지 못하게 되기 때문입니다. 분리된 자아는 이것을 이해하거나 파악할 수 없지만, 의식하는 자아는 당연히 할 수 있습니다. 여러분은 만족에 이르는 유일한 방법이 신성한 자질을 받는 것임을 깨닫고, 자각하고, 완전히 받아들이는 지점에 도달할 수 있습니다.

그러므로 여러분이 사랑을 원한다면, 아무리 많은 인간적인 사랑도 사랑에 대한 욕구를 진정으로 채워줄 수 없을 것입니다. 오직 신성한 사랑만이 사랑에 대한 욕구를 충족시켜 줄 수 있습니다. 물론 신성한 사랑은 분리된 자아의 사랑에 대한 욕구를 채워줄 수는 없습니다. 그 어떤 것도 분리된 자아의 사랑에 대한 욕구를 채워주지 못합니다. 하지만 의식하는 자아는 분리된 자아를 벗어나서, 그 자아가 결코 채워질 수 없는 헛된 추구를 하고 있음을 인식할 수 있습니다.

인간적인 사랑을 아무리 많이 받는다 해도, 이 사랑은 절대 여러분을 채워줄 수 없습니다. 누군가와 사랑에 빠져 있을 때는 잠시 잊을 수도 있겠지만, 조만간 허니문은 끝나버릴 것입니다. 그리고 의식하는 자아는 이렇게 깨닫습니다. "나는 인간적인 사랑을 통해서는 결코 만족할 수 없습니다. 나는 오직 신성한 사랑을 경험할 때만 만족하고, 채워지고, 충만해질 수 있습니다.

사랑을 받아들이는 명상

여러분이 "Love is" 명상을 충분히 연습했다면, 다음 단계를 제안하

겠습니다. 자 다시, 조용한 방으로 들어가서 눈을 감고, 마음속으로 이 만트라를 계속 낭송하세요:

"**나는 사랑을 받아들입니다**(I accept love).”

다시 여러분은 반응을 살펴볼 수 있습니다. 여전히 마음은 여러 가지로 반응을 할 것입니다. 자, 왜 여러분은 그냥 사랑을 받아들일 수 없는 걸까요? 다시, 여러분이 충족해야 하는 조건들이 제시될지도 모릅니다. 그때는 그렇게 말하는 자아들 역시 추적해보세요. 여러분은 계속 "나는 사랑을 받아들입니다" 만트라를 낭송하면서, 그것을 경험할 때까지 반복할 수 있습니다. 자, 여전히 마음은 여기에 끼어들며 방해하려 할 것입니다. 마음은 이렇게 말할 것입니다. "글쎄요, 마스터는 좋은 게임에 대해 이야기하고, 사랑에 관해 이야기하고, 조건 없는 사랑에 관해 이야기하고 있지만, 조건 없는 사랑이란 어떤 것일까요? 조건 없는 사랑을 경험하는 것은 어떤 느낌이지요? 나에게 이것에 대해 말해주세요. 만일 그 경험을 묘사할 수 없다면, 당신이 조건 없는 사랑을 받고 있는지 어떻게 알겠어요. 마스터는 그 사랑이 특성과 형상을 초월해 있다고 말하고 있어요. 당신이 그것을 경험해보았는지 대체 어떻게 알 수 있지요?"

신성한 사랑은 마음을 통해서는 경험될 수 없습니다

이것이 바로 마음이 하는 일입니다. 마음의 속임수입니다. 하지만 수수께끼처럼 보이는 이 문제의 해결책은 매우 간단합니다. 여러분은 신성한 사랑을 경험하는 것이 어떤 느낌일지에 대한 심상을 가질 필요가 없습니다. 왜냐하면 여러분이 신성한 사랑을 경험할 때 그것이 신성한 사랑임을 바로 알게 된다고 나는 확언할 수 있기 때문입니다. 여러분은 신성한 사랑을 경험했다는 것에 아무런 의심도 품지 않을 것입니다.

여러분은 마음이 파악하는 방식으로 신성한 사랑을 묘사할 필요가 없습니다. 신성한 사랑은 마음으로 경험하는 것이 아니기 때문입니다. 우리가 말했듯이, 마음은 거리를 두고 사물을 관찰합니다. 마음은 멘탈 이미지를 만들어낸 다음, 그 이미지가 사물 그 자체와 동일하다고 투사합니다. 마음은 신성한 사랑을 경험한다는 것이 무슨 의미인지, 그것이 어떤 느낌인지에 대해 이미지를 만들고 싶어 합니다.

하지만 마음에게 사과가 무슨 맛인지 설명해보라고 한다면, 마음은 아무리 해도 그 맛을 묘사하기 힘들 것입니다. 하지만 사과 맛이 어떤 느낌인지에 대한 설명이 왜 필요한가요? 그냥 과일가게에 가서 사과를 산 다음 한 입 먹어보면 되지 않을까요? 여러분이 직접 경험을 할 수 있다면 설명이 왜 필요할까요?

신성한 사랑의 경우도 마찬가지입니다. 신성한 사랑이 어떤 느낌인지에 대한 설명이 왜 필요한가요? 직접 경험을 할 수 있도록 자신을 여세요. 그 경험에는 오해의 여지가 없다고 장담합니다.

여러분은 자신이 마스터의 옷자락을 만졌고 마음을 초월한 뭔가를 경험했다는 사실을 의심하지 않을 것입니다. 신성한 사랑은 마음을 초월해 있기 때문입니다. 그것은 마음을 통해서는 경험할 수 없습니다.

우리가 말하는 마음, 이 선형적이고 분석적인 마음은 무엇을 의미할까요? 마음이 여러분 몸 어디에 자리잡고 있는지 묻는다면, 여러분 대다수가 머리나 두뇌를 가리키며, 생각하는 것은 내 두뇌라고 말하지 않을까요? 마음이 두뇌에 있다는 것은 적용 가능한 이미지입니다.

물론 이 말을 문자 그대로 받아들이지는 마세요. 마음은 두뇌나 두뇌의 활동을 넘어서는 것이기 때문입니다. 그러나 이성적이고 선형적이고 분석적인 마음은 두뇌나 두뇌의 기능과 긴밀하게 통합되어 있으므로, 육체와 에너지장을 고려할 때 마음은 머리에, 두뇌에 있다고 말하는 것은 적절합니다.

하지만 여러분은 어디에서 신성한 사랑을 경험합니까? 머리가 아니라 가슴 차크라에서 경험합니다. 신성한 사랑을 경험하기 위해서 선형적인 사고를 하는 마음이 왜 필요합니까? 사과 맛의 경험을 생각으로 할 수 없듯이 신성한 사랑의 경험도 생각으로는 할 수 없습니다. 신의 자질을 경험하는 것은 신의 자질에 대해 생각하는 문제가 아닙니다. 그것은 사과 맛이 어떨지 생각하며 서 있는 대신, 직접 한 입 먹어보는 문제입니다.

예, 마음은 이렇게 투사할 것입니다. "하지만 내가 한 입 먹어볼 수 없다면요? 사과를 한 입 먹어보기는 너무 쉽지만, 신성한 사랑을 어떻게 한 입 먹어볼 수 있을까요? 사과는 내가 손에 쥘 수 있는 형상을 가지고 있어요. 당신은 신성한 사랑은 형상이 없다고 말하고 있어요. 그런데 어떻게 그것을 한 입 먹어볼 수 있나요?" 또다시, 마음은 이렇게 자신이 할 수 있는 한 가지 일만 할 것입니다. 어떤 형태를 파악하고, 자신이 손에 쥘 수 있는 것만 달라고 할 것입니다.

마음을 무력화하기

그러나 다시 의식하는 자아는 마음과 마음의 작동 방식을 인식할 수 있으며, 마음을 무력화시키고 마음 밖으로 나가겠다는 결정을 할 수 있습니다. 그리고 이것이 정확히 "Love is" 만트라가 하는 일입니다. 어떤 의미에서 이것은 선문답입니다. 모든 선문답처럼 그것은 마음을 혼란에 빠뜨리고 어리둥절하게 만들며 무력화하기 위한 것입니다. 선문답을 해결하는 방법을 생각해낼 수는 없습니다. 왜냐하면 선문답의 해결책은 생각하는 마음을 넘어서는 경험이기 때문입니다.

이 만트라, "Love is"와 "나는 사랑을 받아들입니다(I accept love)"를 명상하거나 낭송한다면, 신성한 사랑을 보편적인 자질로 완전히 파악하거나 경험하지는 못할지라도 일부 사람들에게는 도움이 될 수 있습니다. 신성한 사랑을 인격적인 형태로 생각하는 것도 일부에게는 도움이 될 수 있습니다. 물론 이 만트라 수행법은 여러분이 3광선의 초한인 나에게 집중할 때 가장 쉬워집니다.

디크리를 만트라로 사용하기

내 만트라를 낭송하고 내 책을 공부하세요. 만일 여러분이 대천사나 엘로힘에게 연결되기가 더 쉽다면, 그렇게 하세요. 하지만 우리 초한들이 육화한 여러분에게 더 가깝기 때문에 대부분의 사람에게는 초한들과 연결되기가 더 쉽습니다. 우리는 여러분과 더 직접적으로 연결되어 일하고 있습니다. 나에게 조율하는 데 도움이 되는 그 무슨 일이든 다 고려해보세요. 마음은 다시 이렇게 말할 것입니다. "예, 그러니까 나한테 이미지를 주세요. 그림을 주세요. 이 마스터의 모습이 담긴 그림은 어디에 있나요?"

여러분도 보았듯이, 이전 시혜들에서는 마스터들을 묘사한 그림이 있었고, 많은 사람은 그 그림을 최소한 어느 정도로 마스터와 조율하는 데 사용했습니다. 이미지를 사용하는 것이 반드시 잘못된 것은 아닙니다. 하지만 이 시혜에 속한 여러분에게는 이미지가 필요 없습니다. 이미지에 집중함으로써 여러분은 마음에게 붙잡을 뭔가를 주게 되므로, 종종 이미지는 경험을 가로막는 방해물이 될 수 있습니다.

그 대신, 내 디크리에서 특별히 마음에 와닿은 두 문장을 찾아서 그 문장을 만트라로 사용하기를 권합니다. 그냥 마음속으로 그 문장을 반복하면서, 명상하고 묵상하세요. 또는 그냥 무념무상의 상태에서 계속 낭송하세요. 생각이 올라오고 자신이 생각에 빠져 있다는 것을 알아차리게 되면, 그 생각이 개인적으로 무엇이든 상관없이 그냥 그 두 문장으로 되돌아가세요.

여러분의 마음에 뭔가를 심어주고 싶지 않으므로 예를 들지 않겠습니다. 디크리를 천천히 읽으면서 묵상해보세요. 그리고 눈에 띄는 두 문장이 있는지 본 다음 그것을 나에게 조율하는 만트라로 사용하세요. 사랑은 모든 곳에 있으므로, 나는 조율하기 쉬운 마스터입니다. 사랑이 없는 곳을 어떻게 찾을 수 있겠습니까? 예수께서 그리스도 마음을 대표하듯이 나는 이 행성을 위해 신성한 사랑을 대표하고 있습니다.

예수께서 말했듯이, 여러분은 그리스도의 마음에서 분리될 수 없습니다. 어떻게 모든 곳에 존재하는 것에서 분리될 수 있겠습니까? 신성한 사랑도 마찬가지입니다. 신성한 사랑은 공간과 시간에 제한되지 않습니다. 신성한 사랑은 특정한 장소에 갇힐 수 없습니다. 그것은 극복해야 할 또 하나의 이미지입니다. 왜냐하면 타락한 존재들이 오랫동안 투사해온 것이 무엇입니까? 그것은 지구에 신성한 장소들이 있다는 것입니다. 어떤 특별한 장소들이 있고, 이곳에는 성전, 사랑의 성전이 있을 수도 있으며, 여러분이 그곳에 가면 신성한 사랑을 경험하게 된다는 것입니다.

사랑은 모든 곳에 존재하므로, 이것 또한 환상입니다. 왜 여러분이 특별한 장소로 가야 할까요? 그리스도교인들이 투사해온 것은, 예수가 이스라엘에서 탄생했으므로 그곳은 분명 성스러운 땅이라는 것입니다. 하지만 예수의 설명에 의하면, 그곳은 사람들이 타락한 의식에 가장 심하게 갇혀 있는 장소였습니다.

마찬가지로 지구의 한 장소를 사랑이 가장 많이 집중되어 있는 장소라고 말할 수 없습니다. 사랑은 시간과 공간에 제한을 받지 않기 때문입니다. 사랑은 모든 곳에 편재하며, 이것은 여러분이 어디에 있든지 사랑에 조율할 수 있다는 의미입니다.

이것으로 나는 여러분에게 주고 싶었던 것을 주었습니다. 이들이 간단한 도구처럼 보이겠지만, 여러분이 항상 투사를 일삼고 있는 분리된 자아들을 극복하여 마음을 무력화할 의향이 있다면, 이 만트라들은 엄청난 효과를 가져올 수 있습니다.

왜곡된 사랑은 통제하기를 원하지만, 신성한 사랑은 통제되지 않을 것입니다. 만일 사랑에 강제로 형상을 부여하면서 통제하려 한다면, 사랑은 여러분을 지나쳐버리게 됩니다. 여러분은 그것을 알아보지도 못하고 경험하지도 못할 것입니다. 그러나 여러분이 마음을 열면 그 사랑은 여러분을 통해서 흐를 것입니다. 이것이 바로 사랑이 하는 일이기 때문에 여기에는 아무런 의문의 여지가 없습니다. 사랑은 바로 그런 것입니다. 사랑은 영으로부터 끊임없이 흘러나와 물질세계로 들어가고 있습니다. 사랑이 존재한다(Love is)는 깨달음을 물질세계에 상기시키고, 일깨우면서 흘러가고 있습니다.

그러므로, 나는 사랑입니다(I AM love), 만일 여러분이 도움이 된다고 느낀다면 "**나는 사랑입니다(I AM love)**"를 또 다른 만트라로 사용할 수 있습니다.

이제 큰 사랑과 감사로, 여러분을 나 자신이자 지구를 위한 신성한 사랑인 3광선에 봉인합니다. 나는(I AM) 베네치아의 폴입니다.

9-1
신성한 사랑의 체험을 기원합니다

I AM THAT I AM, 예수 그리스도의 이름으로, 나는 베네치아의 폴을 부르며, 내가 조건 없는 사랑을 체험하고 받아들이는 것을 방해하는 요소들을 볼 수 있게 해달라고 요청합니다…
(여기에 개인적인 요청을 추가하세요)

파트 1

1. 베네치아의 폴이여, 나는 신성한 사랑 위에 투사된 인간적인 사랑의 개념을 놓아버립니다. 이번 생과 전생에서 내가 어떤 인간적인 사랑의 이미지나 반-사랑에 의해 영향을 받았는지 기꺼이 보겠습니다.

마스터 폴, 베네치아의 꿈이여,
아름다움을 향한 당신의 사랑은 강처럼 흐릅니다.
마스터 폴이여, 사랑의 모태 안에서,
당신의 권능은 에고의 무덤을 흩어버립니다.

마스터 폴, 당신의 사랑은 그토록 진실하시니,
당신께 나아가 요청합니다.
상승 영역에서 당신의 광휘를 발하시어,
위대한 사랑 안에서 모두를 자유롭게 하소서.

2. 베네치아의 폴이여, 신성한 사랑은 결핍의 환영에 갇혀 있지 않기에 신성한 사랑에는 결코 부족함이 없음을 경험하겠습니다. 그것은 창조주로부터 나와서 내 안으로 끊임없이 흘러들고 있는 영원한 흐름입니다.

마스터 폴이여, 당신의 조언은 지혜롭고,
우리 마음을 높은 하늘로 올려줍니다.
마스터 폴이여, 지혜가 지닌 사랑 안에서,
하늘의 지고한 아름다움이 흘러옵니다.

마스터 폴, 당신의 사랑은 그토록 진실하시니,
당신께 나아가 요청합니다.
상승 영역에서 당신의 광휘를 발하시어,
위대한 사랑 안에서 모두를 자유롭게 하소서.

3. 베네치아의 폴이여, 나는 무상으로 사랑을 주는 경험을 하겠습니다. 중립적인 마음 상태에서 사랑을 주고, 어떤 결과를 얻어야 한다는 의도 없이 사랑을 주겠습니다.

마스터 폴이여, 사랑은 예술이며,
신성한 가슴을 열리게 합니다.
마스터 폴이여, 사랑의 세찬 흐름은,
우리의 가슴을 신성한 광휘로 씻어줍니다.

마스터 폴, 당신의 사랑은 그토록 진실하시니,
당신께 나아가 요청합니다.
상승 영역에서 당신의 광휘를 발하시어,
위대한 사랑 안에서 모두를 자유롭게 하소서.

4. 베네치아의 폴이여, 나는 인간적인 사랑이 아닌 신성한 사랑을 원

합니다. 신성한 사랑은 받으려고 하는 모든 사람에게 무상으로 주어진다는 것을 깨닫겠습니다. 나는 신성한 사랑을 받기를 원합니다.

마스터 폴이여, 가속해 주소서.
우리는 순수한 사랑을 명상합니다.
마스터 폴이여, 모든 의도를 정화하며,
우리는 단호하게 스스로를 초월합니다.

마스터 폴, 당신의 사랑은 그토록 진실하시니,
당신께 나아가 요청합니다.
상승 영역에서 당신의 광휘를 발하시어,
위대한 사랑 안에서 모두를 자유롭게 하소서.

5. 베네치아의 폴이여, 나는 사랑을 거부하거나 무시하게 만드는 잠재의식적 자아들을 기꺼이 인식하겠습니다. 내가 신의 사랑을 받을 가치가 없다고 말하는 자아를 나는 놓아버립니다.

마스터 폴이여, 당신의 사랑은 우리를 치유하며,
우리 내면의 빛을 다시 드러냅니다.
마스터 폴이여, 모든 생명을 위로하며,
우리는 당신과 함께 완전한 전체가 됩니다.

마스터 폴, 당신의 사랑은 그토록 진실하시니,
당신께 나아가 요청합니다.
상승 영역에서 당신의 광휘를 발하시어,
위대한 사랑 안에서 모두를 자유롭게 하소서.

6. 베네치아의 폴이여, 신성한 사랑은 매우 특별한 것이기 때문에 그 사랑을 받으려면 나도 특별해야 한다고 투사하는 자아를 놓아버립니다. 신성한 사랑은 특별하지 않으며, 명칭을 붙일 수 있는 것 너머에

있습니다.

마스터 폴이여, 당신은 모두에게 봉사하며,
우리를 추락에서 벗어나게 합니다.
마스터 폴이여, 우리는 평화롭게 상승하며,
에고는 최후를 맞이합니다.

**마스터 폴, 당신의 사랑은 그토록 진실하시니,
당신께 나아가 요청합니다.
상승 영역에서 당신의 광휘를 발하시어,
위대한 사랑 안에서 모두를 자유롭게 하소서.**

7. 베네치아의 폴이여, 사랑은 조건들 너머에 있음을, 특히 지구 같은 비자연 행성에서 정의된 조건이나, 이원적 마음을 지닌 타락한 존재들이 정의한 조건들 너머에 있음을 경험하겠습니다.

마스터 폴이여, 사랑은 모든 생명을 자유롭게 하며,
당신의 사랑은 영원히 지속됩니다.
마스터 폴이여, 당신은 하나됨 안에 머물며,
우리의 여정을 즐겁게 해줍니다.

**마스터 폴, 당신의 사랑은 그토록 진실하시니,
당신께 나아가 요청합니다.
상승 영역에서 당신의 광휘를 발하시어,
위대한 사랑 안에서 모두를 자유롭게 하소서.**

8. 베네치아의 폴이여, 이원적 마음 상태에서 정의되는 모든 조건은 상대적인 조건이며, 신성한 자질은 상대적인 것이 아님을 압니다. 만일 그것이 상대적이라면, 신성한 자질이 아닐 것입니다.

마스터 폴이여, 우리의 요청으로,
당신은 일곱 광선을 모두 균형 잡습니다.
마스터 폴이여, 우리를 기쁘게 하는 색으로,
당신은 하늘을 물들입니다.

마스터 폴, 당신의 사랑은 그토록 진실하시니,
당신께 나아가 요청합니다.
상승 영역에서 당신의 광휘를 발하시어,
위대한 사랑 안에서 모두를 자유롭게 하소서.

9. 베네치아의 폴이여, 이번 생과 전생에서 내가 조건적인 사랑, 인간적인 사랑, 통제하는 사랑이라는 인위적인 이미지에 반응해서 창조한 자아들을 기꺼이 인식하겠습니다. 이러한 자아들은 신성한 사랑에 연결될 수 없으며 신성한 사랑을 가늠할 수조차 없음을 압니다.

마스터 폴이여, 당신의 현존은,
내면의 구체를 충만히 채워줍니다.
삶은 이제 신성한 흐름이 되며,
우리는 모두에게 신성한 비전을 부여합니다.

마스터 폴, 당신의 사랑은 그토록 진실하시니,
당신께 나아가 요청합니다.
상승 영역에서 당신의 광휘를 발하시어,
위대한 사랑 안에서 모두를 자유롭게 하소서.

파트 2

1. 베네치아의 폴이여, 나는 사랑이 존재하는 것(Love is)을 기꺼이 경험하겠습니다. 그리고 이렇게 말하는 자아를 놓아버립니다. "대체 사랑이 무엇이라는 것인가요? 사랑은 반드시 어떤 것이어야 합니다. 사랑

이 그냥 존재할 수는 없으며, 반드시 어떤 것이어야 합니다. 사랑은 형태가 있어야 합니다. 내가 이해하고 붙잡을 수 있는 뭔가를 주세요. 내가 소유하고 설명하고 분석할 수 있는 뭔가를 주세요." 나는 이 자아를 놓아버립니다.

마스터 폴, 베네치아의 꿈이여,
아름다움을 향한 당신의 사랑은 강처럼 흐릅니다.
마스터 폴이여, 사랑의 모태 안에서,
당신의 권능은 에고의 무덤을 흩어버립니다.

**마스터 폴, 당신의 사랑은 그토록 진실하시니,
당신께 나아가 요청합니다.
상승 영역에서 당신의 광휘를 발하시어,
위대한 사랑 안에서 모두를 자유롭게 하소서.**

2. 베네치아의 폴이여, 나는 이렇게 말하는 자아를 놓아버립니다. "나는 마음입니다. 내 임무는 모든 것을 설명하고 이해하는 것입니다. 하지만 어떤 것에 아무런 특성이 없다면, 설명하고 이해할 것이 뭐가 있을까요? 내가 다룰 수 있는 뭔가를 주세요. 당신이 나를 창조한 것은, 내가 당신을 위해 모든 것을 이해하고 모든 것을 설명하도록 하기 위해서였습니다. 거기 앉아서 '사랑은(Love is)'이라고만 말하지 마세요. 사랑은 반드시 어떤 것이어야만 하니까요." 나는 이 자아를 놓아버립니다.

마스터 폴이여, 당신의 조언은 지혜롭고,
우리 마음을 높은 하늘로 올려줍니다.
마스터 폴이여, 지혜가 지닌 사랑 안에서,
하늘의 지고한 아름다움이 흘러옵니다.

마스터 폴, 당신의 사랑은 그토록 진실하시니,

당신께 나아가 요청합니다.
상승 영역에서 당신의 광휘를 발하시어,
위대한 사랑 안에서 모두를 자유롭게 하소서.

3. 베네치아의 폴이여, 내 마음이 사랑을 무엇이라 규정하는지 지켜보겠습니다. 나는 "Love is"라는 만트라를 낭송하며 그 사랑과 함께 평화를 누리는 지점에 이를 수 있도록, 사랑이 이래야 하고 저래야 한다고 말하는 모든 자아를 놓아버립니다.

마스터 폴이여, 사랑은 예술이며,
신성한 가슴을 열리게 합니다.
마스터 폴이여, 사랑의 세찬 흐름은,
우리의 가슴을 신성한 광휘로 씻어줍니다.

마스터 폴, 당신의 사랑은 그토록 진실하시니,
당신께 나아가 요청합니다.
상승 영역에서 당신의 광휘를 발하시어,
위대한 사랑 안에서 모두를 자유롭게 하소서.

4. 베네치아의 폴이여, 나는 사랑이 그 어떤 것이 되어가든 다 허용하고, 사랑이 되고자 하는 대로 되도록 허용합니다. 나는 조건을 초월한 신성한 사랑을 기꺼이 경험하겠습니다. 신성한 사랑은 에너지입니다. 신성한 사랑은 현존(Presence)입니다. 그것은 어떤 의식 상태입니다.

마스터 폴이여, 가속해 주소서.
우리는 순수한 사랑을 명상합니다.
마스터 폴이여, 모든 의도를 정화하며,
우리는 단호하게 스스로를 초월합니다.

마스터 폴, 당신의 사랑은 그토록 진실하시니,

당신께 나아가 요청합니다.
상승 영역에서 당신의 광휘를 발하시어,
위대한 사랑 안에서 모두를 자유롭게 하소서.

5. 베네치아의 폴이여, 마음은 조건 없는 사랑을 파악할 수 없으므로 그것을 차단할 수도 없다는 것을 압니다. 마음이 파악할 수 있는 특성을 가진 것만이 분리된 자아들에 의해 차단될 수 있습니다.

마스터 폴이여, 당신의 사랑은 우리를 치유하며,
우리 내면의 빛을 다시 드러냅니다.
마스터 폴이여, 모든 생명을 위로하며,
우리는 당신과 함께 완전한 전체가 됩니다.

**마스터 폴, 당신의 사랑은 그토록 진실하시니,
당신께 나아가 요청합니다.
상승 영역에서 당신의 광휘를 발하시어,
위대한 사랑 안에서 모두를 자유롭게 하소서.**

6. 베네치아의 폴이여, 나는 참과 거짓이라는 개념을 신성한 사랑에 적용하려는 자아를 놓아버립니다. 그 자아는 자신이 사랑을 통제할 수 있고, 사랑을 이용해서 다른 사람을 통제할 수 있으며, 분리된 마음이 지닌 결핍감을 극복할 수 있다고 생각합니다.

마스터 폴이여, 당신은 모두에게 봉사하며,
우리를 추락에서 벗어나게 합니다.
마스터 폴이여, 우리는 평화롭게 상승하며,
에고는 최후를 맞이합니다.

**마스터 폴, 당신의 사랑은 그토록 진실하시니,
당신께 나아가 요청합니다.**

**상승 영역에서 당신의 광휘를 발하시어,
위대한 사랑 안에서 모두를 자유롭게 하소서.**

7. 베네치아의 폴이여, 분리 상태에서는 신성한 자질들을 받을 수 없기에, 분리는 결핍으로 이어진다는 것을 압니다. 오직 신성한 자질만이 나를 진정으로 만족시키고 채워줄 수 있습니다. 내 의시하는 자아는, 만족에 이르는 유일한 길이 신성한 자질들을 받는 것임을 자각하고 받아들입니다.

마스터 폴이여, 사랑은 모든 생명을 자유롭게 하며,
당신의 사랑은 영원히 지속됩니다.
마스터 폴이여, 당신은 하나됨 안에 머물며,
우리의 여정을 즐겁게 해줍니다.

**마스터 폴, 당신의 사랑은 그토록 진실하시니,
당신께 나아가 요청합니다.
상승 영역에서 당신의 광휘를 발하시어,
위대한 사랑 안에서 모두를 자유롭게 하소서.**

8. 베네치아의 폴이여, 아무리 많은 인간적인 사랑도 사랑에 대한 내 욕구를 진정으로 채워줄 수 없습니다. 오직 신성한 사랑만이 사랑에 대한 욕구를 충족시켜 줄 수 있습니다. 물론 신성한 사랑은 분리된 자아의 사랑에 대한 욕구를 채워줄 수는 없습니다.

마스터 폴이여, 우리의 요청으로,
당신은 일곱 광선을 모두 균형 잡습니다.
마스터 폴이여, 우리를 기쁘게 하는 색으로,
당신은 하늘을 물들입니다.

마스터 폴, 당신의 사랑은 그토록 진실하시니,

당신께 나아가 요청합니다.
상승 영역에서 당신의 광휘를 발하시어,
위대한 사랑 안에서 모두를 자유롭게 하소서.

9. 베네치아의 폴이여, 의식하는 자아로서의 나는 분리된 자아 밖으로 나와서, 그 자아가 결코 채워질 수 없는 헛된 추구를 하고 있음을 깨닫습니다. 나는 이제 깨닫습니다. "나는 인간적인 사랑을 통해서는 결코 만족할 수 없습니다. 나는 오직 신성한 사랑을 경험할 때만 만족하고, 채워지고, 충만해질 수 있습니다."

마스터 폴이여, 당신의 현존은,
내면의 구체를 충만히 채워줍니다.
삶은 이제 신성한 흐름이 되며,
우리는 모두에게 신성한 비전을 부여합니다.

마스터 폴, 당신의 사랑은 그토록 진실하시니,
당신께 나아가 요청합니다.
상승 영역에서 당신의 광휘를 발하시어,
위대한 사랑 안에서 모두를 자유롭게 하소서.

파트 3

1. 베네치아의 폴이여, 나는 사랑을 받아들입니다(I accept love). 나는 '사랑을 그냥 받아들일 수 없다.'라고 말하면서 사랑을 받아들이기 위해 내가 충족시켜야 하는 조건들을 규정하는 자아를 놓아버립니다. 나는 이 조건들을 놓아버립니다.

마스터 폴, 베네치아의 꿈이여,
아름다움을 향한 당신의 사랑은 강처럼 흐릅니다.
마스터 폴이여, 사랑의 모태 안에서,

당신의 권능은 에고의 무덤을 흩어버립니다.

**마스터 폴, 당신의 사랑은 그토록 진실하시니,
당신께 나아가 요청합니다.
상승 영역에서 당신의 광휘를 발하시어,
위대한 사랑 안에서 모두를 자유롭게 하소서.**

2. 베네치아의 폴이여, 나는 신성한 사랑을 경험하는 것이 어떤 느낌일지에 대한 심상을 가질 필요가 없습니다. 그 사랑을 경험할 때 나는 이것이 신성한 사랑임을 알 것입니다. 나는 자신이 신성한 사랑을 경험했다는 것에 아무런 의심도 품지 않을 것입니다.

마스터 폴이여, 당신의 조언은 지혜롭고,
우리 마음을 높은 하늘로 올려줍니다.
마스터 폴이여, 지혜가 지닌 사랑 안에서,
하늘의 지고한 아름다움이 흘러옵니다.

**마스터 폴, 당신의 사랑은 그토록 진실하시니,
당신께 나아가 요청합니다.
상승 영역에서 당신의 광휘를 발하시어,
위대한 사랑 안에서 모두를 자유롭게 하소서.**

3. 베네치아의 폴이여, 나는 마음이 파악할 수 있는 방식으로 신성한 사랑을 묘사할 필요가 없습니다. 나는 직접적인 경험에 열려 있으며, 그 경험은 오해할 여지가 없을 것입니다.

마스터 폴이여, 사랑은 예술이며,
신성한 가슴을 열리게 합니다.
마스터 폴이여, 사랑의 세찬 흐름은,
우리의 가슴을 신성한 광휘로 씻어줍니다.

**마스터 폴, 당신의 사랑은 그토록 진실하시니,
당신께 나아가 요청합니다.
상승 영역에서 당신의 광휘를 발하시어,
위대한 사랑 안에서 모두를 자유롭게 하소서.**

4. 베네치아의 폴이여, 나는 마스터의 옷자락을 만지며 마음을 초월한 뭔가를 경험하겠습니다. 신성한 사랑은 마음을 초월해 있기 때문입니다. 신성한 사랑은 마음을 통해서는 경험할 수 없습니다.

마스터 폴이여, 가속해 주소서.
우리는 순수한 사랑을 명상합니다.
마스터 폴이여, 모든 의도를 정화하며,
우리는 단호하게 스스로를 초월합니다.

**마스터 폴, 당신의 사랑은 그토록 진실하시니,
당신께 나아가 요청합니다.
상승 영역에서 당신의 광휘를 발하시어,
위대한 사랑 안에서 모두를 자유롭게 하소서.**

5. 베네치아의 폴이여, 내가 신성한 사랑을 가슴 차크라에서 경험하고 있음을 압니다. 신성한 자질을 경험하는 것은 그 자질에 대해 생각하는 문제가 아닙니다. 그것은 사랑의 사과를 한 입 먹으면 어떨지 생각하는 문제가 아니라, 직접 한 입 먹어 보는 문제입니다.

마스터 폴이여, 당신의 사랑은 우리를 치유하며,
우리 내면의 빛을 다시 드러냅니다.
마스터 폴이여, 모든 생명을 위로하며,
우리는 당신과 함께 완전한 전체가 됩니다.

마스터 폴, 당신의 사랑은 그토록 진실하시니,

당신께 나아가 요청합니다.
상승 영역에서 당신의 광휘를 발하시어,
위대한 사랑 안에서 모두를 자유롭게 하소서.

6. 베네치아의 폴이여, 나는 당신의 디크리에서 와닿는 두 문장을 찾아, 마음을 무력화시키는 명상으로 사용하겠습니다. 그럼으로써 나는 당신의 현존에 조율할 수 있습니다.

마스터 폴이여, 당신은 모두에게 봉사하며,
우리를 추락에서 벗어나게 합니다.
마스터 폴이여, 우리는 평화롭게 상승하며,
에고는 최후를 맞이합니다.

**마스터 폴, 당신의 사랑은 그토록 진실하시니,
당신께 나아가 요청합니다.
상승 영역에서 당신의 광휘를 발하시어,
위대한 사랑 안에서 모두를 자유롭게 하소서.**

7. 베네치아의 폴이여, 내가 신성한 사랑에서 분리될 수 없다는 것을 경험하겠습니다. 신성한 사랑은 시간과 공간에 제한되지 않습니다. 신성한 사랑은 특정한 장소에 갇힐 수 없습니다.

마스터 폴이여, 사랑은 모든 생명을 자유롭게 하며,
당신의 사랑은 영원히 지속됩니다.
마스터 폴이여, 당신은 하나됨 안에 머물며,
우리의 여정을 즐겁게 해줍니다.

**마스터 폴, 당신의 사랑은 그토록 진실하시니,
당신께 나아가 요청합니다.
상승 영역에서 당신의 광휘를 발하시어,**

위대한 사랑 안에서 모두를 자유롭게 하소서.

8. 베네치아의 폴이여, 지구의 한 장소를 지정하고 그곳에 사랑이 더 많이 응축되어 있다고 말할 수는 없습니다. 사랑은 시간과 공간의 제한을 받지 않으며 모든 곳에 편재하기 때문입니다. 이것은 내가 어디에 있더라도 사랑에 조율할 수 있다는 의미입니다.

마스터 폴이여, 우리의 요청으로,
당신은 일곱 광선을 모두 균형 잡습니다.
마스터 폴이여, 우리를 기쁘게 하는 색으로,
당신은 하늘을 물들입니다.

**마스터 폴, 당신의 사랑은 그토록 진실하시니,
당신께 나아가 요청합니다.
상승 영역에서 당신의 광휘를 발하시어,
위대한 사랑 안에서 모두를 자유롭게 하소서.**

9. 베네치아의 폴이여, 나는 신성한 사랑에 마음을 열고 그 사랑이 나를 통해 흐르게 합니다. 사랑은 영으로부터 물질계로 끊임없이 흘러오면서, 사랑이 존재한다(Love is)는 깨달음을 물질세계에 상기시키고, 일깨워줍니다. 그러므로 나는 사랑입니다(I AM love).

마스터 폴이여, 당신의 현존은,
내면의 구체를 충만히 채워줍니다.
삶은 이제 신성한 흐름이 되며,
우리는 모두에게 신성한 비전을 부여합니다.

**마스터 폴, 당신의 사랑은 그토록 진실하시니,
당신께 나아가 요청합니다.
상승 영역에서 당신의 광휘를 발하시어,**

위대한 사랑 안에서 모두를 자유롭게 하소서.

파트 4

1. 베네치아의 폴이여, Love is.

마스터 폴, 베네치아의 꿈이여,
아름다움을 향한 당신의 사랑은 강처럼 흐릅니다.
마스터 폴이여, 사랑의 모태 안에서,
당신의 권능은 에고의 무덤을 흩어버립니다.

**마스터 폴, 당신의 사랑은 그토록 진실하시니,
당신께 나아가 요청합니다.
상승 영역에서 당신의 광휘를 발하시어,
위대한 사랑 안에서 모두를 자유롭게 하소서.**

2. 베네치아의 폴이여, Love is.

마스터 폴이여, 당신의 조언은 지혜롭고,
우리 마음을 높은 하늘로 올려줍니다.
마스터 폴이여, 지혜가 지닌 사랑 안에서,
하늘의 지고한 아름다움이 흘러옵니다.

**마스터 폴, 당신의 사랑은 그토록 진실하시니,
당신께 나아가 요청합니다.
상승 영역에서 당신의 광휘를 발하시어,
위대한 사랑 안에서 모두를 자유롭게 하소서.**

3. 베네치아의 폴이여, Love is.

마스터 폴이여, 사랑은 예술이며,
신성한 가슴을 열리게 합니다.
마스터 폴이여, 사랑의 세찬 흐름은,
우리의 가슴을 신성한 광휘로 씻어줍니다.

마스터 폴, 당신의 사랑은 그토록 진실하시니,
당신께 나아가 요청합니다.
상승 영역에서 당신의 광휘를 발하시어,
위대한 사랑 안에서 모두를 자유롭게 하소서.

4. 베네치아의 폴이여, 나는 사랑을 받아들입니다(I accept Love).

마스터 폴이여, 가속해 주소서.
우리는 순수한 사랑을 명상합니다.
마스터 폴이여, 모든 의도를 정화하며,
우리는 단호하게 스스로를 초월합니다.

마스터 폴, 당신의 사랑은 그토록 진실하시니,
당신께 나아가 요청합니다.
상승 영역에서 당신의 광휘를 발하시어,
위대한 사랑 안에서 모두를 자유롭게 하소서.

5. 베네치아의 폴이여, 나는 사랑을 받아들입니다(I accept Love).

마스터 폴이여, 당신의 사랑은 우리를 치유하며,
우리 내면의 빛을 다시 드러냅니다.
마스터 폴이여, 모든 생명을 위로하며,
우리는 당신과 함께 완전한 전체가 됩니다.

마스터 폴, 당신의 사랑은 그토록 진실하시니,

당신께 나아가 요청합니다.
상승 영역에서 당신의 광휘를 발하시어,
위대한 사랑 안에서 모두를 자유롭게 하소서.

6. 베네치아의 폴이여, 나는 사랑을 받아들입니다(I accept Love).

마스터 폴이여, 당신은 모두에게 봉사하며,
우리를 추락에서 벗어나게 합니다.
마스터 폴이여, 우리는 평화롭게 상승하며,
에고는 최후를 맞이합니다.

**마스터 폴, 당신의 사랑은 그토록 진실하시니,
당신께 나아가 요청합니다.
상승 영역에서 당신의 광휘를 발하시어,
위대한 사랑 안에서 모두를 자유롭게 하소서.**

7. 베네치아의 폴이여, 나는 사랑입니다 (I AM Love).

마스터 폴이여, 사랑은 모든 생명을 자유롭게 하며,
당신의 사랑은 영원히 지속됩니다.
마스터 폴이여, 당신은 하나됨 안에 머물며,
우리의 여정을 즐겁게 해줍니다.

**마스터 폴, 당신의 사랑은 그토록 진실하시니,
당신께 나아가 요청합니다.
상승 영역에서 당신의 광휘를 발하시어,
위대한 사랑 안에서 모두를 자유롭게 하소서.**

8. 베네치아의 폴이여, 나는 사랑입니다 (I AM Love).

마스터 폴이여, 우리의 요청으로,
당신은 일곱 광선을 모두 균형 잡습니다.
마스터 폴이여, 우리를 기쁘게 하는 색으로,
당신은 하늘을 물들입니다.

마스터 폴, 당신의 사랑은 그토록 진실하시니,
당신께 나아가 요청합니다.
상승 영역에서 당신의 광휘를 발하시어,
위대한 사랑 안에서 모두를 자유롭게 하소서.

9. 베네치아의 폴이여, 나는 사랑입니다 (I AM Love).

마스터 폴이여, 당신의 현존은,
내면의 구체를 충만히 채워줍니다.
삶은 이제 신성한 흐름이 되며,
우리는 모두에게 신성한 비전을 부여합니다.

마스터 폴, 당신의 사랑은 그토록 진실하시니,
당신께 나아가 요청합니다.
상승 영역에서 당신의 광휘를 발하시어,
위대한 사랑 안에서 모두를 자유롭게 하소서.

봉인

신성한 어머니의 이름으로, 나는 대천사 미카엘과 아스트레아와 쉬바께 나의 영적인 스승들과 아이앰 현존과 나와의 연결을 봉인해 주시기를 요청합니다. I AM THAT I AM의 이름으로, 이것이 이루어졌습니다! 아멘.

10
이원적인 순수성의 기준 너머로 가속하기

나는 4광선의 초한, 상승 마스터 세라피스 베이입니다. 여러분의 조율을 도와주기 위해 4광선이 무엇을 제공해줄 수 있을까요? 4광선에 조율할 수 있는 사람들이 많지는 않을 겁니다. 그러나 항상 누군가는 이해하고, 누군가는 파악하고, 누군가는 조율하며, 누군가는 4광선에 공명할 것입니다.

4광선은 첫 번째 세 광선과 두 번째 세 광선을 연결하는 광선이며, 따라서 다음 단계로 올라가기를 요구하는 광선입니다. 전통적으로 4광선을 순수의 광선으로 알고 있지만, 나는 그것을 가속의 광선이라고 불러왔습니다. 하지만 이 두 특성은 진실로 동일한 하나를 이루고 있습니다. 왜냐하면 순수함을 성취하는 방법은 오직 낮은 진동을 가진 것의 진동수를 가속하는 것이기 때문입니다. 당연히, 낮은 진동은 불순함의 정의입니다.

이원론적인 의미에서 완전히 불순한 것은 실제로 없습니다. 하지만 좀 더 높고 좀 더 낮은 진동들은 있습니다. 특정한 한계 이하로 진동하는 것은 불순함으로 간주될 수 있습니다. 하지만 어쨌든 모든 것은 에너지이기 때문에, 낮은 에너지의 진동을 가속하여 순수하게 만들어서 상향 흐름을 가진 더 높은 에너지로 만들 가능성은 항상 있습니다.

낮은 에너지는 아래로 흐르지만 높은 에너지는 위로 흐릅니다.

어떤 사람들은 4광선에 친밀감을 가지고 있을 것입니다. 아마도 그들은 순수한 것, 흔히 단순하고, 복잡하지 않으며, 여러 측면이나 해석에 의해 방해받지 않는 것을 좋아할 것입니다. 진실로, 여러분이 진동을 보고 진동을 읽을 수 있을 때, 지성적인 해석의 여지가 어디에 있겠습니까? 어떤 의미에서, 과학이 세상에 도입한 방식으로 이런 정확한 측정, 소위 객관적인 측정을 할 수 있다는 데에는 이론이 별로 없습니다. 온도가 20도이든 40도이든 여러분은 정확한 측정치를 얻을 수 있으며, 물론 진동수의 측정에서도 마찬가지입니다.

4광선에 조율하기 위한 도구

여러분이 4광선에 어떻게 조율할 수 있을까요? 자, 물론 여러분은 다양한 방법으로 조율을 할 수 있습니다. 자아통달 시리즈 중 나의 책인 "영적인 순수함을 찾아가는 여정[2]"에 실린 디크리와 기원들은 조율하는 데 도움을 줄 수 있습니다. 그러나 다른 마스터들이 설명했듯이, 우리는 여러분에게 더 단순한 도구들을 알려주기로 결정했습니다.

내가 여러분에게 주고 싶은 첫 번째 도구는 다음과 같습니다.

조용히 앉아서, 눈을 감고 여러분의 주의력을 내면으로 끌어오세요. 여러분의 존재 안에는 어떤 중심이 있습니다. 그 중심이 어디든 상관없으며, 그것이 꼭 베이스 차크라나 가슴 차크라, 또는 다른 특정한 차크라일 필요는 없습니다. 단지 여러분의 주의를 그 중심으로 끌어와서, 과학에서 특이점(singularity)이라 부르는 단일한 점 안으로 들어가세요. 그 안에는 아무런 확장도 공간도 없고 오직 하나의 점만 있습니다. 여러분은 이런 일이 일어난다고 심상화를 하는 것이 아니라, 단순히 이런 일이 일어나도록 허용하고 있습니다.

---

[2] The Mystical Initiations of Intention, 자아통달 과정 중 4번째 광선의 책

마치 폭발이 일어나는 것처럼, 그 점으로부터 흰빛이 방사됩니다. 그리고 그 빛은 여러분의 오라를 통과하고 여러분의 역장을 통과하면서 여러분의 존재로부터 빛을 내뿜습니다.

이것은 매우 간단한 심상화 명상입니다. 여러분의 주의력을 중심의 특이점 안으로 끌어당기고 빛이 밖을 향해 폭발하도록 허용하세요.

이 심상화 명상을 한 번에 세 시간씩 하는 것은 권장하지 않습니다. 처음에는 세 번 정도로 시작해서 너무 부담되지 않게 하세요. 하지만 이것은 4광선의 순수함을, 물리층에서 볼 수 있는 어떤 백색보다 더 흰 백색의 빛이 방사되는 것을 느낄 수 있는 강력한 연습법입니다. 여러분의 몸에 특정한 질병이 있는 경우, 이 연습을 하면서 신체의 특정한 지점에 주의를 집중한 다음, 빛이 방사되게 하세요. 이때 여러분은 빛을 강제적으로 밀어내는 것이 아니라, 단순히 그 단일한 점에 주의를 집중한 다음 4광선의 초한인 내가 백색의 빛을 방사하도록 허용해야 합니다.

선형적 사고는 모든 것을 복잡하게 만들고 싶어 합니다

다시 말하지만, 이것은 매우 간단한 연습이지만, 단순함이 변화의 열쇠인 경우가 많습니다. 변화, 즉 자기 초월은 복잡한 것이 아닙니다. 모든 것을 복잡하게 만들려고 하는 그 마음으로는 자기 초월을 할 수 없습니다. 왜냐하면 그 마음은 자신이 우월하거나 세련되었다고 느끼면서 어떻게든 힘으로 하늘나라에 들어갈 방법을 찾을 수 있다고 생각하기 때문입니다. 그것이 그 마음이 원하는 것이며, 그것은 에고가 아니라 선형적인 마음입니다. 우리가 선형적 마음에 대해 이야기했지만, 지금 선형적인 마음을 비난하는 것은 아닙니다. 선형적 마음에는 제자리가 있고 제 기능이 있습니다. 그것은 물질세계에서 여러분이 하는 많은 일에 도움을 줄 수 있습니다.

지금까지 보아왔듯이, 과학은 대부분 이러한 선형적 마음에 기반을 두고 있습니다. 이로 인해 과학은 핵전쟁이나 환경오염 등 지구의 미래에 큰 위협이 될 수 있는 문제들을 만들어 내기도 했습니다. 선형적 사고에는 제 기능이 있습니다. 제자리가 있습니다. 하지만 선형적 사고를 지배적인 위치에 둔다면 문제를 일으킬 수밖에 없습니다. 그것은 문제를 일으킬 것입니다. 그러므로 여러분을 하늘나라로 데리고 가는 것은 선형적인 마음이 아닙니다. 하지만 일단 여러분이 영적인 여정을 발견하고 영적인 가르침을 공부하기 시작하면, 선형적인 마음이 여러분을 하늘나라로 데려갈 수 있다고 믿기 시작합니다. 왜냐하면 그 마음은 모든 것을 특정한 방식으로 바라보기 때문입니다.

만일 가진 도구가 단지 망치밖에 없다면 모든 문제가 못이라고 생각한다는 미국 속담을 들어보았을 것입니다. 자, 선형적인 마음이 가진 유일한 도구는 분석과 합리적인 사고입니다. 따라서 모든 문제를 합리적으로 사고하고 분석하고 문제를 이해하는 것을 통해 해결할 수 있다고 생각합니다. 그리고 일단 문제를 이해하면 선형적 마음은 자신이 그것을 해결할 수 있다고 생각합니다. 왜냐하면 여러분이 선형적으로 이해할 때는 선형적인 해결책을 보게 되기 때문입니다.

물론 "영적인 성장의 문제"에 대한 선형적인 해결책은 없습니다. 오직 선형적인 마음만이 그것을 문제로 볼 것입니다. 선형적인 마음은 이렇게 말할 것입니다. "나는 이 지점에 있어. 나는 여기에 있으면 안 돼. 나는 더 높은 영적인 경지에 있어야만 해. 그 경지로 가는 선형적인 진보가 틀림없이 있을 거야. 그런 진보를 가져오는 메커니즘을 알아낼 수만 있다면 나는 하늘나라로 들어갈 수 있어." 물론 우리는 여러분에게 영적인 여정의 개념과, 선형적인 마음이 좋아하는 144단계의 의식에 대해 말해주었습니다. 그러나 사유(thinking)를 통해서는 이 길에서 진보를 이룰 수 없다고 우리는 여러 번 말했습니다. 그것은 여러분의 의식을 전환하는 문제이지, 지적인 이해의 문제가 아닙니다.

대부분의 사람에게 일어난 일은, 그들이 의식의 48단계 아래로 내려갔다는 것입니다. 그들은 분리 의식으로 들어갔습니다. 그들은 두 극단을 가진 선형적인 의식에 압도되고 눈이 멀었습니다. 그리고 이러한 이원적인 견지에서 볼 때, 한 극단은 문제이자 극복해야 할 조건이며, 다른 한 극단은 해결책이자 이루어야 할 조건이라고 생각합니다. 선형적인 마음은 이런 생각으로 들어갑니다. "우리가 어떻게 그 문제를 근절할 수 있을까? 어떻게 해결책을 가져올 수 있을까?"

선형적인 마음은 스스로를 초월할 수 없습니다

그러나 붓다가 사람들에게 중도의 개념을 가르치려고 했을 때, 그 해결책은 이원적인 양극 중의 하나가 아니었습니다. 해결책은 두 극단을 보는 의식 수준을 초월하고, 그 척도를 초월하는 것입니다. 그러나 선형적인 마음으로는 이렇게 할 수가 없습니다. 왜냐하면 양극을 정의하고 그 척도를 정의하는 것이 바로 선형적인 마음이기 때문입니다. 선형적인 마음은 스스로를 초월할 수 없습니다. 그것은 어떤 것에 대해 추론할 수는 있지만 그 자신을 초월하지는 못합니다. 하지만 의식하는 자아는 스스로를 의식할 수 있으므로 스스로를 초월할 수 있습니다. 반면 선형적인 마음은 컴퓨터와 비슷하며, 인공지능을 가지고 있어 적응 능력을 갖춘 정교한 컴퓨터에 가깝습니다.

선형적인 마음은 점점 더 많은 것을 학습할 수 있습니다. 특정한 조건들에 적응할 수도 있습니다. 그리고 선형적인 마음은 마치 인간처럼 생각할 수 있다고 여겨지는 로봇 중 하나라고 볼 수 있습니다. 그것은 선형적으로 사고하기 때문에, 어떤 의미에서는 대부분의 인간처럼 생각할 수 있다고 말할지도 모릅니다. 하지만 여전히 컴퓨터가 그 자체의 프로그래밍을 극복할 수 없고 초월할 수 없는 것처럼, 선형적인 마음도 그 자체의 프로그래밍을 초월할 수 없습니다. 그러나 의식하는 자아는 그 자신을 초월할 수 있습니다. 왜냐하면 의식하는 자아가 자신이 순수의식임을 자각할 때는 아무런 프로그래밍도 가지지 않기 때문입니다.

여러분이 순수의식을 경험하도록 도울 수 있는 것이 무엇일까요? 자, 그것은 여러분의 네 하위체 안에서 의식하는 자아의 주의력을 분리된 자아와 그것의 인지 필터나 정체감으로 끌어당기고 있는 것들을 청소하는 것입니다. 여러분이 충분한 정도까지 이 작업을 하고 나면, 의식하는 자아가 그곳에서 빠져나오기가 더 쉬워집니다.

선형적인 마음의 성향을 흩어버리는 수행법

이것[3]에 도움이 될 또 한 가지 기법을 주겠습니다. 다시 조용한 방에 앉으세요. 자신이 완전히 평평한 공간, 완전히 평평한 평원 위에 서 있고, 그 평원이 여러분이 볼 수 있는 한 멀리, 모든 방향으로 펼쳐져 있다고 상상해 보세요. 그런 다음, 이제 여러분의 주의력을 여러분 존재의 중심으로 끌어오세요. 하지만 이번에는 빛을 방사하는 것이 아니라, 여러분의 주의력이 존재의 중심을 통과한 다음 밖으로 나가 그 평원을 향하게 하세요. 즉, 주의력을 안으로 끌어와서 곧바로 밖으로 향하는 대신, 내면의 중심을 통과하면서 모든 방향으로 나가게 하는 겁니다. 만일 여러분이 두 눈에 집중한다면 더 쉽게 시각화할 수 있습니다. 눈을 내면의 중심으로 끌어온 다음, 시선을 그 중심으로 들어오게 하고, 양방향으로, 앞뒤로, 안쪽에서 바깥쪽으로, 안쪽에서 바깥쪽으로, 다시 안쪽에서 바깥쪽으로 이동합니다.

이 연습법을 익히려면 시간이 필요합니다. 여기서 빠르게 하는 것은 중요하지 않습니다. 처음에는 매우 혼란스럽고 방향감각을 잃는 것처럼 느껴지고, 수행하기가 매우 어려울 수도 있지만, 조금씩 연습해 나감에 따라 안에서 밖으로의 움직임이 선형적인 마음을 흩어버린다는 것을 알게 됩니다. 그러면 이제 여러분은 마음에서 어떤 고요함

---

[3] 의식하는 자아가 분리된 자아의 필터나 정체감에서 빠져나오는 것

과 침묵을 느끼는 지점에 도달합니다.

그때 여러분은 안팎으로 움직이는 것에 집중하기를 멈추세요. 또는 그냥 그 고요함에 집중하면서, 주의력을 아무런 외양이 없는 평원으로, 밖으로 확장해 나가세요. 그냥 여러분의 주의력을 밖으로, 밖으로, 계속 나아가게 하면서, 확장할 수 있는 최대한 확장하세요. 그런 다음 점차로 다시 안으로 천천히 끌어당깁니다.

여러분은 여러 번 반복해서 이 연습을 해볼 수 있습니다. 만일 여러분에게 더 자연스럽게 느껴진다면, 여러분의 주의력을 최대한 멀리 확장했을 때 그냥 그 주의력을 쉬게 하세요.

다시 말하지만, 이것은 매우 간단한 연습이고, 혹은 적어도 간단해 보입니다. 마음은 그 목적을 파악할 수 없을 것입니다. 그리고 이렇게 물을 것입니다. "대체 요점이 뭐지? 도달해야 할 목적지가 뭐지? 이런다고 나한테 무슨 도움이 될까?" 그러나 요점이 없다는 것이 요점입니다. 목적도 없으며, 도달해야 할 목표도 없습니다. 여러분은 그냥 그 과정을 거치면서 그것이 펼쳐지도록 내버려두면 됩니다. 내가 요점이 없다고 말한 것은, 물론 선형적 사고로 파악할 수 있는 요점이 없다는 뜻입니다.

여러분도 알다시피, 세상에는 다양한 명상 기법이 있으며, 그 기법을 수행하면 항상 어떤 보상을 받게 된다는 약속이 있습니다. 그러나 나는 여러분에게 보상을 약속하지 않을 것이며, 이 방법이 마음에 와닿는다면 그것을 연습해보라고 말할 것입니다. 마음에 와닿지 않으면 무시하세요. 하지만 여러분이 실천하기로 결정했다면, 시간을 들여서 무슨 일이 일어나는지 지켜보세요. 어떤 목표를 가지고 나아가는 대신, 그냥 실험하고 그 과정에 참여하면서 펼쳐지는 일을 지켜보는 것을 목표로 삼으세요. 다시 말하지만, 선형적인 마음은 "내가 도달해야 하는 목표를 설정해 주세요. 어디로 가고 있는지도 모르는데, 내가 그곳에 가는 방법을 어떻게 알 수 있겠어요?"라고 반문할 것입니다.

그러나 여러분은, 선형적인 마음이 그 어디로도 가지 않을 것임을 알 수 있습니다. 정확히 그것이 바로 요점이며, 어떤 의미에서 여러분 역시 그 어디로도 가지 않을 것입니다. 하지만 아마 여러분은 선형적인 마음이 무력화될 때 나타나는 평화 속에서, 아무런 외형도 없고, 공간적으로 확장하는 데 아무런 제한도 없는 순수의식인 자신의 실재를 경험하게 될 것입니다. 그것은 한 점에 중심을 둔 것도 아니고, 경계가 있는 것도 아니며, 그냥 순수의식일 뿐입니다.

높은 수준의 영적인 여정에서 핵심이 무엇일까요

특히 이전 시혜에서는, 4광선은 매우 엄정한 광선이고 내가 매우 엄격한 규율주의자라고 생각한 학생들이 많았습니다. 정말 그들은 왜 그렇게 생각했을까요? 그때는 분리된 자아에 대한 가르침이 주어지지 않았으므로, 그들은 영적인 성장의 핵심이 분리된 자아를 보고 놓아버리는 것이라는 메커니즘을 진정으로 이해하지 못했습니다. 따라서 그들은 자신을 단련하고 마음을 통제하고 강요하면서, 엄격하게 규정된 길을 따라야 한다고 생각했습니다. 그들은 영적인 여정을 여러분과는 다르게 보고 있었습니다. 다시 말하지만, 지금 비판을 하거나 잘못을 찾고 있는 것이 아닙니다. 단지 우리는 점진적인 계시가 진행됨에 따라 여정에 대해 점점 더 높은 이해를 제공해줄 수 있다는 사실을 말하고 있습니다.

앞서 말했듯이, 48단계와 96단계 사이에서는 엄격하게 훈련하고, 집중하고, 대중 의식 너머로 자신을 끌어올릴 필요가 있습니다. 하지만 여러분이 대중 의식의 하향 인력을 벗어나 충분한 자유를 얻었다면, 여정에 대한 관점을 재고해보는 것이 도움이 됩니다. 지금 내가 이전 시혜의 가르침을 부정하는 것이 아님을 이해해야 합니다. 여러분이 게으르거나 집중하지 않거나 헌신이 부족하다면 대중 의식을 넘어서 진보할 수 없다는 점은 분명합니다. 대중 의식은 여러분을 계속 아래로 끌어내릴 것이기 때문에 여러분은 영적인 성장에 대해 태평해서는 안 됩니다. 여러분은 그런 중력 너머로 자신을 끌어올릴 추진력을 구축할 수 있을 만큼 집중해야 하고 결단력을 가져야 합니다.

그러나 어느 정도로 그렇게 한 후에는 의식하는 자아와 분리된 자아들에 대한 우리의 가르침을 받아들일 수 있습니다. 여러분은 그것이 더 이상 의식하는 자아가 잠재의식적인 자아들을 복종시키거나, 훈육하거나 억압하는 문제가 아니라는 것을 깨닫게 됩니다. 잠재의식은 너무 많은 다른 방향으로 우리를 끌어당기기 때문에, 잠재의식을 억압하고 훈육하는 것이 얼마 동안은 충분히 유효할 수 있습니다. 하지만 여러분이 집단의식의 인력 너머로 올라가면, 접근 방식을 전환하여 영적인 성장은 힘으로 강요하는 것이 아니라 내려놓는 것이 관건임을 인식하는 것이 크게 도움이 됩니다.

여러분은 분리된 자아를 보게 됩니다. 그 자아가 여러분을 끝없는 반복 패턴에 가둬 두면서 여러분에게 무슨 짓을 하고 있는지를 보게 됩니다. 여러분을 계속 이렇게 해야 한다고 생각하게 만들고, 이것이 반응하는 유일한 방법이며 이것이 영적인 학생으로 존재하는 유일한 방법이라고 생각하게 만드는 환영도 보게 됩니다. 여러분은 그것이 환영임을 깨닫습니다. 자신이 해결해야 할 문제가 있다는 생각이 환영임을 봅니다. 그때 여러분은 그냥 그 자아를 놓아버리고, 죽게 내버려둡니다.

그리고 96단계에서 어떤 자아가 죽으면, 여러분은 자발적으로 97단계로 올라갑니다. 97단계로 올라가려고 인위적으로 애를 쓰지 않아도 됩니다. 왜냐하면 그 자아가 죽고 그 에너지가 변형되면 여러분은 자연스럽게 위로 올라가게 되기 때문입니다. 따라서 여러분은 96단계에서보다 더 빨리 영적인 길의 접근 방식을 바꿀 수 있는 지점에 이르며, 이때는 이것이 힘으로 강제하며 갈 수 있는 여정이 아님을 깨닫게 됩니다.

의식하는 자아는 그리스도 의식에서 옵니다

우리가 말했듯이, 이 여정은 내려놓는 것이 관건이며, 의식하는 자아는 그리스도 의식에서 나온 것이므로 의식하는 자아가 실제로 그리스도 의식임을 깊이 알아가는 것이 중요합니다. 그리스도 의식이란 하나됨의 의식입니다. 그리스도 의식은 자발적으로 하나됨에 더 가까이 가는 자신의 길을 찾아냅니다. 64단계에서의 여러분은 63단계에 있을 때보다 하나됨에 더 가깝습니다. 여러분이 63단계의 자아를 해체하면 의식하는 자아는 자발적으로 다음 단계로 올라가게 됩니다. 강제로 끌어올릴 필요가 없습니다. 마음을 훈육할 필요가 없습니다. 여러분은 자연스럽게 올라갑니다.

내가 지금 하는 말을 주의 깊게 숙고해 보세요. 스스로를 다스리고 훈육하는 마음의 능력을 사용해야 할 시기가 있습니다. 그리고 예, 그때 여러분은 어느 정도 힘(force)을 사용하고 있습니다. 여러분을 끌어내리고 옛 습관이나 옛 반응패턴으로 당기는 이 분리된 자아들을 억누르기 위해 강제력을 사용하고 있는 겁니다. "나는 이런 세속적인 삶을 계속하고 싶지 않아. 나는 더 영적인 삶을 원해."라고 말하면서 말이죠. 이때 여러분은 세속적인 삶으로 자신을 끌어당기는 것들을 억압하고 있습니다. 그리고 이것이 한동안은 도움이 됩니다. 하지만 여러분은 마음을 억누르고 훈육하기 위해, 마음에 강제력을 행사하기 위해 마음을 사용하고 있습니다. 이렇게 해서 여러분이 어느 정도까지는 성장을 할 수 있지만, 특정한 수준 위로 갈 수는 없습니다. 분명히, 강제력을 통해서는 96단계 너머로 갈 수 없습니다.

예수의 말씀처럼 "여러분은 강제력을 통해 하늘나라로 들어갈 수 없습니다." 또한 그것은 "그리스도 의식의 길을 강요함으로써 하늘나라를 힘으로 탈취하려는 시도"입니다. 이런 것은 불가능합니다. 여러분이 96단계에 이르렀는데도 여전히 강제력을 사용하려 한다면, 입문을 통과하지 못할 것입니다. 그런 다음에는 자신을 아래로 끌어내리며 하향의 길을 가기 시작할 것입니다. 하지만 여러분은 자신을 강제로 끌고 가는 것에 점점 더 능숙해진다고 느끼기 때문에 진보하고 있다고 여길 수도 있습니다. 하지만 여러분은 더 높은 수준의 의식으로 올라가고 있는 것이 아닙니다. 단지 48단계와 96단계 사이에서 만든 영적인 자아 위에 뭔가를 덧붙이고 있을 뿐입니다. 이런 식으로 간다면, 여러분은 누구보다도 더 세련된 영적 자아를 구축하는 것이 최종 목표이며 그때는 신이 분명 자신을 하늘나라로 들여보낼 것이라 생각하는 타락한 의식에 빠질 수도 있습니다

순수함으로 가속하세요

그러므로 중요한 점은, 여러분이 인위적인 힘(강제력, force)을 초월해야 하는 시점이 온다는 사실을 숙고하는 것입니다. 그때 여러분은 선형적인 마음을 사용해서 선형적인 마음을 억누르거나, 잠재의식적인 자아들을 억누르지 않게 됩니다. 잠재의식적인 자아들은 종종 혼란스럽고 초점 없이 이동하기에 항상 선형적이라 할 수는 없지만 말입니다. 이러한 힘에 기반한 접근 방식에서 벗어날 때 중요한 전환이 이루어집니다. 그때 비로소 여러분은 진정으로 가속해서 순수함으로 들어갈 수 있습니다. 아주 단순한 이 추론에 대해 숙고해 보세요: 순수함은 신성한 자질입니다. 여러분이 어떻게 순수함에서 벗어나게 되나요? 자신이 순수함을 벗어나도록 인위적인 힘을 가해야 합니다. 그러면 다시 순수함으로 돌아가기 위해 인위적인 힘을 가해야 한다는 것이 말이 될까요? 아닙니다. 왜냐하면 신성한 자질은 자연스러운 상태이기 때문입니다. 내가 말했듯이, 그리스도 의식은 자연스럽게 하나됨으로 돌아가는 길을 추구합니다. 모든 신성한 자질은 자발적으로 하나됨으로 돌아가는 길을 추구합니다.

따라서 여러분이 자신을 하나됨에서 멀어지도록 강제하는 일을 멈추면, 의식하는 자아는 자발적으로 아이앰 현존과의 하나됨으로 되돌

아가기 시작합니다. 이 일은 자발적으로 일어납니다. 여러분이 자신을 자연 상태에서 벗어나도록 강요하는 노력을 멈춰야 하기 때문에 이 일은 아무런 노고 없이 이루어집니다.

이것이 바로, 시대를 통틀어 세상의 수많은 영적인 사람이 이해하지 못한 사실입니다. 물론, 일부 사람들은 이해했습니다. 심지어 힘에 기반하지 않는 무위의 접근법에 대해 설명하는 가르침도 있습니다. 불행히도 이러한 가르침 중 다수가 분리된 자아들에 대한 개념과, 의식하는 자아가 분리된 자아를 벗어나서 그것을 죽게 할 수 있다는 개념을 가지고 있지 않습니다. 따라서 특히 서구의 선형적 사고방식을 가진 사람들에게는 이러한 가르침들을 수행하기가 매우 어려울 수 있습니다. 선형적인 마음으로 수행하려는 성향과 (앞서 설명한) 무위의 수행법 사이에 놓인 간극을 극복할 수 없기 때문입니다.

다른 초한들이 말했듯이, 신성한 자질은 이 세상에서 선형적인 마음이나 타락한 마음으로 정의할 수 있는 특징을 가지고 있지 않습니다. 신성한 순수함은 불순함의 반대 극성이 아닙니다. 사실 이원성 의식에는 불순함과 순수함이라는 두 극성이 있습니다. 그러나 인간이 정의한 순수함이란 것이 신성한 순수함은 아닙니다.

순수함과 불순함에 대한 이원적인 기준

다시 말하지만, 이것은 많은 종교가 가진 문제입니다. 그들은 지구의 외적인 종교들이 경전과 교리와 문화를 통해 어떤 최종 목표를 정의할 수 있다고 생각합니다. 예를 들어, 무엇이 불순한 행동이고 무엇이 순수한 행동인지 정의할 수 있다고 생각합니다. 그리고 이렇게 다소 기계적인 외면의 여정을 따라가면 언젠가 자신들이 순수해질 것이라고 믿습니다. 여러분은 이원적이고 상대적인 순수함을 추구하는 것으로는 순수해질 수 없습니다. 그렇다 해도 더 심각한 카르마를 만들게 되는 이원적인 불순함의 상태보다는 분명히 더 낫습니다.

지구에는 평생 특정한 종교를 따르면서 그 종교가 규정한 어떤 상태에 이르고자 애써 온 많은 사람이 있습니다. 그들은 교리와 경전에 부합하는 모든 일을 행하고 해서는 안 되는 모든 일은 행하지 않았기 때문에, 자신은 선한 사람이라고 생각하는 마음 상태에 빠져 있습니다.

그들은 종교적인 사람들입니다. 그들은 영적인 사람들입니다. 그들은 자신을 순수하고 거룩한 사람이라고 느낄 수도 있습니다. 불행하게도, 이런 사람들이야말로 상승 마스터에게 가장 다가가기 어려운 사람들입니다. 왜냐하면 그들은 선한 사람이라는 존재감에 너무 집착하기 때문에, 우리가 비이원적으로 평가할 때 그들이 선하지 않다는 사실을 보여주기가 매우 어렵습니다. 그들은 '악한' 사람과 반대되는 의미에서의 '선한' 사람이지만, 이것은 이원적인 척도에서의 평가입니다.

살아 있는 그리스도가 되는 방법에는 정해진 기준이 없습니다

이전의 조직에서 우리가 보아 온 것은, 상승 마스터 학생들이 이상에 맞춰 살기 위해 수십 년을 노력했지만, 더 높은 수준으로 올라갈 의향이 없었으며, 살아 있는 그리스도를 그러한 이상이나 본보기, 기준에 맞추도록 강요할 수 없으므로, 그 이상조차 놓아버려야 할 시점이 온다는 것을 인식하지 못했다는 점입니다. 살아 있는 그리스도가 된다는 것이 무슨 의미인지에 대해서는 기준이 없습니다. 살아 있는 그리스도는 무엇을 위한 존재입니까? 살아 있는 그리스도는 무엇을 위한 열린 문입니까? 아이앰 현존과 상승 마스터들을 위한 열린 문입니다.

외면의 마음, 선형적인 마음은 아이앰 현존이나 상승 마스터들이 여러분을 통해 무엇을 하고 싶어 하고, 여러분을 통해 무엇을 가져오려 하는지를 가늠할 수 없습니다. 선형적인 마음은 자신이 파악할 수 있는 기준, 즉 양극성을 가진 것과 정의될 수 있는 특질을 가진 것에 기반해서 모든 것을 평가하고 싶어 합니다. 그러나 우리 상승 마스터들은 미상승 구체 안에 있지도 않고 이원성 의식 안에 있지도 않습니다. 만일 여러분이 선형적인 마음과 그것의 기준에 집착한다면, 어떻게 우리를 위한 열린 문이 될 수 있나요? 여러분은 "이것은 표현되어야 하고, 이것은 표현되어서는 안 됩니다."라는 미묘한 평가 과정을 거치게 될 텐데 말입니다. 그때 우리는 자유의지와 자유의지의 법칙을 존중해야만 하므로, 뒤로 물러날 수밖에 없습니다.

오직 여러분이 열린 문이 될 때만, 우리가 여러분을 통해 흐를 수 있습니다. 그리고 열린 문은 중립적으로 된다는 의미이며, 이것은 순수함의 또 다른 표현입니다. 여러분이 순수한 의도를 가질 때, 그리고 우리가 여러분을 통해 표현하고자 하는 무엇이든 다 표현하도록 허용할 때, 그때야 여러분은 열린 문이 됩니다. 어떤 것은 표현되어야 하고 어떤 것은 표현되면 안 된다는 의도를 가질 때, 혹은 그것을 미리 알기를 원하거나 외면의 마음이 가진 기준에 기반해서 평가하기를 원할 때, 여러분은 순수하지 않습니다. 여러분의 의도도 순수하지 않습니다.

여러분이 여정에서 더 높은 수준에 도달할수록 이 점을 숙고하는 데서 도움을 얻을 수 있습니다. 우리는 이전에도 이 모든 것을 특정한 방식으로 설명해주었지만, 특별히 여러분이 우리와 연결될 수 있는 방법에 초점을 맞춰 다시 말해보겠습니다.

어떻게 하면 세라피스 베이와 연결될 수 있을까요

여러분이 나, 세라피스 베이와 어떻게 연결될 수 있나요? 자, 여러분은 중립적인 의도를 가져야만 합니다. 즉 나와 연결을 이루려는 의도는 갖고 있지만, 그 연결이 어떻게 어떤 형태로 이뤄져야 하고, 내가 어떻게 행동해야 하며, 이에 대해 여러분은 어떻게 행동해야 하는

지에 대해 특정한 이미지를 투사하지 않는다는 뜻입니다. 여러분은 중립적이어야 합니다. 즉 연결하려는 의도는 있지만, 특정한 결과에 대한 의도는 없습니다. 이런 것이 바로 순수한 의도입니다. 여러분이 이 분리된 자아들을 용해함으로써 순수한 의도에 도달할 때, 자신이 4광선과 연합되어 있음을 알게 되며, 그 연결을 이루게 될 것입니다. 여러분은 내 현존을 경험하게 됩니다.

왜냐하면, 다른 초한들이 말했듯이, 나는 여러분에게 주지 않고 감추고 있는 것이 아무것도 없기 때문입니다. 예수께서 "그리스도 의식은 어디에나 있다."라고 말씀하셨듯이, 나는 항상 여러분과 함께 있습니다. 4광선과 다른 모든 광선도 마찬가지입니다. 태초에 말씀, 또는 로고스가 있었습니다. 말씀은 신과 함께 있었고, 말씀이 곧 신이었습니다. 그리고 그 우주적 그리스도 의식이 없었다면 그 어떤 창조물도 창조되지 않았을 것입니다. 그러나 형태로의 분화가 일어나기 시작하자 그것은 일곱 광선으로 분화되기 시작했습니다. 이 광선으로부터 모든 형상이 생겨났습니다. 그리스도 의식이 모든 것 안에 있듯이, 일곱 광선도 모든 것 안에 있습니다. 여러분은 4광선과 분리될 수 없습니다.

나는 항상 여러분이 있는 곳에 있습니다. 여러분이 내 현존을 경험하기 위해서는 오직 주의력의 초점을 이동하기만 하면 됩니다. 나는 이 담화를 듣는 동안 여러분이 내 현존을 경험하기를 바라고 있으며, 물론 몇몇 사람은 이미 경험하고 있음을 압니다. 또 일부는 이 담화를 다시 들으면서 내 현존을 경험할 수 있을 것입니다. 일부는 내가 알려준 기법을 수행하면서 내 현존을 경험하게 될 것입니다. 상승 마스터의 현존을 경험하는 것이 바로 상승 마스터와 연결되는 방법입니다. 그것은 먼 거리나 어떤 격차나 어떤 골을 건너서 연결되는 것이 아니라, 항상 존재하는 마스터의 현존을 경험하는 것입니다.

자, 이제 나는 여러분을 진정한 내 존재인 4광선의 항상 가속하는 순수함에 봉인합니다.

10-1
순수함에 대한 순수한 관점을 기원합니다

I AM THAT I AM, 예수 그리스도의 이름으로 나는 세라피스 베이를 부르며, 무엇이 순수함이고 무엇이 불순함인지에 대한 내 기준이 당신의 현존을 체험하는 것을 어떻게 방해하는지 볼 수 있게 해달라고 요청합니다…
(여기에 개인적인 요청을 추가하세요)

파트 1

1. 세라피스 베이여, 나는 낮은 에너지의 진동을 가속해서 상향 흐름을 가진 높은 에너지로 만드는 순수 광선을 경험하겠습니다.

세라피스 베이여, 당신의 정화하는 눈 배후에,
권능이 있습니다.
세라피스 베이여, 그것은 당신의 숭고한 은거처로,
들어가기 위한 치료제입니다.

세라피스 베이여, 당신께 요청드리니,
이원성 거짓말을 꿰뚫어보도록 도와주소서.
우리 내면의 시력을 정화해 주시어,
당신의 위대한 빛 안에서 지구를 보게 하소서.

2. 세라피스 베이여, 나는 진동을 읽는 법을 배우겠습니다. 그러면 지성적인 해석을 할 필요가 없습니다.

세라피스 베이여, 지혜의 성취자시여,
당신의 말씀은 언제나 지극히 심오합니다.
세라피스 베이여, 우리 마음에는 진실로,
당신을 위한 자리밖에 없습니다.

**세라피스 베이여, 당신께 요청드리니,
이원성 거짓말을 꿰뚫어보도록 도와주소서.
우리 내면의 시력을 정화해 주시어,
당신의 위대한 빛 안에서 지구를 보게 하소서.**

3. 세라피스 베이여, 나는 내 존재의 중심에 있는 특이점으로 내 주의를 끌어당기는 경험을 하겠습니다. 특이점, 그 단일한 점 안에는 아무런 확장도, 공간도 없고 오직 하나의 점만이 있습니다.

세라피스 베이여, 초월적인 사랑에 응답하며,
우리의 가슴은 높이 도약합니다.
세라피스 베이여, 당신의 생명은 시(詩)가 되어,
별이 빛나는 고향으로 우리를 부릅니다.

**세라피스 베이여, 당신께 요청드리니,
이원성 거짓말을 꿰뚫어보도록 도와주소서.
우리 내면의 시력을 정화해 주시어,
당신의 위대한 빛 안에서 지구를 보게 하소서.**

4. 세라피스 베이여, 나는 그 점에서 폭발이 일어나고, 흰빛이 방사되는 것을 경험하겠습니다. 그 빛은 내 오라를 통과하고 내 역장을 통과하면서 내 존재로부터 빛을 내뿜습니다.

세라피스 베이여, 당신의 확실한 인도를 받으며,
베이스 차크라는 순수한 흰색으로 정화됩니다.
세라피스 베이여, 우리를 에워싼 영혼은,
더 이상 우리를 가둬 두지 못합니다.

**세라피스 베이여, 당신께 요청드리니,
이원성 거짓말을 꿰뚫어보도록 도와주소서.
우리 내면의 시력을 정화해 주시어,
당신의 위대한 빛 안에서 지구를 보게 하소서.**

5. 세라피스 베이여, 나는 물리층에서 볼 수 있는 어떤 백색보다 더 흰 백색의 빛이 방사되는 것을 경험하겠습니다. 그리고 그 빛이 내 몸의 모든 질병에 어떻게 방사되는지 보겠습니다.

세라피스 베이여, 상처를 치료하는 향유는,
마음에 영원한 고요를 가져옵니다.
세라피스 베이여, 우리의 생각이 순수해지면,
우리는 당신의 단련법을 견뎌낼 것입니다.

**세라피스 베이여, 당신께 요청드리니,
이원성 거짓말을 꿰뚫어보도록 도와주소서.
우리 내면의 시력을 정화해 주시어,
당신의 위대한 빛 안에서 지구를 보게 하소서.**

6. 세라피스 베이여, 나는 그 단일한 점에 내 주의력을 집중하고 4광선의 초한인 당신이 백색의 빛을 방사하도록 허용하겠습니다.

세라피스 베이여, 비밀스런 시험은,
최고가 되려는 에고를 드러내 줍니다.
세라피스 베이여, 우리의 조화를 앗아가는 에고를,

우리 내면에서 드러내 주소서.

**세라피스 베이여, 당신께 요청드리니,
이원성 거짓말을 꿰뚫어보도록 도와주소서.
우리 내면의 시력을 정화해 주시어,
당신의 위대한 빛 안에서 지구를 보게 하소서.**

7. 세라피스 베이여, 나는 문제를 일으킬 수밖에 없는 선형적인 마음을 놓아버립니다. 선형적인 마음은 분석을 통해 뭔가를 해결하려 하기 때문입니다. 나를 하늘나라로 데려갈 수 있다고 생각하는 선형적인 마음을 놓아버립니다.

세라피스 베이여, 감동적인 장면이여,
우리는 신성한 높이로 상승합니다.
세라피스 베이여, 신성한 동시성 안에서,
우리는 영원한 자유를 누립니다.

**세라피스 베이여, 당신께 요청드리니,
이원성 거짓말을 꿰뚫어보도록 도와주소서.
우리 내면의 시력을 정화해 주시어,
당신의 위대한 빛 안에서 지구를 보게 하소서.**

8. 세라피스 베이여, 나는 "영적인 성장의 문제"에 선형적인 해결책이 있다고 생각하는 선형적인 마음을 놓아버립니다. 성장을 문제로 보는 것은 오직 선형적인 마음뿐임을 봅니다.

세라피스 베이여, 우리의 요청으로,
당신은 일곱 광선을 모두 균형 잡습니다.
세라피스 베이여, 시간과 공간 안에서,
나는 자아의 피라미드를 올라갑니다.

세라피스 베이여, 당신께 요청드리니,
이원성 거짓말을 꿰뚫어보도록 도와주소서.
우리 내면의 시력을 정화해 주시어,
당신의 위대한 빛 안에서 지구를 보게 하소서.

9. 세라피스 베이여, 나는 해결책이 이원적인 양극단 중의 하나가 아님을 경험하겠습니다. 해결책은 두 극단을 보는 의식 수준을 초월하고, 그 척도를 초월하는 것입니다.

세라피스 베이여, 당신의 현존은,
내면의 구체를 충만히 채워줍니다.
삶은 이제 신성한 흐름이 되며,
우리는 모두에게 신성한 비전을 부여합니다.

세라피스 베이여, 당신께 요청드리니,
이원성 거짓말을 꿰뚫어보도록 도와주소서.
우리 내면의 시력을 정화해 주시어,
당신의 위대한 빛 안에서 지구를 보게 하소서.

파트 2

1. 세라피스 베이여, 내가 완전히 평평한 평원 위에 서 있고, 그 평원이 내가 볼 수 있는 한 멀리, 모든 방향으로 펼쳐져 있다고 심상화하겠습니다. 이제 나는 내 주의력을 내면으로, 내 존재의 중심으로 끌어옵니다.

세라피스 베이여, 당신의 정화하는 눈 배후에,
권능이 있습니다.
세라피스 베이여, 그것은 당신의 숭고한 은거처로,
들어가기 위한 치료제입니다.

세라피스 베이여, 당신께 요청드리니,
이원성 거짓말을 꿰뚫어보도록 도와주소서.
우리 내면의 시력을 정화해 주시어,
당신의 위대한 빛 안에서 지구를 보게 하소서.

2. 세라피스 베이여, 나는 내 주의력이 내 존재의 중심을 통과한 다음, 밖으로 평원을 향해 나간다고 심상화하겠습니다. 즉, 내 주의력을 안으로 끌어온 다음, 곧바로 밖을 향하는 대신, 내면의 중심을 통과하면서 모든 방향으로 나가게 합니다.

세라피스 베이여, 지혜의 성취자시여,
당신의 말씀은 언제나 지극히 심오합니다.
세라피스 베이여, 우리 마음에는 진실로,
당신을 위한 자리밖에 없습니다.

세라피스 베이여, 당신께 요청드리니,
이원성 거짓말을 꿰뚫어보도록 도와주소서.
우리 내면의 시력을 정화해 주시어,
당신의 위대한 빛 안에서 지구를 보게 하소서.

3. 세라피스 베이여, 나는 두 눈을 내면의 중심으로 끌어온 다음, 내 시선이 그 중심을 통과해서 양방향으로, 앞뒤로, 안쪽에서 바깥쪽으로, 안쪽에서 바깥쪽으로, 다시 안쪽에서 바깥쪽으로 이동하는 것을 심상화하겠습니다.

세라피스 베이여, 초월적인 사랑에 응답하며,
우리의 가슴은 높이 도약합니다.
세라피스 베이여, 당신의 생명은 시(詩)가 되어,
별이 빛나는 고향으로 우리를 부릅니다.

세라피스 베이여, 당신께 요청드리니,
이원성 거짓말을 꿰뚫어보도록 도와주소서.
우리 내면의 시력을 정화해 주시어,
당신의 위대한 빛 안에서 지구를 보게 하소서.

4. 세라피스 베이여, 나는 마음 안에서 고요함과 침묵을 경험하겠습니다. 그리고 그 고요함에 집중하며, 내 주의력을 이 외양이 없는 평원을 향해 밖으로 확장합니다. 나는 단지 주의력을 밖으로, 밖으로 계속 나아가게 하면서, 확장할 수 있는 최대한 확장합니다. 그런 다음 점차로 주의력을 다시 안으로 천천히 끌어당깁니다.

세라피스 베이여, 당신의 확실한 인도를 받으며,
베이스 차크라는 순수한 흰색으로 정화됩니다.
세라피스 베이여, 우리를 에워싼 영혼은,
더 이상 우리를 가둬 두지 못합니다.

세라피스 베이여, 당신께 요청드리니,
이원성 거짓말을 꿰뚫어보도록 도와주소서.
우리 내면의 시력을 정화해 주시어,
당신의 위대한 빛 안에서 지구를 보게 하소서.

5. 세라피스 베이여, 나는 다음과 같이 말하는 선형적인 마음을 놓아 버립니다. "내가 무엇을 향해 가고 있는지 목표를 정의해주세요. 어디로 가고 있는지도 모르는데, 내가 그곳에 도달할지를 어떻게 알겠습니까?"

세라피스 베이여, 상처를 치료하는 향유는,
마음에 영원한 고요를 가져옵니다.
세라피스 베이여, 우리의 생각이 순수해지면,
우리는 당신의 단련법을 견뎌낼 것입니다.

**세라피스 베이여, 당신께 요청드리니,
이원성 거짓말을 꿰뚫어보도록 도와주소서.
우리 내면의 시력을 정화해 주시어,
당신의 위대한 빛 안에서 지구를 보게 하소서.**

6. 세라피스 베이여, 나는 선형적인 마음이 그 어디로도 가지 않음을 봅니다. 나 역시 그 어디로도 가지 않습니다. 단지 나는 선형적인 마음이 무력화될 때 나타나는 평화를 경험하겠습니다.

세라피스 베이여, 비밀스런 시험은,
최고가 되려는 에고를 드러내 줍니다.
세라피스 베이여, 우리의 조화를 앗아가는 에고를,
우리 내면에서 드러내 주소서.

**세라피스 베이여, 당신께 요청드리니,
이원성 거짓말을 꿰뚫어보도록 도와주소서.
우리 내면의 시력을 정화해 주시어,
당신의 위대한 빛 안에서 지구를 보게 하소서.**

7. 세라피스 베이여, 나는 아무런 외형도 없고, 공간적으로 확장하는 데 아무런 제한도 없는 순수의식인 내 존재를 경험하겠습니다. 그것은 한 점에 중심을 둔 것도 아니고, 경계가 있는 것도 아니며, 그냥 순수의식일 뿐입니다.

세라피스 베이여, 감동적인 장면이여,
우리는 신성한 높이로 상승합니다.
세라피스 베이여, 신성한 동시성 안에서,
우리는 영원한 자유를 누립니다.

세라피스 베이여, 당신께 요청드리니,

이원성 거짓말을 꿰뚫어보도록 도와주소서.
우리 내면의 시력을 정화해 주시어,
당신의 위대한 빛 안에서 지구를 보게 하소서.

8. 세라피스 베이여, 영적인 성장은 의식하는 자아가 잠재의식적 자아들을 굴복시키거나 훈육하거나 억압하는 문제가 아님을 경험하겠습니다. 영적인 성장은 뭔가를 강요하는 문제가 아니라, 놓아버리는 문제입니다.

세라피스 베이여, 우리의 요청으로,
당신은 일곱 광선을 모두 균형 잡습니다.
세라피스 베이여, 시간과 공간 안에서,
나는 자아의 피라미드를 올라갑니다.

세라피스 베이여, 당신께 요청드리니,
이원성 거짓말을 꿰뚫어보도록 도와주소서.
우리 내면의 시력을 정화해 주시어,
당신의 위대한 빛 안에서 지구를 보게 하소서.

9. 세라피스 베이여, 나는 영적인 여정에 대한 접근 방식을 전환하며, 그것이 뭔가를 강요하는 문제가 아님을 깨닫겠습니다. 그것은 놓아버리는 문제이며, 실제로 의식하는 자아가 그리스도 의식임을 경험하는 문제입니다. 왜냐하면 의식하는 자아는 그리스도 의식에서 나왔기 때문입니다.

세라피스 베이여, 당신의 현존은,
내면의 구체를 충만히 채워줍니다.
삶은 이제 신성한 흐름이 되며,
우리는 모두에게 신성한 비전을 부여합니다.

세라피스 베이여, 당신께 요청드리니,
이원성 거짓말을 꿰뚫어보도록 도와주소서.
우리 내면의 시력을 정화해 주시어,
당신의 위대한 빛 안에서 지구를 보게 하소서.

파트 3

1. 세라피스 베이여, 나는 그리스도 의식이 하나됨의 의식임을 경험하겠습니다. 그리스도 의식은 자발적으로 하나됨에 더 가까이 가는 자신의 길을 찾아냅니다.

세라피스 베이여, 당신의 정화하는 눈 배후에,
권능이 있습니다.
세라피스 베이여, 그것은 당신의 숭고한 은거처로,
들어가기 위한 치료제입니다.

세라피스 베이여, 당신께 요청드리니,
이원성 거짓말을 꿰뚫어보도록 도와주소서.
우리 내면의 시력을 정화해 주시어,
당신의 위대한 빛 안에서 지구를 보게 하소서.

2. 세라피스 베이여, 나는 의식하는 자아가 자발적으로 다음 단계로 올라가는 것을 경험하겠습니다. 나는 그것을 강요할 필요가 없습니다. 마음을 훈련할 필요도 없습니다. 나는 자연스럽게 올라가게 됩니다.

세라피스 베이여, 지혜의 성취자시여,
당신의 말씀은 언제나 지극히 심오합니다.
세라피스 베이여, 우리 마음에는 진실로,
당신을 위한 자리밖에 없습니다.

**세라피스 베이여, 당신께 요청드리니,
이원성 거짓말을 꿰뚫어보도록 도와주소서.
우리 내면의 시력을 정화해 주시어,
당신의 위대한 빛 안에서 지구를 보게 하소서.**

3. 세라피스 베이여, 내가 하늘나라로 들어가도록 강요할 수는 없음을 경험하겠습니다. 내가 그리스도 의식으로 들어가도록 강요할 수도 없습니다.

세라피스 베이여, 초월적인 사랑에 응답하며,
우리의 가슴은 높이 도약합니다.
세라피스 베이여, 당신의 생명은 시(詩)가 되어,
별이 빛나는 고향으로 우리를 부릅니다.

**세라피스 베이여, 당신께 요청드리니,
이원성 거짓말을 꿰뚫어보도록 도와주소서.
우리 내면의 시력을 정화해 주시어,
당신의 위대한 빛 안에서 지구를 보게 하소서.**

4. 세라피스 베이여, 나는 초월하는 힘을 경험하겠습니다. 이때 나는 선형적인 마음을 사용해서 선형적인 마음이나 잠재의식적인 자아들을 억누르지 않습니다.

세라피스 베이여, 당신의 확실한 인도를 받으며,
베이스 차크라는 순수한 흰색으로 정화됩니다.
세라피스 베이여, 우리를 에워싼 영혼은,
더 이상 우리를 가둬 두지 못합니다.

**세라피스 베이여, 당신께 요청드리니,
이원성 거짓말을 꿰뚫어보도록 도와주소서.**

**우리 내면의 시력을 정화해 주시어,
당신의 위대한 빛 안에서 지구를 보게 하소서.**

5. 세라피스 베이여, 나는 순수함으로 가속하는 것을 경험하겠습니다. 나는 순수함이 신성한 자질임을 경험합니다. 나는 자신을 강제로 순수함에서 끌어낼 수도 없고, 강제로 순수함으로 되돌릴 수도 없습니다.

세라피스 베이여, 상처를 치료하는 향유는,
마음에 영원한 고요를 가져옵니다.
세라피스 베이여, 우리의 생각이 순수해지면,
우리는 당신의 단련법을 견뎌낼 것입니다.

**세라피스 베이여, 당신께 요청드리니,
이원성 거짓말을 꿰뚫어보도록 도와주소서.
우리 내면의 시력을 정화해 주시어,
당신의 위대한 빛 안에서 지구를 보게 하소서.**

6. 세라피스 베이여, 나는 신성한 자질이 자연스러운 상태임을 경험하겠습니다. 그리스도 의식은 자연스럽게 하나됨으로 돌아가는 길을 찾습니다. 모든 신성한 자질은 자발적으로 하나됨으로 돌아가는 길을 추구합니다.

세라피스 베이여, 비밀스런 시험은,
최고가 되려는 에고를 드러내 줍니다.
세라피스 베이여, 우리의 조화를 앗아가는 에고를,
우리 내면에서 드러내 주소서.

**세라피스 베이여, 당신께 요청드리니,
이원성 거짓말을 꿰뚫어보도록 도와주소서.**

우리 내면의 시력을 정화해 주시어,
당신의 위대한 빛 안에서 지구를 보게 하소서.

7. 세라피스 베이여, 내가 자신을 하나됨에서 멀어지도록 강제하는 일을 멈추면, 의식하는 자아는 자발적으로 아이앰 현존과의 하나됨으로 돌아가기 시작하는 것을 경험하겠습니다.

세라피스 베이여, 감동적인 장면이여,
우리는 신성한 높이로 상승합니다.
세라피스 베이여, 신성한 동시성 안에서,
우리는 영원한 자유를 누립니다.

**세라피스 베이여, 당신께 요청드리니,
이원성 거짓말을 꿰뚫어보도록 도와주소서.
우리 내면의 시력을 정화해 주시어,
당신의 위대한 빛 안에서 지구를 보게 하소서.**

8. 세라피스 베이여, 이 일은 자발적으로 일어난다는 것을 경험하겠습니다. 내가 자신을 자연 상태에서 벗어나도록 강요하는 노력을 멈춰야 하므로, 이 일은 아무런 노고 없이 이루어집니다.

세라피스 베이여, 우리의 요청으로,
당신은 일곱 광선을 모두 균형 잡습니다.
세라피스 베이여, 시간과 공간 안에서,
나는 자아의 피라미드를 올라갑니다.

**세라피스 베이여, 당신께 요청드리니,
이원성 거짓말을 꿰뚫어보도록 도와주소서.
우리 내면의 시력을 정화해 주시어,
당신의 위대한 빛 안에서 지구를 보게 하소서.**

9. 세라피스 베이여, 신성한 자질은 이 세상에서 선형적인 마음이나 타락한 마음으로 정의할 수 있는 특징을 가지고 있지 않음을 경험하겠습니다. 신성한 순수함은 불순함의 반대 극성이 아닙니다.

세라피스 베이여, 당신의 현존은,
내면의 구체를 충만히 채워줍니다.
삶은 이제 신성한 흐름이 되며,
우리는 모두에게 신성한 비전을 부여합니다.

세라피스 베이여, 당신께 요청드리니,
이원성 거짓말을 꿰뚫어보도록 도와주소서.
우리 내면의 시력을 정화해 주시어,
당신의 위대한 빛 안에서 지구를 보게 하소서.

파트 4

1. 세라피스 베이여, 나는 영적인 사람이 된다는 것이 무슨 의미인지에 대한 내 이상을 놓아버립니다. 살아 있는 그리스도를 그러한 이상이나 본보기, 기준에 맞추도록 강요할 수 없음을 압니다. 살아 있는 그리스도가 된다는 것이 무슨 의미인지에 대해서는 기준이 없습니다.

세라피스 베이여, 당신의 정화하는 눈 배후에,
권능이 있습니다.
세라피스 베이여, 그것은 당신의 숭고한 은거처로,
들어가기 위한 치료제입니다.

세라피스 베이여, 당신께 요청드리니,
이원성 거짓말을 꿰뚫어보도록 도와주소서.
우리 내면의 시력을 정화해 주시어,
당신의 위대한 빛 안에서 지구를 보게 하소서.

2. 세라피스 베이여, 살아 계신 그리스도는 아이앰 현존과 상승 마스터들을 위한 열린 문임을 경험하겠습니다. 선형적인 마음은, 내 아이앰 현존과 상승 마스터들이 나를 통해 무엇을 하고 싶어 하는지 가늠할 수 없습니다.

세라피스 베이여, 지혜의 성취자시여,
당신의 말씀은 언제나 지극히 심오합니다.
세라피스 베이여, 우리 마음에는 진실로,
당신을 위한 자리밖에 없습니다.

세라피스 베이여, 당신께 요청드리니,
이원성 거짓말을 꿰뚫어보도록 도와주소서.
우리 내면의 시력을 정화해 주시어,
당신의 위대한 빛 안에서 지구를 보게 하소서.

3. 세라피스 베이여, 당신은 미상승 구체 안에 있지도 않고, 이원성 의식 안에 있지도 않음을 경험하겠습니다. 내가 선형적인 마음과 그것의 기준에 집착한다면 어떻게 당신을 위한 열린 문이 될 수 있겠습니까?

세라피스 베이여, 초월적인 사랑에 응답하며,
우리의 가슴은 높이 도약합니다.
세라피스 베이여, 당신의 생명은 시(詩)가 되어,
별이 빛나는 고향으로 우리를 부릅니다.

세라피스 베이여, 당신께 요청드리니,
이원성 거짓말을 꿰뚫어보도록 도와주소서.
우리 내면의 시력을 정화해 주시어,
당신의 위대한 빛 안에서 지구를 보게 하소서.

4. 세라피스 베이여, 나는 당신이 나를 통해 흐를 수 있도록 기꺼이 열린 문이 되겠습니다. 열린 문이란 중립적으로 된다는 의미이며, 이는 순수함의 또 다른 표현입니다. 나는 순수한 의도를 가지고 있으며, 당신이 나를 통해 표현하고자 하는 무엇이든 다 표현하도록 기꺼이 허용합니다.

세라피스 베이여, 당신의 확실한 인도를 받으며,
베이스 차크라는 순수한 흰색으로 정화됩니다.
세라피스 베이여, 우리를 에워싼 영혼은,
더 이상 우리를 가둬 두지 못합니다.

세라피스 베이여, 당신께 요청드리니,
이원성 거짓말을 꿰뚫어보도록 도와주소서.
우리 내면의 시력을 정화해 주시어,
당신의 위대한 빛 안에서 지구를 보게 하소서.

5. 세라피스 베이여, 나는 당신과 연결을 이루려는 의도는 갖고 있지만, 그 연결이 어떻게, 어떤 형태로 이뤄져야 하고, 당신이 어떻게 행동해야 하며, 내가 어떻게 행동해야 하는지에 대해 특정한 이미지를 투사하지 않습니다.

세라피스 베이여, 상처를 치료하는 향유는,
마음에 영원한 고요를 가져옵니다.
세라피스 베이여, 우리의 생각이 순수해지면,
우리는 당신의 단련법을 견뎌낼 것입니다.

세라피스 베이여, 당신께 요청드리니,
이원성 거짓말을 꿰뚫어보도록 도와주소서.
우리 내면의 시력을 정화해 주시어,
당신의 위대한 빛 안에서 지구를 보게 하소서.

6. 세라피스 베이여, 나는 중립적입니다. 나는 연결하려는 의도는 있지만 특정한 결과에 대한 의도는 없습니다. 나는 당신의 현존을 체험하려는 순수한 의도를 가지고 있습니다.

세라피스 베이여, 비밀스런 시험은,
최고가 되려는 에고를 드러내 줍니다.
세라피스 베이여, 우리의 조화를 앗아가는 에고를,
우리 내면에서 드러내 주소서.

세라피스 베이여, 당신께 요청드리니,
이원성 거짓말을 꿰뚫어보도록 도와주소서.
우리 내면의 시력을 정화해 주시어,
당신의 위대한 빛 안에서 지구를 보게 하소서.

7. 세라피스 베이여, 당신이 나에게 주지 않고 숨기고 있는 것은 아무것도 없음을 경험하겠습니다. 당신은 항상 나와 함께 있습니다. 왜냐하면 4광선은 모든 곳에 편재하기 때문입니다.

세라피스 베이여, 감동적인 장면이여,
우리는 신성한 높이로 상승합니다.
세라피스 베이여, 신성한 동시성 안에서,
우리는 영원한 자유를 누립니다.

세라피스 베이여, 당신께 요청드리니,
이원성 거짓말을 꿰뚫어보도록 도와주소서.
우리 내면의 시력을 정화해 주시어,
당신의 위대한 빛 안에서 지구를 보게 하소서.

8. 세라피스 베이여, 그리스도 의식이 모든 것 안에 있듯이, 일곱 광선도 모든 것 안에 있음을 경험하겠습니다. 나는 4광선과 분리될 수

없습니다.

세라피스 베이여, 우리의 요청으로,
당신은 일곱 광선을 모두 균형 잡습니다.
세라피스 베이여, 시간과 공간 안에서,
나는 자아의 피라미드를 올라갑니다.

세라피스 베이여, 당신께 요청드리니,
이원성 거짓말을 꿰뚫어보도록 도와주소서.
우리 내면의 시력을 정화해 주시어,
당신의 위대한 빛 안에서 지구를 보게 하소서.

9. 세라피스 베이여, 당신의 현존을 경험하는 것은 단지 내 주의력의 초점을 이동하는 문제임을 경험하겠습니다. 상승 마스터의 현존을 경험하는 것이 바로 상승 마스터와 연결되는 방법입니다. 그것은 먼 거리나 어떤 격차나 어떤 골을 건너서 연결되는 것이 아니라, 항상 존재하고 있는 마스터의 현존을 경험하는 것입니다.

세라피스 베이여, 당신의 현존은,
내면의 구체를 충만히 채워줍니다.
삶은 이제 신성한 흐름이 되며,
우리는 모두에게 신성한 비전을 부여합니다.

세라피스 베이여, 당신께 요청드리니,
이원성 거짓말을 꿰뚫어보도록 도와주소서.
우리 내면의 시력을 정화해 주시어,
당신의 위대한 빛 안에서 지구를 보게 하소서.

봉인
신성한 어머니의 이름으로, 나는 대천사 미카엘과 아스트레아와 쉬바께 나의 영적인 스승들과 아이앰 현존과 나와의 연결을 봉인해 주시기를 요청합니다. I AM THAT I AM의 이름으로, 이것이 이루어졌습니다! 아멘.

11
우리를 더 높이 올려줄 진리에 도달하기

나는(I AM) 상승 마스터 힐라리온입니다. 진리가 무엇입니까? 자, 선형적인 마음이 좋아하는 질문이 여기 있네요. 왜냐하면 선형적인 마음은 그것을 매우 명확하게 정의할 수 있다고 생각하기 때문입니다. (선형적인 마음에 의하면) 진리는 비진리의 반대입니다. 즉, 진리는 이해할 수 있고, 파악할 수 있는 어떤 것입니다. 선형적인 저울 위에는 한쪽 끝에 진리를 다른 쪽 끝에는 비진리를 올려놓을 수 있습니다.

분명 선형적인 마음은 모든 신적인 자질들에 대해서도 이렇게 할 수 있고, 진리도 자신의 통제 아래 있다고, 정말 그렇게 느끼고 있습니다. 타락한 존재들은 그들의 추락 이후로 아주 오랜 세월 동안 자신들이 진리를 통제하고 있다고 생각해왔습니다. 그들은 자신들이 진리를 정의할 수 있다고 믿었습니다. 물론 그들은, 예를 들어 이곳 지구에서, 자신들이 진리를 정의했다고 공공연히 방송하지는 않습니다. 그 대신 그들은 이 진리가 어떤 궁극적 권위에 의해 주어진 것이고, 따라서 그것이 가능한 최상의 진리라고 방송합니다.

진리에 대한 가장 간단한 정의

진실로, 진리란 무엇일까요? 진리는 여러분을 하나됨으로 더 가까이 데려가는 어떤 것입니다. 그렇다면 비진리는 무엇일까요? 비진리는 여러분을 하나됨에서 멀어지게 하는 어떤 것입니다. 이것이 적어도 지구에서 주어질 수 있는 진리에 대한 가장 간단한 정의입니다.

물론 선형적인 마음에게는 이 정의가 매우, 매우 불만족스러울 것입니다. 그러면 (선형적인 마음은) 진리가 무엇인지 어떻게 정의할까요? (선형적인 마음에 의하면) 반드시 어떤 궁극적인 진리가 존재합니다. 진리가 더 가까이 데려간다는 말은 진리를 정의하는데 충분하지 않습니다. 틀림없이 어떤 궁극적인 진리가 있어야 하고, 그때 하나됨을 이룰 수 있어야 합니다.

그러나 진실은, 오직 창조주만이 궁극적인 진리입니다. 이것은 창조계의 어떤 수준에도, 형상 세계의 어떤 수준에도, 그 수준에서 파악하고 가늠할 수 있는 특정한 진리가 있다는 뜻입니다.

물론 지구는 창조주보다 훨씬 낮은 수준에 있으므로, 지구에는 절대적인 진리가 주어질 수 없다고 우리가 여러 번 말했지만, 사실 창조주의 수준을 제외하고는 어디에도 절대적인 진리는 없다고 할 수 있습니다. 하나됨으로 나아가는 과정의 그 어느 수준에서든, 여러분이 하나됨에 있지 않다면, 그것은 여전히 여러분이 어떤 거리감을 느끼고 있기 때문입니다. 그때는 여러분이 다음 단계로 올라가는 것을 도와줄 수 있는 어떤 진리가 있습니다. 그러므로 궁극적인 진리를 이해하는 것이 목표가 아니라, 여러분을 다음 단계로 올려줄 진리를 보는 것이 목표가 되어야 합니다.

자아실현의 단계들

또다시 선형적인 마음은 못마땅하게 여기며 이렇게 말할 것입니다. "글쎄요, 그렇다면 그것은 여러분이 창조주에 도달하기까지의 모든 단계에 뭔가 잘못된 것이 있다는 뜻입니다. 아주 오래전에 상승한 첫 번째 구체의 존재들도 성장하고 자신을 초월하는 데 그렇게 오랜 시간이 걸렸는데, 그들조차도 환영 속에서 살고 있다는 말이잖아요." 이렇게 선형적인 마음은 또다시 선형적인 사고방식으로 생각할 수밖에 없습니다. 그 마음은 이원적 척도를 가지고 작동합니다. 이원적 척도에는 한쪽 극단과 다른 쪽 극단이 있는데, 이 중 하나가 궁극적인 진리라면 다른 하나는 궁극적인 거짓이어야 하고, 이 둘 다 궁극의 것이어야 합니다. 선형적인 마음은, 궁극적인 진리에 도달할 때까지는 여전히 거짓의 영향을 받게 된다고 말할지도 모르겠지만, 사실 그렇지 않습니다.

여러분이 일단 그리스도 의식과 하나가 되고, 살아 있는 그리스도가 되면, 하나됨의 마음인 그리스도 마음을 알고 경험하게 됩니다. 여러분은 모든 것이 하나임을 알지만, 또한 의식 수준의 계층 구조가 있다는 것을 알고 경험하게 됩니다. 즉 여러분이 있는 곳에서 창조주에 이르기까지 선형적으로 진행되는 의식의 단계들이 있습니다. 이것은 환영이 아닙니다.

여러분이 일단 지구에서 상승하고 나면, 바탕을 이루는 근본 실재가 하나됨임을 알게 되기 때문에 더 이상 환영 속에 있지 않게 됩니다. 여러분은 단지 자아실현의 특정한 수준에 이르렀습니다. 그리고 자신이 점점 더 높은 수준의 자아실현으로 가고 있으며, 결국은 궁극적인 자아실현의 상태에 이르게 된다는 것을 알고 있습니다. 이 궁극적인 자아실현의 상태란 우리가 창조주 의식이라 부르는 것입니다. 이는 곧, 이 형상 세계 안에서의 궁극적인 수준입니다. 여러분은 하나됨을 경험하고 있으므로, 환영 속에 있는 것이 아닙니다. 그리고 무엇이 더 높거나 더 낮다는 생각도 하지 않습니다. 왜냐하면 여러분은 영원히 자기-초월하는 과정, 자기-초월이라는 우주적인 춤의 일부가 되어 있기 때문입니다.

세라피스 베이께서는 지속적인 가속에 대해 이야기했는데, 이것은 깊이 숙고해야 할 중요한 개념입니다. 당연히 선형적인 마음은 이렇게 무한히 끝없이 진행되고 가속되는 자기-초월을 생각하는 데 곤란을 겪습니다. 선형적인 마음은 항상 궁극적인 것을 찾지만, 만일 자신이 더 높은 단계에 도달했다면 왜 자신을 초월해야 하는지, 질문을 던질 것입니다. 96단계에 도달해서 그리스도 마음을 경험했다면, 왜 자신을 초월해야 하는지, 왜 계속해서 자신을 초월해야 하는지, 물을 것입니다.

끊임없이 스스로를 초월하고 있는 생명의 강

진실은, 전체 창조계, 전체 형상 세계가, 우리가 생명의 강이라 부르는 그것이라는 사실입니다. 강이 무엇인가요? 그것은 끊임없이 흐르고 있는 물입니다. 강이 흐름이 멈춘다면, 그것은 강이 아닙니다. 호수입니다. 호수의 수질과 순도는 조만간 나빠지게 됩니다. 호수의 물이 증발하고 다양한 침전물과 불순물이 유입되면서 점차 그 물은 독성을 띠기 시작할 것입니다. 왜 강에는 독성이 생기지 않을까요? 강은 움직이며 이동하고 있기 때문입니다. 물 분자들이 움직이면서 불순물을 털어내고 있습니다. 물 분자들은 산소와 혼합되고 있으며, 이 과정을 통해 물을 정화합니다.

전체 창조계가 이러한 상향 운동, 끊임없는 자기-초월을 하고 있음을 볼 수 있습니다. 그렇다고 여러분이 개별존재로서 "나는 어떤 특정한 수준에 도달했어. 그리고 이 수준에서 한동안 즐기고 싶어."라고 말할 수 없다는 의미는 아닙니다. 여러분은 이렇게 할 권리가 있지만, 특정한 수준에 너무 오래 머무르면 마음이 신선함을 잃고 교착상태로 들어가게 됩니다. 그러면 여러분은 상향 이동하고 있는 생명의 강에서 뒤처져 버립니다. 자신이 기꺼이 초월하고자 했다면 도달할 수 있었던 곳에 이르지 못하고 뒤처지게 됩니다.

생명의 강과 접촉하는 지혜로운 사람들은 특정한 수준에 한동안 머물면서 삶을 즐길 수 있지만, 앞으로 이동해야 할 때가 되면 이를 직관적으로 느끼게 됩니다. 영적인 사람들인 여러분 다수도 이제 새로운 주기로 들어가야 할 때가 왔다는 것을 느꼈습니다. 이제 이동할 시간이 왔고, 뭔가 다른 일을 해야 할 때가 왔다고 느꼈습니다. 진리는 끊임없는 이동입니다. 48단계 의식 수준에는 그 수준의 진리가 있으며, 이 진리는 여러분이 48단계의 분리된 자아와 환영을 극복하고 49단계로 올라가는 데 도움을 줍니다. 49단계로 올라가면 또 다른 진리가 있고, 50단계에는 또 다른 진리가 있습니다. 여기에 유일한 진리란 없습니다. 물론 선형적인 마음은 이런 것을 원합니다. "나에게 진리를 주세요. 가장 높은 진리, 절대적인 진리를 주세요." 자, 그렇다면 여기 있습니다. 절대적인 진리는, 절대적인 진리가 없다는 것입니다. 또는 절대적인 진리는 무수히 많다고 말할 수도 있습니다. 여러분이 특정 수준에서 파악할 수 있는 진리가 그 수준의 절대적인 진리입니다. 물론 진리는 여러분을 하나됨으로 더 가까이 데려가는 어떤 것입니다. 여러분을 하나됨으로 더 가까이 데려가는 진리는, 한쪽에는 진리가 놓이고 다른 한쪽에는 비진리가 놓인 이원적인 저울에 놓일 수 없습니다.

궁극적 진리에 대한 이원적 개념

살아 있는 진리는 어떤 거짓의 반대 극이 아닙니다. 오직 이원성 의식에서 정의된 것만이 그 반대극을 가질 수 있습니다. 이원성 의식은 어떤 것을 거짓으로 정의하고 그 반대편을 진리로 정의하지만, 그것들 둘 다 이원성에서 나온 것이므로, 그 둘 다 상대적인 것입니다. 그것들은 서로 상대적이고, 이원적 척도나 이원적 의식에 대해 상대적입니다. 여러분은 이렇게 질문할지도 모릅니다. "하지만 우리를 다음 단계로 데려가는 진리는 그 의식 수준에 상대적인 것이 아닌가요?" 예, 하지만 그 진리는 이원적인 척도 위에 있지 않습니다. 이원적인 척도에서는 "이곳에 거짓이 있다."라고 말하면서, 그 이원적인 척도의 다른 편 극단을 향해 이동하기 시작할 수도 있습니다. 여러분은 그 상대적인 거짓에서 상대적인 진리로 이동하기 위해 꽤 오랜 여정을 거쳐왔다고 생각할 수도 있습니다. 하지만 그 여정이 여러분을 하나 됨으로 더 가까이 데려온 것은 아닙니다. 여러분은 여전히 이원성 안에 있기 때문에, 자신이 진리를 아는 훌륭한 사람이라고 생각해도, 그것이 여러분을 하나됨으로 더 가까이 데려가지는 않을 것입니다. 그런 생각은 단지 여러분을 계속 이원성에 갇혀 있게 만듭니다.

확언컨대, 자신이 절대 진리를 알고 있다고 믿는 사람들이야말로 나에게 도달하기 가장 어려운 사람들입니다. 그들이 이미 절대 진리를 알고 있는데, 5광선의 초한을 왜 필요로 하겠습니까? 이 지구에서 정의된 절대적인 진리를 알고 있다는 사람들에게 내가 줄 수 있는 것이 무엇이겠습니까? 여러분은 이렇게 말할지도 모릅니다. "하지만 힐라리온, 당신은 상승 마스터입니다! 당신은 더 높은 의식 수준에 있으므로, 상승하지 않은 사람에게 분명히 무언가를 줄 수 있습니다." 하지만 그들[4]은 그렇게 생각하지 않을 것입니다. "진정한 예수님에게 물어보세요[5]" 웹사이트가 20년 전에 온라인에 개설되었다는 사실을 봐도 알 수 있습니다. 여러분은 정말 가톨릭 교회의 추기경들이 이 웹사이트에 대해 들어본 적도, 접해본 적도 없다고 생각하나요? 그런데 그들이 그곳의 예수님 말씀에 근거해서 무엇을 바꾼 적이 있나요? 그들이 상승 마스터 예수가 오늘날 가르침을 줄 수 있다는 가능성에 마음을 연 적이 있나요? 당연히 그렇지 않습니다. 그들의 교리 안에 절대적인 진리가 있는데, 그들이 왜 상승 마스터 예수를 필요로 하겠습니까?

공산주의자, 물질주의자, 환경론자, 이런저런 설득을 하려는 철학자

---

[4] 자신이 진리를 알고 있다고 믿는 사람들
[5] www.AskRealJesus.com

나 종교 지도자 등, 다른 많은 사람도 상승 마스터들을 필요로 하지 않습니다. 그들은 상승 마스터들을 원하지 않습니다. 그들은 신성한 자질을 원하지 않습니다. 왜냐하면 자신들이 절대적인 진리를 가지고 있다는 믿음에서 얻는 우월감을 경험하고 싶기 때문입니다. 만일 여러분이 절대적인 진리를 가지고 있다고 믿는다면, 어떻게 더 높은 진리가 있다는 것을 받아들일 수 있겠습니까? 그 누가, 심지어 상승한 존재라 해도 그런 여러분에게 무엇을 제공할 수 있겠습니까? 물론 상승 마스터의 학생들인 여러분은 그런 의식 수준을 초월했지만, 여러분의 분리된 자아들, 여러분 안에 남아 있는 분리된 자아들은 그런 의식 수준을 초월하지 못했다는 것을 인식할 필요가 있습니다. 의식하는 자아는 자신을 이러한 자아들과 완전히 동일시하는 것에서는 벗어났지만, 여러분 안에는 여전히 여러분을 채색하고 여러분이 어떤 궁극적인 수준의 이해나 궁극적인 수준의 의식에 도달했다고 믿게 만드는 자아들이 남아 있습니다.

점진적으로 더 높은 진리에 마음을 열기

이것은 여러 시대에 걸쳐 많은 영적인 학생들에게 일어난 일이지만, 상승 마스터 학생들에게도 역시 일어난 일입니다. 특히 이전의 시혜들에서 학생들은 상승 마스터들이 줄 수 있는 최상의 가르침이나 최후의 계시를 받았다고 생각했습니다. 그렇다면 그들이 그 외의 다른 가르침을 필요로 했을까요? 그들에게 왜 점진적 계시가 필요하겠습니까?

여러분은 분리된 자아의 이런 경향이나, 이런 생각을 하는 분리된 자아를 만들었는지 늘 살펴보아야 합니다. "나는 이 여정을 오랫동안 걸어왔어. 나는 이 모든 수행을 해왔고, 이 모든 디크리를 낭송해왔어. 분명히 나는 이제 상당한 수준에 도달했어." 맞습니다. 여러분은 진전을 이루었고 어느 정도의 수준에 이르렀지만, 궁극적인 수준에는 도달하지 못했습니다. 만일 지구에서 도달할 수 있는 궁극적인 수준에 도달했다면, 여러분은 상승했을 것입니다. 지구에서의 궁극적인 수준에 도달했다면, 여러분은 더 이상 지구에 있지 않을 것입니다. 여러분이 지구에 있다면, 올라야 할 더 높은 단계가 있다는 뜻입니다. 그러면 어떻게 하면 더 높은 단계로 올라가게 될까요? 여러분의 현재 수준에서 파악할 수 있는 가장 높은 진리에 도달하면, 다음 단계로 올라갈 수 있습니다.

이 시혜의 가르침을 공부하고 내면화하기 위해 노력하고 있다면, 여러분이 그런 의식 상태에 갇혀 있기는 어렵습니다. 우리는 지속적인 진전의 필요성에 대해 이전의 어떤 가르침보다 더 명확하게 설명해 주었습니다. 하지만 여전히 에고는 에고이고, 항상 에고의 방식대로 할 것이므로, 그 어느 수준에서든 여러분의 진전을 중단시키려 할 것입니다. 여러분은 점진적으로 더 높아지는 진리에 열려 있어야 합니다. 이것이 우리가 점진적으로 더 높은 가르침을 주는 부분적인 이유이지만, 여러분 각자는 현재의 환영을 꿰뚫어보도록 도와주는 다음 수준의 통찰력을 받아들이는 데 열려 있어야만 다음 단계로 올라갈 수 있습니다.

힐라리온의 제안과 심상화 기법

여러분은 그다음 수준의 통찰력을 어디서 얻을 수 있을까요? 자신의 아이앰 현존으로부터 얻습니다. 상승한 스승들로부터도 얻겠지만, 단 여러분이 요청할 때만, 여러분이 마음을 열었을 때만 얻을 수 있습니다. 여러 번 말했듯이, 우리는 여러분의 자유의지를 침해하지 않을 것이기 때문입니다. 분명히 말하지만, 여러분은 힐라리온인 나에게 다음 단계의 진리를 보여달라고 요청할 수 있습니다. 그리고 상승 마스터 힐라리온의 디크리를 낭송할 수 있습니다. 초월적인 비전을 찾아가는 여정[6]"이라는 책을 사용해서 나에게 조율하도록 하세요. 내 디크리에서 진정으로 가슴에 와닿는 두 문장을 찾아, 그 구절을 외우고 명상하세요. 여러분이 5광선에 가까워지면 나에게서 오는 안내를 받을 수 있습니다. 여러분이 사용할 수 있는 많은 도구가 있지만, 나도 다른 초한들처럼 간단한 도구를 주겠습니다.

그 간단한 도구는 다음과 같습니다. 조용한 방으로 들어가 편안하게 앉은 다음, 눈을 감으세요. 그런 다음 여러분이 두 눈을 가지고 있는 것을 심상화하세요. 생각해보면, 여러분에게 두 눈이 있는 이유는 두 눈에 의해 공간에 대한 지각을 가질 수 있기 때문입니다. 두 개의 시선을 가지고 있기 때문에 여러분은 자신과 다른 대상 사이의 거리를 평가할 수 있습니다. 두 눈을 가지고 있다는 것은 이원성과는 다릅니다. 우리는 이원성을 벗어나면 두 눈이 이동해서 이마 중앙에서 하나의 눈을 형성하게 된다고 결코 말한 적이 없습니다.

물론 여러분은 제3의 눈인 제3의 눈 차크라를 가지고 있습니다. 하지만 이 심상화에서는 여러분이 두 눈을 가지고 있고, 이제 두 눈이 움직이며 여러분의 몸과 어느 정도 거리가 생길 때까지 점점 더 멀리, 멀리 나아가는 것을 심상화합니다. 그런 다음 여러분은 이 두 눈으로 앞을 바라봅니다. 그리고 눈앞에 각각 하나의 선이 있는 것을 봅니다. 여러분은 이 선을 따라 멀리 나아갑니다. 기하학에 대해 약간 알고 있다면, 이 두 선을 따라 멀리 갈수록 두 선이 점점 더 가까워지는 것처럼 보인다는 것을 알 것입니다.

시공간에 대해서도 조금 알고 있다면, 모든 평행선은 결국 한 곳으로 수렴되어 만나게 된다는 것을 알 것입니다. 여러분은 아주 먼 거리까지 투사해서, 이 두 선이 점점 가까워지다가 어느 지점에서, 아무리 멀든 상관없이, 결국 하나의 선으로 합쳐지게 해야 합니다. 그런

---

[6] The Mystical Initiations of Vision, 자아통달 과정 중 다섯 번째 광선의 책

다음, 시각화할 수 있는 한 계속, 그 하나의 선을 따라 앞으로 나아갑니다. 그 하나의 선을 시각화했다면, 이제 자신의 주의력을 이마의 제3의 눈으로 다시 철수시킵니다. 이제 여러분은 자신이 제3의 눈의 비전을 경험하도록 허용합니다.

다시 말하지만, 이것은 너무 단순하다고 생각될 정도로 간단한 연습법입니다. 만일 여러분에게 5광선이 가깝게 느껴진다면 연습을 해 보세요. 그러면 그 경험이 결코 단순하지 않으며, 실제로 지금 상상할 수 있는 것보다 더 심오한 경험이란 것을 알게 됩니다. 진리는 진실로 아주 단순합니다. 오직 이원성 안에서만 진리가 복잡해 보일 수 있습니다. 왜냐하면 타락한 존재들은 진리를 복잡하게 만들고 싶어 하기 때문입니다. 그들은 모든 것을 복잡하게 만들고 싶어 합니다. 그래야 이렇게 세련되고 지적인 선형적 사고체계를 파악하고 이해하고 정의할 수 있다는 이유로 자신들을 우월한 존재로 여겨지도록 할 수 있기 때문입니다. 그들은 매우 세련된 존재들인 반면, 대중들은 그런 사고체계를 파악할 수 없으므로 지도자들을 따라야만 했습니다.

가톨릭 교회가 17세기 동안 대중들은 영적인 실재를 이해할 수 없으므로 아주 간단한 용어로 설명해야 한다고 주장해 온 것을 보세요. 오랜 세월 동안 교회가 책을 불태우고 성서가 번역되는 것을 거부해서, 대중들은 직접 성서를 읽을 수 없었고 단지 가톨릭 사제들의 해석에 의존해야 했던 것을 보세요. 타락한 존재들은 항상 대중들은 진리를 알 수 없다고 생각합니다. 오직 자신들만이 진리를 알 수 있다고 생각합니다. 물론 타락한 존재는 자신의 현재 의식 수준에서 파악할 수 있는 그리스도의 진리 한 조각에 접촉하기 전까지는, 그리고 나서 그다음 단계의 진리에 도달해서 그가 더 이상 타락한 존재가 아니게 될 때까지는, 결코 진리를 알지 못할 것입니다.

지식 축적의 결과로서의 진리

예수께서 말씀하셨듯이, 그리스도 의식은 모든 곳에 편재하고 있습니다. 모든 의식 수준에는 여러분이 그 의식 수준의 환영을 깨뜨리고 다음 단계로 올라가도록 도와주는 그리스도 마음의 표현이 존재합니다. 각 의식 수준마다 합당한 진리가 있지만 그것이 궁극적인 진리는 아닙니다. 그것은 단지 다음 단계로 올라가는 것을 도와주는 진리입니다. 이것은 여러분이 지금 있는 단계에서 여러분의 궁극적인 잠재력인 창조주 의식에 이르기까지 해당됩니다.

그러므로 진리는 절대 어느 한 단계에 국한될 수 없으며, 따라서 상승 영역에서는 그 누구도 자신이 어떤 궁극적 진리에 도달했다고 주장하거나 믿지 않습니다. 우리 모두는 진리가 살아서 흐르고 있는 생명의 강이고, 이 흐름을 따라서 근원으로 돌아갈 수 있다는 것을 경험합니다. 그 단계에 이르러야 여러분이 이 형상 세계에서 도달할 수 있는 최상의 진리가 있습니다. 물론, 그 너머에는 우리가 전체성(Allness)이라고 불러온 단계가 있습니다. 하지만 우리는 이 단계를 말로 묘사하고 싶지는 않습니다. 왜냐하면 이것(Allness)은 이 특정한 형상 세계에서 여러분이 가지고 있는 형태나 개념들과는 너무 거리가 멀기 때문입니다.

여러분이 특히 대학 교육과 같은 고등 교육을 받았다면 진리에 대해 매우 왜곡된 관점을 가지고 자라났다는 사실을 생각해볼 필요가 있을 것입니다. 많은 사람이 이런 고등 교육기관을 지식과 지혜를 쌓는 곳으로 여기며, 지식을 충분한 기간 동안 축적하면 진리에 도달하게 된다고 생각합니다. 어떤 사람들은 적어도 삶의 어느 측면에서는 이미 진리에 도달했다고 생각하기도 합니다. 고등 교육기관의 많은 사람이 물질주의적 관점과 다윈의 진화론이 궁극적인 진리이며 이것을 뛰어넘는 더 높은 이해는 없다고 믿고 있습니다. 역사가 증명하듯이, 이것은 물론 환상입니다. 과학사의 여러 단계에서 과학자들이, 적어도 물질주의자들이, 예를 들어 물리학의 법칙에서 어떤 궁극적인 이해에 도달했다고 믿었던 적이 여러 번 있었습니다. 하지만 그때마다 기존의 이해를 대체하는 더 높은 수준의 물리학적 이해가 등장했습니다.

우리가 전에 말했듯이, 뉴턴의 법칙이 타당성을 잃은 것은 아니지만, 그 법칙이 묘사하는 우주가 기본적으로 기계처럼 작동한다는 믿음은 상대성 이론과 양자물리학이라는 더 높은 이해로 대체되었습니다. 오늘날 많은 과학자가 알고 있듯이, 상대성 이론과 양자물리학은 양립할 수 없는 이론입니다. 당연히 이 두 이론이 가장 높은 이해라고 할 수는 없습니다. 비록 완전하지는 않다고 해도, 결국 모든 것을 설명할 수 있는 어떤 이론이 나올 것입니다. 적어도 세상이 어떻게 작동하는지에 대한 기본 요소들을 포함하는 이론이 나오는 시점이 올 것입니다.

그런데 그 이론에는 반드시 의식(consciousness)에 관한 내용도 포함되어야 합니다. 물론 우리에게 매우 고무적인 일은, 일부 과학자들이 의식을 인정하기 시작했다는 것입니다. 이들은 의식이 실제로 무엇을 의미하는지를 탐구하고, 의식을 두뇌 기능의 부수적인 현상이 아니라 우주의 기본적인 특징으로 통합하는 과학 이론이 어떤 모습일지를 탐구하기 시작했습니다. 그들은 어떤 형태의 의식이나 '의식적인 활동 주체' 없이는 우주가 만들어질 수 없었을 것이라는 사실을 인정하기 시작했습니다.

여러분이 어떤 고등 교육을 받았다면, 이런 종류의 환경에 반응해서 만들어진 분리된 자아들을 살펴보는 것은 매우 건설적인 일이 될 수 있습니다. 이런 교육기관들은 여러분에게, 학업의 목적은 궁극적인 이해에 도달할 때까지 지식과 데이터를 축적하는 것이라고 투사합니다.

전체는 부분의 합 이상입니다

또한 여러분은 아리스토텔레스까지 거슬러 올라가는 환원론적 접근 방식을 가진 고등 교육의 영향으로 자신이 어떤 식으로 프로그램되었는지 숙고해보는 것도 도움이 될 것입니다. 아리스토텔레스는 물질세계를 구성하는 구성 요소들을 점점 더 작은 것까지 탐구하면, 결국 기본 구성 요소를 찾을 수 있다는 가설을 내놓았습니다. 이 기본 구성 요소들이 어떻게 작동하는지 이해하면 우주 전체가 어떻게 작동하는지 이해할 수 있다는 것입니다. 이 접근 방식이 오랫동안 과학을 이끌어왔지만, 이것은 전적으로 결함이 있는 접근 방식입니다. 환원론적 접근 방식으로는 세계가 어떻게 작동하는지 절대로 밝혀낼 수 없습니다. 부분적인 이유는 그것이 의식을 포함하고 있지 않기 때문이기도 하지만, 특정한 부분만 연구하는 것으로는 전체가 어떻게 작동하는지 알 수 없기 때문이기도 합니다.

예를 들면, 세포나, 분자, 원자, 소립자처럼 점점 더 작은 구성 요소를 관찰한다고 해서, 전체로서의 인체가 어떻게 작동하는지를 이해할 수는 없습니다. 분명 우리 몸은 소립자들로 이루어져 있습니다. 하지만 여러분은 정말 믿나요? 물질주의자들은 그렇다고 믿지만, 다음과 같은 말이 정말 믿을 만하게 보이나요? 즉, 우리 육체를 구성하는 수조 개의 소립자에 대해 다 이해한다면, 이것으로 여러분이 왜 사탕보다 초콜릿을 더 좋아하는지 설명할 수 있을까요? 여러분이 선호하는 것에 대한 정보가 어떻게 소립자들에 암호화되어 있을 수 있을까요? 그러나 선호는 여러분이 인간으로서 기능하는 방식의 하나입니다. 격언에서 말하듯이 인간은 부분의 합보다 더 큰 전체이기 때문입니다. 따라서 전체를 이해하려면 단지 부분만 연구하는 것이 아니라 전체를 보고 전체를 연구해야 합니다. 물론 인간이 어떻게 기능하는지 이해하려면 반드시 마음을 연구하고, 의식(consciousness)을 연구해야 합니다.

과학자들은 소위, 의식에 관한 난제를 정의했습니다. 이것은 곧, '물리적 뇌를 구성하는 의식이 없는 부분들이 어떻게 의식적인 경험을 만들어낼 수 있는가?'라는 것입니다. 이것은 단지 그들이 물질주의적 관점에서 접근하고 있기 때문에 어려운 문제일 뿐입니다. 의식은 뇌를 구성하는 부분들에 의해 생성되는 것이 아닙니다. 의식은 뇌와는 독립적인 어떤 것이지만, 뇌와 상호작용할 수 있으며 어느 정도까지는 뇌와 합쳐질 수도 있습니다. 하지만 의식을 생성하는 것은 뇌가 아닙니다. 의식이 뇌와 육체에 활기를 불어넣고 생명을 부여합니다. 뇌를 살펴보는 것으로는 결코 인간 존재를 이해할 수 없을 것입니다.

의식이란 무엇일까요?

여러분을 의식을 살펴볼 필요가 있습니다. 그러면 당연히 의문이 생깁니다. 의식이란 무엇일까요? 의식은 바탕을 이루고 있는 근본적인 실재(underlying reality)라고 말할 수 있지만, 의식을 단지 바탕을 이루고 있는 실재로만 본다면 의식을 이해할 수 없습니다. 의식은 다양한 표현과 다양한 수준을 가지고 있습니다. 어떤 수준에서, 의식은 형태를 띠고 시간이 흘러도 형태를 유지할 수 있는 잠재력을 가지게 되는데, 이 의식은 무생물이 어떻게 출현했는지를 설명해 줄 수 있는 의식입니다.

그런 다음, 좀 더 높은 수준의 의식은 자신을 생명의 형태로, 즉 살아 있고 변화할 수 있고 환경에 적응할 수 있고, 번식할 수 있는 생명체로 구현할 수 있습니다. 이 수준의 의식은, 과학자들이 말하는 진화 과정을 이끌어갑니다. 그들은 이 진화가 무의식적인 과정이라고 생각합니다. 하지만 이 과정이 정말 무의식적인 것은 아닙니다. 왜냐하면 유기체가 환경에서 입력을 받고 이것에 기반해서 행동을 조정하는 어떤 형태의 의식을 가지고 있지 않다면, 어떻게 환경에 적응할 수 있을까요? 진화조차도 무의식적이고 유물론적인 과정은 아니며,

심지어 동물계의 진화도 마찬가지입니다.

그다음에는 인류에게서 볼 수 있는 더 높은 수준의 의식이 있습니다. 이 수준의 의식은 자각(self-aware)을 지닐 수 있는 잠재력을 가지고 있고, 이로써 어떻게 환경에 대응할지를 의식적으로, 의도적으로 선택합니다. 동물 수준에 있는 존재는 의식적으로 의도적으로 대응하지 않습니다. 그들은 종의 의식, 종의 집단의식에 내재한 코드(encoded)에 따라 대응하고 있습니다. 개별 동물은 종의 집단의식에 어느 정도 지배를 받기 때문에 그 종이 오랫동안 축적해온 생존의 경험에 기반해서 대응합니다. 이것은 개별 동물의 수준에서는 무의식적인 과정입니다. 인간의 수준에서 여러분은 이 과정을 의식하고 스스로를 의식하면서, 단순히 집단적 경험에 기반한 대응을 하지 않겠다고 결정할 잠재력을 가지고 있습니다. 여러분은 개인으로서 대응하고, 집단의식을 초월할 것입니다.

물론 이런 잠재력이 영적인 여정의 전체 기반입니다. 여정에서 여러분은 단순히 대중의식을 따르지 않습니다. 단순히 자신이 자라난 문화권의 방식에 따라 행동하는 것도 아닙니다. 여러분은 이런 일상적인 삶에 대한 대안이 있다는 것을 인식하고 있습니다. 여러분은 일반적인 인간을 넘어선 그 이상의 존재가 될 수 있습니다. 그리고 체계적으로 자신의 의식을 점점 더 높여가는 선택을 할 수 있습니다. 물론 과학자들이 이것을 연구한다면, 몇몇 과학자들이 깨닫기 시작했듯이, 인간의 의식보다 더 높은 수준의 의식이 반드시 있다는 것을 깨닫게 될 것입니다. 인간의 의식보다 더 높은 수준의 의식이 없다면 어떻게 지구나 태양이나 은하계가 형성될 수 있었겠습니까?

우주를 구현하는 의식 수준

아무도 보는 사람이 없을 때는 달이 존재하지 않는다는 지적 추론에 열중하는 사람들이 있습니다. 우주는 오직 관찰자가 있을 때만 존재하게 된다는 논리입니다. 그들은 인간의 의식보다 더 높은 의식 수준들이 있을 수 있다는 것을 인정하지 않기 때문에, 우주를 현현하게 하는 것은 인간의 관찰이라고 생각합니다. 물론 이것은 더 나아갈 수 없는 막힌 논리이며, 솔직히 말해서, 지구에서 인간이 지닌 의식 수준을 고려할 때 이런 식으로 생각하는 것은 완전히 우스꽝스럽습니다.

여기서 유일한 논리적 결론은 은하계들과 전체 우주를 구상했던 (envision) 더 높은 의식 수준이 존재한다는 것입니다. 그것은 바로 우주를 현현시킨 의식 수준이며, 시간의 흐름을 통해 우주를 유지해 온 의식 수준이었습니다. 아무도 보고 있지 않을 때 우주가 존재할까요? 이론적으로는, 존재하지 않는다고 해야겠지요. 하지만 항상 누군가 우주를 지켜보고 있습니다. 이 누군가는 단 한 존재가 아니라, 창조주까지 위로 이어지는 상승한 존재들로 이루어진 전체 하이어라키(hierarchy)입니다.

창조주는 창조의 매개변수를 설정하고, 항상 지켜보고 있습니다. 다른 많은 상승한 존재들도, 지구에 여러분이 있는 곳까지 이어지는 다양한 수준마다 다른 매개변수를 설정했습니다. 우리 상승 마스터들이 말했듯이, 엘로힘이 지구를 창조하고 물리적으로 구현시켰습니다. 엘로힘들은 지구를 지켜보며 지구를 유지하고 있지만, 그들보다 더 상위 수준에 있는 상승한 존재들, 즉 태양계, 은하계, 우주, 그리고 상위 구체들의 수준에 있는 상승한 존재들이 정한 기준틀 안에서 이 일을 하고 있습니다.

육화 중인 인간으로서의 여러분은 가장 높은 구체의 가장 높은 의식 수준들에 도달할 수는 없습니다. 하지만 그리스도 의식을 통해 자신이 창조주까지 이어지는 전체 하이어라키의 일부임을 느낄 수 있습니다. 여러분은 그 하이어라키의 확장체이며 그 하이어라키와 함께하는 공동창조자입니다. 이런 자각은 여러분에게 궁극적인 목적과 의미와 삶에 대한 감각을 주며, 또한 자신이 어디로 가고 있고 어디로 가고 싶은지, 무엇을 공동창조하고 경험하고 싶은지, 어떻게 더 높은 의식 수준으로 올라갈지에 대한 방향 감각을 줍니다. 이로써 여러분은 현재 수준에서 할 수 있는 것 이상의 것을 공동창조할 수 있습니다.

자신을 우주적인 계층구조(hierarchy)의 일부로 보기

진실로, 상승 마스터들과 연결된다는 것은 창조주까지 이어지는 하이어라키의 일부로서 자신을 볼 수 있는 깨달음에 이르는 것입니다. 여러분은 아마 창조주의 수준은 상상하지 못해도, 적어도 한 단계 위에 있는 우리 초한들은 상상할 수 있지 않을까요? 여러분은 우리와 연결을 이룰 수 있겠습니까? 그러면 여러분은 전체 하이어라키와 연결되고, 자신이 원대하게 펼쳐지는 이 계획의 일부라는 새로운 정체감과 목적 의식을 갖게 될 것입니다. 그리고 지구의 삶에 대한 새로운 조망을 얻게 될 것입니다.

앞서 말했듯이, 우리는 이 시대에 지구에 육화해 있다는 것이 얼마나 어려운 일인지 잘 알고 있습니다. 여러분이 이 영적인 하이어라키의 일부라는 감각을 가지게 된다면, 이 행성의 상황에 너무 큰 부담을 느끼거나, 그 상황과 자신의 상태를 동일시하지 않게 되며, 상황을 변화시켜야 한다는 강박관념도 갖지 않게 됩니다. 그런 정체감은 여러분의 관점을 완전히 바꾸어 놓을 수 있습니다. 여러분은 결함을 가진 접근 방식을 모두 극복하고, 긍정적인 마음 상태로 들어갑니다. 이제 여러분은 자신이 이미 좋은 지점에 도달했으며, 지구상의 어느 것도 자신을 초월하고 더 높은 의식 수준으로 오르는 것을 막을 수 없음을 깨닫게 됩니다. 이것이야말로 우리 초한들이 여러분 한 사람, 한 사람에게 보고 싶은 전부입니다. 그래서 우리가 이 시점에서 우리의 삶을 바쳐 헌신하며 여러분의 성취를 돕고 있는 것입니다. 여러분도 우리가 상승했을 때 도달했던 의식 수준을 성취하고, 우리가 그랬듯이 더욱더 높이 오를 수 있기를 바랍니다.

사랑하는 이들이여, 이것이 내가 여러분에게 주고 싶었던 것이었습니다. 5광선과 친밀감을 느끼는 여러분에게 이 담화가 가치가 있을 것이라 믿습니다. 그리고 이 담화가 여러분을 나와 5광선의 다른 마스터들과 연결되도록 돕고, 이로써 여러분의 아이앰 현존과도 연결되도록 해주는 기반이 될 것이라고 믿습니다. 이것으로, 나 자신(I AM)인 지구를 위한 진리의 화염 안에 여러분을 봉인합니다.

11-1
나를 더 높이 올려주는 진리를 기원합니다

I AM THAT I AM, 예수 그리스도의 이름으로 나는 힐라리온을 부르며, 지구상에 궁극적인 진리란 없으며, 따라서 나를 다음 의식 단계로 데려갈 진리를 끊임없이 찾아야 한다는 사실을 받아들이게 해달라고 요청합니다.
(여기에 개인적인 요청을 추가하세요)

파트 1

1. 힐라리온이여, 나는 진리가 비진리의 반대라고 생각하는 선형적인 마음을 놓아버립니다. 진리는 이해할 수 있는 것이고, 선형적인 저울의 한쪽에는 진리를, 다른 한쪽에는 비진리를 올려 놓을 수 있다고 생각하는 마음을 놓아버립니다.

힐라리온이여, 에메랄드 바닷가에서,
우리는 지난날의 모든 것에서 해방됩니다.
힐라리온이여, 신성한 흐름과 하나됨을 막고 있는,
모든 것을 놓아버립니다.

**힐라리온이여, 빛나는 에메랄드 광선은,
물질의 스크린 너머를 보여줍니다.**

우리는 내면의 무결한 시력으로,
지구의 비상(飛上)을 지켜봅니다.

2. 힐라리온이여, 진리는 나를 하나됨에 더 가까이 데려가는 어떤 것임을 경험하겠습니다. 비진리는 나를 하나됨에서 멀어지게 하는 어떤 것입니다.

힐라리온이여, 비밀의 열쇠는,
실재하는 지혜 그 자체입니다.
힐라리온이여, 모든 생명은 치유되고,
에고의 얼굴은 더 이상 감출 수 없습니다.

**힐라리온이여, 빛나는 에메랄드 광선은,
물질의 스크린 너머를 보여줍니다.
우리는 내면의 무결한 시력으로,
지구의 비상(飛上)을 지켜봅니다.**

3. 힐라리온이여, 나는 반드시 어떤 궁극적인 진리가 있어야 한다는 생각을 놓아버립니다. 창조계의 각 수준마다 그 수준에서 파악하고 가늠할 수 있는 특정한 진리가 있음을 받아들입니다.

힐라리온이여, 생명을 향한 당신의 사랑은,
내면의 투쟁을 놓아버리게 합니다.
힐라리온이여, 당신의 사랑 어린 말은,
새들의 노래처럼 가슴을 설레게 합니다.

**힐라리온이여, 빛나는 에메랄드 광선은,
물질의 스크린 너머를 보여줍니다.
우리는 내면의 무결한 시력으로,
지구의 비상(飛上)을 지켜봅니다.**

4. 힐라리온이여, 내가 그리스도 의식과 하나가 되고 살아 있는 그리스도가 되면, 하나됨의 마음인 그리스도 마음을 알게 된다는 것을 경험하겠습니다.

힐라리온이여, 빛을 불러일으키는,
당신의 신성한 공식을 낭송하소서.
힐라리온이여, 당신의 비밀스러운 음조는,
철학자의 가장 신성한 돌입니다.

힐라리온이여, 빛나는 에메랄드 광선은,
물질의 스크린 너머를 보여줍니다.
우리는 내면의 무결한 시력으로,
지구의 비상(飛上)을 지켜봅니다.

5. 힐라리온이여, 나는 모든 것이 하나임을 경험하고, 또한 내가 있는 수준에서 창조주까지 이어지는 계층 구조, 선형적으로 진행되는 의식의 단계들이 있음을 보겠습니다.

힐라리온이여, 당신은 크레타의 사원에서,
사랑으로 우리를 반겨줍니다.
힐라리온이여, 제3의 눈은 그리스도 시력으로,
당신의 에메랄드 빛을 바라봅니다.

힐라리온이여, 빛나는 에메랄드 광선은,
물질의 스크린 너머를 보여줍니다.
우리는 내면의 무결한 시력으로,
지구의 비상(飛上)을 지켜봅니다.

6. 힐라리온이여, 나는 기꺼이 하나됨을 경험하겠습니다. 하나됨 안에서는 무엇이 더 높고 낮은지 생각하지 않는데, 왜냐하면 나는 영원히

자기-초월하는 과정의 일부, 자기-초월이라는 우주적인 춤의 일부이기 때문입니다.

힐라리온이여, 당신은 우리에게,
절대 진리의 과일을 줍니다.
힐라리온이여, 야심을 놓아버리면,
모든 스트레스는 사라집니다.

**힐라리온이여, 빛나는 에메랄드 광선은,
물질의 스크린 너머를 보여줍니다.
우리는 내면의 무결한 시력으로,
지구의 비상(飛上)을 지켜봅니다.**

7. 힐라리온이여, 나는 전체 창조계, 전체 형상 세계가 생명의 강임을 경험하겠습니다. 창조는 끊임없는 자기-초월의 상향 운동입니다.

힐라리온이여, 가장 미묘한 두려움을,
놓아버릴 때 우리의 차크라는 맑아집니다.
힐라리온이여, 우리는 진실하게,
자유의 진리에 경배합니다.

**힐라리온이여, 빛나는 에메랄드 광선은,
물질의 스크린 너머를 보여줍니다.
우리는 내면의 무결한 시력으로,
지구의 비상(飛上)을 지켜봅니다.**

8. 힐라리온이여, 나는 생명의 강과의 접촉을 경험하겠습니다. 이로써 나는 특정 수준에 한동안 머물며 삶을 즐길 수 있지만, 앞으로 이동해야 할 때가 오면 이것을 직관적으로 감지하게 됩니다.

힐라리온이여, 우리의 요청으로,
당신은 일곱 광선을 모두 균형 잡습니다.
힐라리온이여, 당신이 우리를 진실되게 하시니,
우리는 당신과 완전한 하나됨을 이룹니다.

힐라리온이여, 빛나는 에메랄드 광선은,
물질의 스크린 너머를 보여줍니다.
우리는 내면의 무결한 시력으로,
지구의 비상(飛上)을 지켜봅니다.

9. 힐라리온이여, 나는 절대 진리는 없다는 절대 진리를 경험하겠습니다. 절대 진리는 무수히 많습니다. 왜냐하면 내가 특정 수준에서 파악할 수 있는 진리가 그 수준의 절대 진리이기 때문입니다.

힐라리온이여, 당신의 현존은,
내면의 구체를 충만히 채워줍니다.
삶은 이제 신성한 흐름이 되며,
우리는 모두에게 신성한 비전을 부여합니다.

힐라리온이여, 빛나는 에메랄드 광선은,
물질의 스크린 너머를 보여줍니다.
우리는 내면의 무결한 시력으로,
지구의 비상(飛上)을 지켜봅니다.

파트 2

1. 힐라리온이여, 나를 하나됨으로 더 가까이 데려가는 진리는, 한쪽에는 진리가 있고 다른 한쪽에는 비진리가 있는 이원적 저울에 놓을 수 없음을 경험하겠습니다. 살아 있는 진리는 어떤 거짓의 반대 극이 아닙니다.

힐라리온이여, 에메랄드 바닷가에서,
우리는 지난날의 모든 것에서 해방됩니다.
힐라리온이여, 신성한 흐름과 하나됨을 막고 있는,
모든 것을 놓아버립니다.

**힐라리온이여, 빛나는 에메랄드 광선은,
물질의 스크린 너머를 보여줍니다.
우리는 내면의 무결한 시력으로,
지구의 비상(飛上)을 지켜봅니다.**

2. 힐라리온이여, 이원성 의식은 어떤 것을 거짓으로 규정하고 그 반대편을 진리로 규정하지만, 둘 다 이원성에서 나온 것이므로 둘 다 상대적입니다. 그것들은 서로 상대적이고, 이원적 척도에 상대적이고, 이원적 의식에 상대적입니다.

힐라리온이여, 비밀의 열쇠는,
실재하는 지혜 그 자체입니다.
힐라리온이여, 모든 생명은 치유되고,
에고의 얼굴은 더 이상 감출 수 없습니다.

**힐라리온이여, 빛나는 에메랄드 광선은,
물질의 스크린 너머를 보여줍니다.
우리는 내면의 무결한 시력으로,
지구의 비상(飛上)을 지켜봅니다.**

3. 힐라리온이여, 나에게 남아 있는 분리된 자아들을 기꺼이 보겠습니다. 나는 절대적인 진리가 있다고 생각하는 의식의 수준을 아직 초월하지 못했습니다. 내가 어떤 궁극적인 이해의 수준이나 궁극적인 의식 수준에 도달했다는 생각을 놓아버립니다.

힐라리온이여, 생명을 향한 당신의 사랑은,
내면의 투쟁을 놓아버리게 합니다.
힐라리온이여, 당신의 사랑 어린 말은,
새들의 노래처럼 가슴을 설레게 합니다.

**힐라리온이여, 빛나는 에메랄드 광선은,
물질의 스크린 너머를 보여줍니다.
우리는 내면의 무결한 시력으로,
지구의 비상(飛上)을 지켜봅니다.**

4. 힐라리온이여, 내가 이렇게 말하는 분리된 자아를 만들었는지 살펴보겠습니다. "나는 오랫동안 영적인 여정을 걸어왔습니다. 나는 이 모든 수행을 했고, 이 모든 디크리들을 낭송했습니다. 분명 나는 이제 상당한 수준에 도달했습니다."

힐라리온이여, 빛을 불러일으키는,
당신의 신성한 공식을 낭송하소서.
힐라리온이여, 당신의 비밀스러운 음조는,
철학자의 가장 신성한 돌입니다.

**힐라리온이여, 빛나는 에메랄드 광선은,
물질의 스크린 너머를 보여줍니다.
우리는 내면의 무결한 시력으로,
지구의 비상(飛上)을 지켜봅니다.**

5. 힐라리온이여, 내가 아직 지구에 있다는 것은, 올라야 할 더 높은 단계가 있다는 뜻이며, 현재 수준에서 파악할 수 있는 가장 높은 진리에 도달해야만 그 단계로 오르게 된다는 것을 인정합니다. 바로 이런 방식으로 나는 한 단계 더 높은 수준으로 올라갑니다.

힐라리온이여, 당신은 크레타의 사원에서,
사랑으로 우리를 반겨줍니다.
힐라리온이여, 제3의 눈은 그리스도 시력으로,
당신의 에메랄드 빛을 바라봅니다.

**힐라리온이여, 빛나는 에메랄드 광선은,
물질의 스크린 너머를 보여줍니다.
우리는 내면의 무결한 시력으로,
지구의 비상(飛上)을 지켜봅니다.**

6. 힐라리온이여, 에고는 항상 에고이며, 에고는 어떤 수준에서든 내 진전을 막으려 한다는 것을 압니다. 나는 점진적으로 더 높아지는 진리에 열려 있습니다. 나는 현재의 환영을 꿰뚫어 보도록 도와주는 다음의 통찰을 받아들이는 데 열려 있으며, 이로써 다음 단계로 올라갑니다.

힐라리온이여, 당신은 우리에게,
절대 진리의 과일을 줍니다.
힐라리온이여, 야심을 놓아버리면,
모든 스트레스는 사라집니다.

**힐라리온이여, 빛나는 에메랄드 광선은,
물질의 스크린 너머를 보여줍니다.
우리는 내면의 무결한 시력으로,
지구의 비상(飛上)을 지켜봅니다.**

7. 힐라리온이여, 당신께 다음 단계의 진리를 보여달라고 요청합니다. 나는 당신의 디크리에서 진정으로 와닿는 두 문장을 찾아, 외우고 명상하겠습니다. 그리고 당신이 주시는 안내를 받겠습니다.

힐라리온이여, 가장 미묘한 두려움을,
놓아버릴 때 우리의 차크라는 맑아집니다.
힐라리온이여, 우리는 진실하게,
자유의 진리에 경배합니다.

힐라리온이여, 빛나는 에메랄드 광선은,
물질의 스크린 너머를 보여줍니다.
우리는 내면의 무결한 시력으로,
지구의 비상(飛上)을 지켜봅니다.

8. 힐라리온이여, 나는 두 눈이 내 몸에서 어느 정도 거리가 될 때까지 점점 더 멀어지는 것을 심상화합니다. 그런 다음 앞을 바라보며 두 눈앞에 각각 선이 있는 것을 봅니다.

힐라리온이여, 우리의 요청으로,
당신은 일곱 광선을 모두 균형 잡습니다.
힐라리온이여, 당신이 우리를 진실되게 하시니,
우리는 당신과 완전한 하나됨을 이룹니다.

힐라리온이여, 빛나는 에메랄드 광선은,
물질의 스크린 너머를 보여줍니다.
우리는 내면의 무결한 시력으로,
지구의 비상(飛上)을 지켜봅니다.

9. 힐라리온이여, 나는 이 선들이 하나로 합쳐질 때까지 이 선들을 따라 멀리 바라봅니다. 그런 다음 제3의 눈으로 내 주의력을 다시 끌어옵니다. 그리고 내가 제3의 눈의 비전을 경험하도록 허용합니다.

힐라리온이여, 당신의 현존은,
내면의 구체를 충만히 채워줍니다.

삶은 이제 신성한 흐름이 되며,
우리는 모두에게 신성한 비전을 부여합니다.

**힐라리온이여, 빛나는 에메랄드 광선은,
물질의 스크린 너머를 보여줍니다.
우리는 내면의 무결한 시력으로,
지구의 비상(飛上)을 지켜봅니다.**

파트 3

1. 힐라리온이여, 나는 의식의 각 수준마다 그 수준의 환영을 깨뜨리고 다음 단계로 올라가도록 도와주는 그리스도 마음의 표현이 있음을 경험하겠습니다.

힐라리온이여, 에메랄드 바닷가에서,
우리는 지난날의 모든 것에서 해방됩니다.
힐라리온이여, 신성한 흐름과 하나됨을 막고 있는,
모든 것을 놓아버립니다.

**힐라리온이여, 빛나는 에메랄드 광선은,
물질의 스크린 너머를 보여줍니다.
우리는 내면의 무결한 시력으로,
지구의 비상(飛上)을 지켜봅니다.**

2. 힐라리온이여, 나는 진리가 지식의 축적이며, 충분히 오랫동안 지식을 축적하면 진리에 도달하게 된다는 생각을 놓아버립니다.

힐라리온이여, 비밀의 열쇠는,
실재하는 지혜 그 자체입니다.
힐라리온이여, 모든 생명은 치유되고,

에고의 얼굴은 더 이상 감출 수 없습니다.

**힐라리온이여, 빛나는 에메랄드 광선은,
물질의 스크린 너머를 보여줍니다.
우리는 내면의 무결한 시력으로,
지구의 비상(飛上)을 지켜봅니다.**

3. 힐라리온이여, 점점 더 작은 구성 요소를 연구하면 결국 기본 구성 요소에 도달하여 전체 우주의 작동 방식을 이해하게 된다는 환원주의적 접근 방식을 놓아버립니다.

힐라리온이여, 생명을 향한 당신의 사랑은,
내면의 투쟁을 놓아버리게 합니다.
힐라리온이여, 당신의 사랑 어린 말은,
새들의 노래처럼 가슴을 설레게 합니다.

**힐라리온이여, 빛나는 에메랄드 광선은,
물질의 스크린 너머를 보여줍니다.
우리는 내면의 무결한 시력으로,
지구의 비상(飛上)을 지켜봅니다.**

4. 힐라리온이여, 환원주의가 전적으로 결함이 있는 접근 방식임을 경험하겠습니다. 환원주의적 접근 방식으로는 세계가 어떻게 작동하는지 절대 밝혀낼 수 없습니다. 그 이유는 그것이 의식을 포함하고 있지 않기 때문이기도 하지만, 부분만 연구하는 것으로는 전체가 어떻게 작동하는지 알 수 없기 때문이기도 합니다.

힐라리온이여, 빛을 불러일으키는,
당신의 신성한 공식을 낭송하소서.
힐라리온이여, 당신의 비밀스러운 음조는,

철학자의 가장 신성한 돌입니다.

힐라리온이여, 빛나는 에메랄드 광선은,
물질의 스크린 너머를 보여줍니다.
우리는 내면의 무결한 시력으로,
지구의 비상(飛上)을 지켜봅니다.

5. 힐라리온이여, 의식이, (모든 것의) 바탕을 이루고 있는 하나의 실재임을 경험하겠습니다. 그러면서도 의식은 다양한 표현과 다양한 수준들을 가지고 있습니다.

힐라리온이여, 당신은 크레타의 사원에서,
사랑으로 우리를 반겨줍니다.
힐라리온이여, 제3의 눈은 그리스도 시력으로,
당신의 에메랄드 빛을 바라봅니다.

힐라리온이여, 빛나는 에메랄드 광선은,
물질의 스크린 너머를 보여줍니다.
우리는 내면의 무결한 시력으로,
지구의 비상(飛上)을 지켜봅니다.

6. 힐라리온이여, 더 높은 수준의 의식은 자각(self-aware)을 지닐 수 있는 잠재력을 가지고 있고, 이로써 어떻게 환경에 대응할지를 의식적으로, 의도적으로 선택한다는 것을 경험하겠습니다.

힐라리온이여, 당신은 우리에게,
절대 진리의 과일을 줍니다.
힐라리온이여, 야심을 놓아버리면,
모든 스트레스는 사라집니다.

힐라리온이여, 빛나는 에메랄드 광선은,
물질의 스크린 너머를 보여줍니다.
우리는 내면의 무결한 시력으로,
지구의 비상(飛上)을 지켜봅니다.

7. 힐라리온이여, 나는 일상적인 삶의 상태에 대한 대안이 있음을 인정합니다. 나는 일반적인 인간을 넘어선 그 이상의 존재가 될 수 있습니다. 나는 체계적으로 내 의식을 점점 더 높여가는 선택을 할 수 있습니다.

힐라리온이여, 가장 미묘한 두려움을,
놓아버릴 때 우리의 차크라는 맑아집니다.
힐라리온이여, 우리는 진실하게,
자유의 진리에 경배합니다.

힐라리온이여, 빛나는 에메랄드 광선은,
물질의 스크린 너머를 보여줍니다.
우리는 내면의 무결한 시력으로,
지구의 비상(飛上)을 지켜봅니다.

8. 힐라리온이여, 나는 그리스도 의식을 통해, 내가 창조주까지 이어지는 전체 하이어라키의 일부임을 경험하겠습니다. 나는 상승한 존재들로 이루어진 그 하이어라키의 확장체이며, 그 하이어라키와 함께하는 공동창조자입니다.

힐라리온이여, 우리의 요청으로,
당신은 일곱 광선을 모두 균형 잡습니다.
힐라리온이여, 당신이 우리를 진실되게 하시니,
우리는 당신과 완전한 하나됨을 이룹니다.

힐라리온이여, 빛나는 에메랄드 광선은,
물질의 스크린 너머를 보여줍니다.
우리는 내면의 무결한 시력으로,
지구의 비상(飛上)을 지켜봅니다.

9. 힐라리온이여, 나는 궁극적인 목적과 삶의 의미에 대한 감각, 내가 어디로 가고 있고, 어디로 가고 싶은지에 대한 방향 감각을 경험하겠습니다.

힐라리온이여, 당신의 현존은,
내면의 구체를 충만히 채워줍니다.
삶은 이제 신성한 흐름이 되며,
우리는 모두에게 신성한 비전을 부여합니다.

힐라리온이여, 빛나는 에메랄드 광선은,
물질의 스크린 너머를 보여줍니다.
우리는 내면의 무결한 시력으로,
지구의 비상(飛上)을 지켜봅니다.

파트 4

1. 힐라리온이여, 나는 자신이 공동창조하고 싶은 것과 경험하고 싶은 것, 더 높은 의식 수준으로 올라가는 방법을 경험하겠습니다. 이로써 내가 현재 수준에서 할 수 있는 것 이상의 것을 공동창조할 수 있습니다.

힐라리온이여, 에메랄드 바닷가에서,
우리는 지난날의 모든 것에서 해방됩니다.
힐라리온이여, 신성한 흐름과 하나됨을 막고 있는,
모든 것을 놓아버립니다.

힐라리온이여, 빛나는 에메랄드 광선은,
물질의 스크린 너머를 보여줍니다.
우리는 내면의 무결한 시력으로,
지구의 비상(飛上)을 지켜봅니다.

2. 힐라리온이여, 나는 창조주까지 이어지는 하이어라키의 일부로서 나 자신을 자각하는 경험을 하겠습니다.

힐라리온이여, 비밀의 열쇠는,
실재하는 지혜 그 자체입니다.
힐라리온이여, 모든 생명은 치유되고,
에고의 얼굴은 더 이상 감출 수 없습니다.

힐라리온이여, 빛나는 에메랄드 광선은,
물질의 스크린 너머를 보여줍니다.
우리는 내면의 무결한 시력으로,
지구의 비상(飛上)을 지켜봅니다.

3. 힐라리온이여, 나는 초한들과 연결되어, 자신이 원대하게 펼쳐지는 이 계획의 일부라는 새로운 정체감과 목적의식을 얻고, 지구의 삶에 대한 새로운 조망을 가지겠습니다.

힐라리온이여, 생명을 향한 당신의 사랑은,
내면의 투쟁을 놓아버리게 합니다.
힐라리온이여, 당신의 사랑 어린 말은,
새들의 노래처럼 가슴을 설레게 합니다.

힐라리온이여, 빛나는 에메랄드 광선은,
물질의 스크린 너머를 보여줍니다.
우리는 내면의 무결한 시력으로,

지구의 비상(飛上)을 지켜봅니다.

4. 힐라리온이여, 내가 이 영적인 하이어라키의 일부임을 경험하겠습니다. 이로써 나는 이 행성의 상황에 너무 큰 부담을 느끼거나, 상황과 자신의 상태를 동일시하거나, 상황을 바꿔야 한다는 강박관념을 가지는 상태를 초월합니다.

힐라리온이여, 빛을 불러일으키는,
당신의 신성한 공식을 낭송하소서.
힐라리온이여, 당신의 비밀스러운 음조는,
철학자의 가장 신성한 돌입니다.

**힐라리온이여, 빛나는 에메랄드 광선은,
물질의 스크린 너머를 보여줍니다.
우리는 내면의 무결한 시력으로,
지구의 비상(飛上)을 지켜봅니다.**

5. 힐라리온이여, 나는 내 관점을 완전히 바꾸고, 결함을 가진 접근 방식을 모두 극복하겠습니다.

힐라리온이여, 당신은 크레타의 사원에서,
사랑으로 우리를 반겨줍니다.
힐라리온이여, 제3의 눈은 그리스도 시력으로,
당신의 에메랄드 빛을 바라봅니다.

**힐라리온이여, 빛나는 에메랄드 광선은,
물질의 스크린 너머를 보여줍니다.
우리는 내면의 무결한 시력으로,
지구의 비상(飛上)을 지켜봅니다.**

6. 힐라리온이여, 나는 자신이 이미 좋은 곳에 도달했음을 깨닫는 긍정적인 마음 상태로 들어가겠습니다.

힐라리온이여, 당신은 우리에게,
절대 진리의 과일을 줍니다.
힐라리온이여, 야심을 놓아버리면,
모든 스트레스는 사라집니다.

힐라리온이여, 빛나는 에메랄드 광선은,
물질의 스크린 너머를 보여줍니다.
우리는 내면의 무결한 시력으로,
지구의 비상(飛上)을 지켜봅니다.

7. 힐라리온이여, 지구상의 어느 것도, 나 자신을 계속 초월하며 더 높은 의식 수준으로 오르는 것을 막을 수 없음을 기꺼이 경험하겠습니다.

힐라리온이여, 가장 미묘한 두려움을,
놓아버릴 때 우리의 차크라는 맑아집니다.
힐라리온이여, 우리는 진실하게,
자유의 진리에 경배합니다.

힐라리온이여, 빛나는 에메랄드 광선은,
물질의 스크린 너머를 보여줍니다.
우리는 내면의 무결한 시력으로,
지구의 비상(飛上)을 지켜봅니다.

8. 힐라리온이여, 당신은 내가 더 높은 수준의 의식에 도달하기를 원하시며, 내가 이를 성취하도록 돕기 위해 당신이 삶을 바쳐 헌신해 오셨음을 깨닫겠습니다.

힐라리온이여, 우리의 요청으로,
당신은 일곱 광선을 모두 균형 잡습니다.
힐라리온이여, 당신이 우리를 진실되게 하시니,
우리는 당신과 완전한 하나됨을 이룹니다.

힐라리온이여, 빛나는 에메랄드 광선은,
물질의 스크린 너머를 보여줍니다.
우리는 내면의 무결한 시력으로,
지구의 비상(飛上)을 지켜봅니다.

9. 힐라리온이여, 내가 당신이 상승했을 때 도달했던 의식 수준에 도달하고, 당신이 그랬듯이 더욱더 높이 오르기를 당신이 원하고 계심을 깨닫겠습니다.

힐라리온이여, 당신의 현존은,
내면의 구체를 충만히 채워줍니다.
삶은 이제 신성한 흐름이 되며,
우리는 모두에게 신성한 비전을 부여합니다.

힐라리온이여, 빛나는 에메랄드 광선은,
물질의 스크린 너머를 보여줍니다.
우리는 내면의 무결한 시력으로,
지구의 비상(飛上)을 지켜봅니다.

봉인
신성한 어머니의 이름으로, 나는 대천사 미카엘과 아스트레아와 쉬바께 나의 영적인 스승들과 아이앰 현존과 나와의 연결을 봉인해 주시기를 요청합니다. I AM THAT I AM의 이름으로, 이것이 이루어졌습니다! 아멘.

12
멘탈 이미지를 놓아버리고
그 현존을 체험하세요

나는 상승 마스터 나다입니다. 우리 초한들이 선형적인 마음(의 한계)에 대해 설명하면서도 여기서는 선형적인 방식으로 줄을 서 있다는 사실이 아이러니로 여겨질지도 모르겠습니다. 하지만 우리가 말했듯이, 창조주로부터 여러 단계를 거치며 이전 구체에서 이 구체로 이어지는 선형적인 진행 과정이 존재합니다. 진행 과정을 거치는 모든 것이 반드시 우리가 언급한 선형적인 마음을 의미한다고 말할 수는 없습니다. 왜냐하면 선형적인 마음은 미상승 구체에만 존재하는 특수한 현상이기 때문입니다. 그리고 선형적인 마음은 그 자체로 본다면, 즉 삶의 실용적인 측면을 다루는 도구로 본다면, 정말 문제가 안 됩니다.

실제 삶에서의 선형적인 진행 과정

여러분은 삶에 일정한 일정과 의무가 있다는 것을 잘 알고 있습니다. 학교에 다니거나, 자녀를 학교에 데려다 주거나, 직장에 가는 등, 여러분은 특정한 시간에 특정한 장소에 있어야 합니다. 따라서 모든 일이 제대로 작동하려면 일상생활에서 일정한 선형적 진행과 선형적

일정이 필요합니다.

  이것은 매우 현실적인 문제입니다. 예를 들어, 여러분이 집을 지으려면, 선형적인 진행 과정을 설정해야 합니다. 부동산을 사고, 설계도를 받고, 작업을 수행할 수 있는 여러 시공업체를 선정하고, 모든 일이 선형적인 진행과 일정에 따라 이루어지게 해야 합니다. 사회에서도 일을 하거나 큰 공사를 완료하기 위해서는 선형적인 진행이 필요합니다. 일상생활이 제대로 돌아가려면 버스나 기차도 정시에 도착해야 하며 다른 모든 것도 마찬가지입니다. 따라서 선형적인 마음은 매우 유용한 도구입니다.

선형적인 마음으로 영적인 영역을 추론하는 것

  문제는, 물리층의 실제적인 삶이 아닌 다른 주제를 다루기 위해 선형적인 마음을 사용할 때 생깁니다. 역사 내내 이런 태도는 문제를 만들었습니다. 우리가 설명했듯이, 붓다 시대의 힌두교 브라민들은 실제적인 일상의 삶과는 상관없는, 영적인 영역의 특성에 대한 우주론적 문제를 추론하는 데 선형적인 마음을 사용했습니다.

  붓다는 이로 인해 온갖 종류의 혼동이 일어난 것을 보았습니다. 왜냐하면 선형적인 마음이 할 수 있는 것은 물질세계의 조건들을 살펴보는 일이기 때문입니다. 선형적인 마음은 물질세계에서 감지할 수 있는 일정한 선형적 진행 과정, 선형적 인과 관계를 설정한 다음, 그 인과 관계를 영적인 영역으로 확장하려고 애씁니다. 따라서 그것은 물질세계의 조건들을 사용해서, 거꾸로 영적인 영역이 어떠한 곳인지를 추론합니다.

  이런 접근 방식이 왜 위험한지 이해하겠습니까? 물질세계의 조건들은 영적인 세계를 순수하게 반영하지 않습니다. 우리는 창조주로부터 가장 높은 수준의 창조계인 첫 번째 구체로 이어지는 선형적인 전개 과정에 대해 설명했습니다. 창조주는 하나의 특정한 매트릭스를 설정했습니다. 첫 번째 구체의 존재들은 그 매트릭스 안에서 작업했습니다. 그들을 두 번째 구체를 창조하고, 그다음 세 번째 구체를 창조했으며, 이렇게 창조가 계속 이어졌습니다. 여러분의 구체에서 원래 창조된 모든 것은, 위의 모든 층이 표현된 것입니다.

따라서 특정한 진행 과정이 있다고 말할 수 있습니다. 하지만 우선 이 진행은 가능한 최상의 층에서 시작되어 점점 더 많은 형태를 표현하는 층들로 이어집니다. 이것은 선형적인 인과 관계의 전개가 아닙니다. 기계적인 법칙의 결과도 아닙니다. 이것은 전적으로 선형적이지는 않은, 창조적인 과정의 결과입니다. 하지만 내 요점은, 미상승 영역에 있는 지구 같은 행성에서는 더 높은 영역들이 어떠한 곳인지 가늠할 방법이 없다는 것입니다. 여러분이 육화해 있는 동안에는 이것을 파악할 수 없습니다. 따라서 지구에서 보는 것을 근거로 영적인 영역이 어떤 곳인지를 추론하려는 것은 헛수고이며, 헛된 탐구입니다.

지구의 불순한 조건들을 영적인 영역으로 투사하는 것

그러나 다음 수준의 어려움이 있습니다. 우리는 원래 지구가 일곱 엘로힘에 의해 창조되었다고 설명했습니다. 물론 그들은 상승한 존재들입니다. 또한 창조주까지 이어지는 전체 하이어라키와 하나를 이루고 있는 존재들입니다. 그들은 이전 구체의 틀 안에서 창조합니다. 하지만 엘로힘이 창조한 것은 오늘날 여러분이 지구에서 보고 있는 상태(conditions)가 아닙니다.

엘로힘이 창조한 원래의 상태를 볼 수 있다면, 과학이 자연법칙이라 부르고 싶어 할 어떤 원리들을 볼 수 있습니다. 비록 그것들이 자연법칙이라기보다는 영적인 원리이지만 말입니다. 이때 여러분은 이렇게 말할 수도 있습니다. "우리가 이 법칙들을 이해한다면, 이 법칙들을 규정한 존재들이 왜 그런 식으로 규정했는지를 추론할 수 있습니다. 따라서 우리는 이 존재들이 무엇을 생각했고 그들의 의식이 어떠했는지에 대해 추론할 수 있습니다. 따라서 우리는 지구의 원래 상태를 살펴볼 수 있고, 선형적인 마음을 사용하여 엘로힘의 수준에서 그 상태가 어떠했는지 추론할 수 있습니다."

선형적인 마음으로 그런 추론을 할 수는 있습니다. 그러나 선형적인 마음으로 엘로힘의 수준을 넘어설 수는 없습니다. 왜냐하면 여섯 번째 구체에서 다섯 번째 구체로 (거슬러 올라)가는 것은 선형적인 진행이 아니기 때문입니다. 선형적인 마음으로는 영적인 영역까지 멀리 추론할 수가 없습니다. 하지만 물론 우리는, 지구에서 지금 보는 조건들이 엘로힘이 원래 창조한 것이 아니라고 말했습니다. 그 이유는, 여러 번 설명했듯이, 인류가 분리 의식으로 들어가 이원성 의식을 사용하기 시작했으며, 그 결과 지구에 극적인 변화가 일어났기 때문이었습니다. 물질의 밀도가 조밀해지고, 천연자원이 부족해졌으며, 전체 집단의식이 지구가 처음 창조되었을 때보다 훨씬 더 낮은 수준으로 내려갔습니다.

지금 지구의 상태는 자연스러운 상태, 엘로힘이 창조한 것이 순수하게 확장된 상태가 아닙니다. 힌두 브라민들이 한 일이 무엇인가요? 그들은 지구의 현 상태를 살펴보고 패턴과 규칙성을 발견하려고 했습니다. 그런 다음 선형적 사고를 통해서, 물리층에서 볼 수 있는 규칙성과 패턴이 물리층을 초월한 영역으로 확장될 수 있다고 투사했습니다.

그리고 이런 방식으로 신들에 관해 알 수 있고, 신들의 존재 양식과 세상을 창조한 방식을 알 수 있다고 여겼습니다. 하지만 이런 방식으로는 영적인 영역에 대한 정확한 그림을 얻을 수 없다는 것을 볼 수 있나요? 그들은 순수한 영적인 상태가 아닌 것을 영적인 영역에 투사하고 있었습니다.

물론 힌두 브라민들만이 이렇게 한 것은 아닙니다. 우리가 설명했듯이, 유대-그리스도교 전통의 하늘에 있는 분노한 신은 타락한 심리와 이원성 의식에 기반해서 인류가 투사한 이미지입니다. 역사를 통해 세상 사람들은 이 비자연 행성의 당시 상황에서 관찰한 내용을, 선형적인 마음을 사용하여 영적인 영역이나 하늘나라 등으로 부르던 영역에 투사해왔습니다.

결과의 수준에서 결과를 변화시키기

근본적으로, 이렇게 한 이유가 무엇일까요? 사람들이 지구의 현 상태에 혼란을 느끼기 때문입니다. 붓다가 말했듯이, 이원성 의식으로 들어가면 삶이 고통이 되는 까닭에 그들은 고통받고 있습니다. 삼사라의 바다에서 이리저리 휩쓸려 가고 있습니다. 그들은 고통에서 벗어날 방법을 원하며, 자신들이 고통을 받는 것에는 반드시 이유가 있다고 직관적으로 느낍니다. 그리고 이것은 올바른 직관입니다. 여러분이 고통받는 이유가 있습니다.

지금 물리적 옥타브에서 사람들이 관찰하는 것은, 물리적 옥타브의 원인에 의해 일어나는 결과들이 있다는 것입니다. 그리고 이 원인은 가끔 숨겨져 있기도 합니다. 여러분이 돌을 손에 쥐고 있다가 놓으면, 돌은 땅으로 떨어집니다. 돌을 땅으로 떨어지게 하는 숨은 원인이 반드시 있습니다. 이 사실은 아주 오랫동안 사람들이 기본적으로 관찰해온 것입니다.

그들은 지구의 현재 상황에서 겪는 고통에는 눈에 보이지 않는 비물리적인 원인이 있을 것으로 생각합니다. 그래서 선형적 사고를 통해 이러한 상황을 초래한 원인, 고통의 원인을 현재 상황으로부터 역추론하려고 합니다. 왜냐하면 원인을 발견하고 원인을 바꿀 수 있다면 결과도 바꿀 수 있다고 직관적으로 느끼기 때문입니다.

다시 말하지만, 이것은 올바른 직관입니다. 만일 원인을 바꿀 수 있다면 결과도 바꿀 수 있습니다. 사실, 결과를 바꾸는 유일한 효과적인 방법은 원인을 바꾸는 것입니다. 하지만 사람들은 원인의 수준에 있는 원인을 결과의 수준에서 바꾸려고 시도해 왔습니다. 그들은 결과의 수준에서 결과를 변경하려고 시도했습니다. 과학이 수백 년 동안 해온 것이 바로 이런 시도입니다. 과학은 물리적 옥타브를 살펴보면서 물리적 원인에 기반해서 물리적 상태를 이해하려고 했습니다.

선형적인 마음으로 취하는 접근 방식에는 두 가지가 있습니다. 그 두 방식은 같은 동전의 양면이라고 할 수 있습니다. 사람들은 현재 상태를 보면서 그것을 결과로 간주합니다. 그리고 선형적인 사고방식으로 거슬러 추론해서 그 결과의 원인을 찾은 다음, 그 결과를 변화시키려고 합니다. 이를 위해 과학은 물리적 옥타브인 물질세계에서 원인을 찾고, 그 지식을 사용하여 물리적 조건을 변화시키려 했습니다. 한편 종교인들은 수천 년 동안 물리적 원인에서 더 나아가 비물리적 원인을 찾으려 해왔습니다. 그래서 그들이 고통받는 영역에 책임을 지고 있는 어떤 종류의 신을 찾은 다음, 그 신이 여러분의 고통을 일으킨 조건들을 바꿔줄 수 있도록 그 신에게 호소할 방법을 알아내려 했습니다.

막다른 골목으로 인도하는 지적인 추론

어떤 의미에서 이것은 동전의 양면과도 같습니다. 하지만 영적인 관점에서 볼 때 진짜 문제는 종교적 전통에서 비롯되는데, 종교인들을 현재의 고통을 초래한 원인을 찾는 데 그치지 않고, 영적인 영역이 어떤 곳인지에 대한 정교한 이미지를 만들려고 하기 때문입니다. 힌두 브라민들이 지적이고 선형적이며 분석적인 추론을 통해 신은 이렇고, 그 상태는 저렇다고 투사하는 여러 막다른 골목으로 들어가게 된 이유가 바로 이것입니다. 이것이 이 결과의 이면에 숨겨진 진정한 영적인 원인이다 등등. 그 당시에 힌두교는 수많은 분파와 종파로 분열되었으며, 각기 다른 사상을 가지고 자신들의 사상이 궁극적인 이해라고 주장했습니다.

사람들은, 이 모든 분파가 제각기 궁극적인 진리를 알고 있다고 주장하는 엄청나게 복잡한 상황이 펼쳐지는 것을 보았습니다. 그들은 현 조건들에 대한 관찰에 기반해서 선형적인 마음으로 추론했으므로, 그 누구도 궁극적인 진리를 알고 있지 않았습니다. 이런 상황은 현대로 이어져서, 수천 년 전 힌두 브라민으로 육화했던 사람 중 일부는 오늘날 본질적으로 동일한 일을 하는 물질주의 과학자로 육화해서 이런 결정을 내리고 있습니다. "우리는 물질세계 너머가 아니라 물질세계 안에서 물질 현상의 더 깊은 원인을 찾고 있습니다." 하지만 그들은 여전히 여러 분파나 학파로 나뉘어 다중 우주, 블랙홀, 암흑 에너지, 암흑 물질 등의 복잡한 주제에 대해 각기 다른 이론을 내세우고 있습니다.

이 모든 논란이 사람들에게서 차단해버린 것이 무엇일까요? 마음의 평화를 얻는 것입니다. 오늘날 여러분은 무엇을 보고 있나요? 붓다 당시에는 무엇을 보았나요? 사람들 사이의 이 모든 논쟁은 어디에 근거하고 있었나요? 미묘한 지적 추론이었습니다. 같은 베다 경전을 어떤 브라민 그룹은 이렇게 해석하고 또 다른 그룹은 저렇게 해석했습니다. 각 그룹이 다 자신들이 옳다고 확신했고, 다른 그룹들을 설득하거나 다른 해석들은 틀렸다고 설득해야만 한다고 생각했습니다. 따라서 끊임없이 논쟁이 이어졌습니다.

의식을 높이는 데 집중하는 새로운 철학

이것이 붓다가 목격한 상황이었습니다. 붓다는 선형적인 마음을 사용하는 이런 논쟁의 허망함을 보았습니다. 붓다와 가까운 시대에 그리스의 철학자 플라톤이 설했던 동굴의 우화를 기억할지 모르겠습니다. 어떤 동굴 안에 사람들이 바깥을 보지 못하는 채로 사슬로 묶여 있고, 밖에서 동굴 안으로 햇살이 비치고 있습니다. 그리고 사람들은 동굴과 빛 사이를 걷고 있는데, 동굴 벽에 그림자가 드리워집니다.

동굴 안의 사람들은 오직 그림자만을 보면서, 그림자들을 관찰하고 있습니다. 그러면서 동굴 밖에서 일어나는 일들을 역으로 추론하려 하지만 그들은 단지 그림자를 보고 있을 뿐입니다. 이것이 바로 붓다가 깨달은 것이었습니다. 힌두 브라민들은 단지 그림자만을 보고 있었던 것입니다. 사물의 그림자가 어떻게 그 사물에 관한 모든 것을 알려줄 수 있겠습니까?

예를 들어, 물체의 그림자를 통해 어떻게 그 물체의 색을 알 수 있겠습니까? 그림자는 2차원 투영인데 그것을 보고 어떻게 그 물체의 3차원 형태를 알 수 있겠습니까? 여기에는 한계가 있습니다. 붓다는 그 한계를 보았으므로 이렇게 말한 것입니다. "영적인 영역의 조건들을 (물질세계를 통해) 역으로 추론하지 않는 새로운 철학, 새로운 운동을 일으켜 봅시다. 일단 의식을 높이고 고통을 극복하게 해주는 실용적인 측면에 집중합시다. 그런 다음 사람들의 의식이 충분히 올라가면 물질세계 너머의 진리를 파악할 수 있게 될 것입니다."

내가 왜 이렇게 긴 가르침을 주고 있을까요? 왜냐하면 나는 평화 광선인 6광선의 초한이기 때문입니다. 그리고 평화를 앗아가는 것은 바로 이렇게 선형적인 마음으로 추론하는 것, 즉 물질세계의 일상 생활을 위한 도구인 선형적인 마음을 물질세계 너머로 확장해서, 물질세계를 넘어선 것에 대해 말하려고 하는 것이기 때문입니다. 이렇게 하는 한 여러분은 평화를 성취할 수 없고, 평화 광선에 연결될 수도 없습니다.

여러분이 붓다의 가르침을 진정으로 이해하고 싶다면, 선형적인 마음에는 그리 간단하지 않을, 한 가지 간단한 사실을 깨달아야 합니다. 붓다 가르침의 목적은 결코 최상의 진리를 제시하는 것이 아니었습니다. 그것은 사람들에게 삼사라의 바다, 즉 고통의 수준을 초월하고 의식을 높이기 위한 실용적인 가르침과 도구를 주는 것이었습니다. 오늘날 불교도라고 자처하는 대부분의 사람은 이 말에 격렬하게 반대하거나, 적어도 거세게 반박할 것입니다. 붓다는 깨달은 존재이기 때문에 그의 가르침은 뛰어난 진리, 심지어 절대적인 진리라고 말할 것입니다. 하지만 그것은 사실이 아닙니다.

붓다는 궁극의 진리 같은 것에는 관심이 없었습니다. 브라민들이 원하는 것이 바로 그것임을 보았기 때문입니다. 왜 브라민들은 궁극의 진리를 원했을까요? 자, 우리가 설명했듯이, 선형적인 마음이 원하는 것이 무엇입니까? 선형적인 마음은 모든 것을 하나의 연속되는 선상에 두고, 그 선에는 반드시 궁극의 끝이 있고 가장 높은 수준이 있다고 말하고 싶어 합니다. 만일 진리를 한 줄로 세울 수 있다면, 그 선상에는 여러 수준의 진리와 여러 단계의 이해가 있을 것이며, 오랫동안 과학이 해왔듯이 그들도 세상에 대해 점점 더 많이 이해할 수 있다는 것입니다. 그래서 지식을 계속 확장해간다면 결국 궁극적인 진리에 도달하게 된다는 것입니다. 하지만 힐라리온이 말했듯이, 그런 식으로 창조주에 도달할 수는 없으며, 지구와 창조주 사이에는 그 수준에서 매우 큰 격차가 있습니다.

상승 마스터들의 실용적인 접근 방식

붓다는 이 사실을 깨닫고, 무엇이 사람들의 의식을 높여줄 수 있는지, 무엇이 사람들을 다음 수준으로 끌어올릴 수 있는지에만 집중했습니다. 자, 그동안 어떤 일이 일어났는지를 보세요. 현대 세계에서 과학은 더욱더 지배적인 위치를 차지하게 되었고, 과학 역시 선형적인 사고에 기반하고 있습니다. 우리는 거시적인 세계에 대한 관찰에서 시작하여 미묘한 층, 점점 더 깊은 층을 발견해가고, 소위 궁극적인 수준인 신의 입자(God particle)까지 이르기까지 계속 파고들 수 있어야 합니다.

이것이 영적인 사람들에게 왜 중요할까요? 여러분은 현대 세계에서 성장했으므로 그런 사고방식의 영향을 피할 수 없었기 때문입니다.

여러분은 그런 사고방식과 함께 자랐지만, 이제는 상승 마스터의 가르침을 찾았습니다. 그리고 이렇게 말합니다. "자, 마침내 이 세상에서 나온 것이 아닌, 이 세상의 조건들을 통해 역으로 추론하는 선형적인 마음에서 나온 것이 아닌 무언가를 찾았습니다. 이제 우리는 상승 영역에서 온, 이 세상 너머에 존재하는 상승 마스터들로부터 온 가르침을 얻었습니다. 이 가르침은 절대적인 진리임이 틀림없습니다. 상승 마스터들은 절대적인 진리를 알고 있는데, 우리에게 다른 것을 줄 이유가 있겠습니까?"

여러 번 말했지만, 미상승 구체에서는 여러분이 절대적인 진리를 파악할 수 없으므로, 우리는 여러분에게 절대적인 진리를 전해줄 수 없습니다. 그러면 오늘날 우리가 하고 있는 일은 무엇일까요?

2500년 전에 붓다가 한 일과 똑같은 일입니다. 즉 사람들의 의식이 어느 수준에 있는지를 실제적으로 살펴보면서, "사람들이 현 의식 수준에서 이해할 수 있고 더 높은 수준으로 올라가도록 돕기 위해, 우리가 어떤 것을 줄 수 있을까요?"라고 말하는 것입니다. 우리가 추구하는 것은 여러분에게 절대적인 진리를 주는 일이 아닙니다.

다시 말하지만, 이전의 상승 마스터 시혜에 속한 많은 학생은 이 말에 격렬하게 반대할 것입니다. 왜 그럴까요? 그들은 선형적 사고에 갇혀 있기 때문입니다. 즉 궁극적인 진리는 분명히 존재하므로, 이 세상의 종교나 과학적 물질주의에서 궁극적인 진리를 찾을 수 없다면, 반드시 상승 마스터들의 가르침에서 찾을 수 있다고 생각합니다. 나는 우리의 가르침이 잘못되었거나, 환상이나 속임수라고 말하는 것이 아닙니다. 그것은 상승 마스터 학생들의 의식 수준과 집단의식의 수준에 맞춰서 주어집니다. 지구 같은 행성에서는 다른 방법이 없습니다.

이전 상승 마스터 시혜에서는 사람들이 선형적인 사고방식으로 가르침을 받아들이고, 그 가르침에 근거해서 추론하고 멘탈 이미지들을 만들어 상승 마스터들에게 투사하는 일이 벌어졌습니다. 이런 것이 바로 선형적인 마음이 하는 일입니다. 선형적인 마음은 지구의 현재 상황을 보면서 이를 바탕으로 지구의 현재 상황의 원인이 무엇인지에 대한 멘탈 이미지들을 만듭니다. 그런 다음 그 이미지를 확장하고 그렇게 만들어진 이미지를 영적인 영역에 투사합니다.

상승 마스터들에게 멘탈 이미지를 투사하는 일

학생들이 상승 마스터 가르침을 발견했을 때, 우선 그들은 자라면서 갖게 된, 혹은 다른 영적인 가르침을 공부하면서 얻게 된 멘탈 이미지를 사용했습니다. 그들은 상승 마스터 가르침을 받아들여서 자신이 가진 멘탈 이미지를 더 다듬는 데 사용한 다음, 그 이미지를 상승 마스터들에게 투사했습니다.

이것이 '영적인 스승들과 연결하기'라는 이 피정 모임의 주제와 무슨 관련이 있을까요? 자, 사랑하는 이들이여, 나는 상승한 마스터입니다. 여러분이 어떻게 하면 나와 연결될 수 있나요? 물질세계에서 여러분의 마음속에서 만든 멘탈 이미지를 나에게 투사하는 것을 통해 나와 연결될 수 있다고 생각하나요?

아무리 훌륭한 이미지라고 해도, 상승 마스터의 가르침에 기반한 아무리 정확한 이미지라고 해도 그것은 여전히 멘탈 이미지일 뿐입니다. 이전 시혜에서는 학생들이 이것을 이해하기 어려웠음을 인정합니다. 왜냐하면 그때는 지금과 같은 가르침이 주어지지 않았기 때문입니다. 이 시혜에서 우리는 분리된 자아들에 대한 가르침과 어떻게 이 분리된 자아들이 인지 필터를 구축하는지를 설명했습니다. 그리고 의식하는 자아(Conscious You)는 이러한 인지 필터가 아니고, 분리된 자아가 되지도 않으며, 따라서 이 자아들 밖으로 나올 수 있다는 가르침을 주었습니다.

하지만 의식하는 자아가 어떻게 자아의 인지 필터 밖으로 나올 수 있을까요? 그것은 오직, 그 자아가 보는 모든 것이 단지 인지 필터에 불과하다는 것을 인정함으로써입니다. 이것은, 여러분이 마음속에서 상승 마스터에 대해 어떤 멘탈 이미지를 만들든, 그것은 단지 멘탈 이미지임을 인정해야 한다는 의미입니다.

물론, 자유의지 법칙 안에서 사람들이 상승 마스터에 대한 멘탈 이미지를 만드는 것에는 아무런 잘못이 없습니다. 왜냐하면 멘탈 이미지는 사람들에게 특별한 체험을 제공하기 때문입니다. 이전 시혜의 학생들을 보면, 많은 학생이 상승 마스터들이 어떤 존재이고 상승 마스터와 어떤 방식으로 관계를 맺어야 하는지에 대해 매우 정교한 멘탈 이미지를 갖고 있었습니다.

심지어 그중 많은 학생은 자신이 상승 마스터와 연결되었고 상승 마스터와 함께하는 체험을 했다고 느끼고 있었습니다. 지금 나는, 이전 시혜의 이 학생들이 상승 마스터와 연결되는 진정한 체험을 했다고 말하는 것이 아닙니다. 그 학생들은 자신이 정말 상승 마스터를 체험했다고 여겼지만, 그들은 자신의 멘탈 이미지에 매우 집착하고 있었기 때문에 사실상 멘탈층의 존재들에게 연결되어 있었습니다. 진정한 체험을 한 학생들은 자신의 멘탈 이미지에 집착하지 않던 이들이었습니다.

멘탈 이미지를 투사할 때 여러분이 하는 일은 무엇일까요? 본질적으로 이렇게 말하고 있습니다. "나다여, 나는 있는 그대로의 당신과 연결되고 싶지 않습니다. 나는 단지 내 멘탈 이미지에 따라 당신과 연결되고 싶을 뿐입니다. 그러니 나다여, 당신이 나와 연결하고 싶다면, 내 멘탈 이미지에 맞춰서 나타나는 것이 좋겠어요." 그리고 다른 마스터들이 말했듯이, 만일 내가 그렇게 한다면, 무슨 일을 하게 되는 걸까요? 이것은 여러분의 멘탈 이미지를 입증해주는 것이고, 그러면 여러분은 "내 멘탈 이미지는 멘탈 이미지가 아니라, 실제로 진정한 나다의 모습이다."라고 생각하게 될 것입니다. 하지만 그렇게 해서 여러분의 영적인 성장을 가져올 수 있을까요? 여러분의 성장을 막고 있는 멘탈 이미지를 입증해주는 것을 통해 내가 어떻게 여러분의 성장을 도울 수 있겠습니까?

항상 문제는, 여러분이 상승 마스터와 연결되기를 원하는지입니다. 여러분은 상승 마스터에 연결되기를 원하나요? 아니면 마스터에 대한 멘탈 이미지에 연결되기를 원하나요? 여러분은 상승 마스터의 현존을 체험하기 위해 멘탈 이미지를 놓아버릴 의향이 있나요? 바로 이것이 관건입니다.

우리는 여러분을 피해 숨으려 하지 않습니다. 하지만 많은 학생이 우리를 피해 숨으려고 애씁니다. 여러분이 우리에게 멘탈 이미지를 투사함으로써 우리를 피하려고 한다면, 그렇게 하도록 그냥 둘 수밖에 없습니다. 우리는 여러분이 그런 경험을 하도록 허용해야만 하고, 심지어 여러분의 멘탈 이미지에 부응해주는 멘탈 영역의 사칭 마스터들과 연결되더라도 허용할 수밖에 없습니다. 사칭 마스터들은 여러분이 그들에게 에너지를 주는 한 여러분이 투사하는 어떤 이미지에도 다 맞춰줄 것이기 때문입니다. 하지만 나는 여러분의 에너지를 필요로 하지 않습니다. 여러분의 멘탈 이미지에 부응해줄 의향도 없습니다. 왜냐하면 나는 여러분에게서 아무것도 얻을 필요가 없기 때문입니다. 또한 여러분이 자신의 멘탈 이미지를 나에게서 승인받았다고 생각하도록 만들고 싶지도 않습니다.

기본적으로, 아주 직설적으로 말한다면, 만일 여러분이 상승 마스터의 현존을 경험한 적이 없다면, 그 이유는 여러분이 진정한 마스터를 자신에게서 멀리 밀어내는 멘탈 이미지를 가지고 있기 때문입니다. 다시 말하지만, 비난하는 것이 아닙니다. 여러분은 자유의지를 가지고 있고, 우리는 여러분이 몹시 어려운 행성에 살고 있다는 것을 알고 있습니다. 여러분이 수많은 전생을 살며 마음의 네 층에 이 모든 자아를 만들어냈다는 것을 이해합니다. 여기에는 아무런 비난도 없습니다. 우리는 단지, 여러분이 진정으로 우리와 연결되기를 원한다면, 바로 이 멘탈 이미지들이 연결을 막고 있으므로 기꺼이 그 너머를 보아야 한다고 말하고 있습니다.

엘 모리야가 엄격한 규율주의자라는 멘탈 이미지

여러분이 상승 마스터에 대한 멘탈 이미지를 만들면 그 멘탈 이미지는 어떤 작용을 하게 될까요? 멘탈 이미지가 하는 일이 무엇일까요? 그것은 특정한 관점을 갖게 해주고 특정한 경험을 하게 해주는데, 이 경험은 진정한 마스터에 의해 제기되는 도전을 막아버리므로 여러분은 마스터들을 피해 숨을 수 있게 됩니다.

한 예를 들면, 이전의 어느 시혜의 사람들은 지금은 마스터 모어라 불리는 엘 모리야에 대해 아주 특별한 이미지를 만들었습니다. 그리고 이것이 그가 이름을 바꾸기로 결정한 이유 중 하나입니다. 그들은 여전히 엘 모리야에 대해, 매우 격렬한 푸른 광선의 마스터, 사람들에게 도전을 제기하고 그들의 에고를 무자비하게 노출시키는 아주 엄격한 규율주의자라는 이미지를 지니고 있습니다. 그래서 엘 모리야의 진정한 제자들은 그러한 자질을 갖추고 있으며, 밖으로 나가 사람들에게 도전하고 잘못을 지적하면서 푸른 광선을 쏠 수 있는 권리가 있다는 관념을 만들었습니다. 그 단체의 많은 사람이 자신보다 아래라고 여겨지는 사람들에게 푸른 광선을 쏠 수 있다는 자만심을 가지고 있었습니다.

이 사람들이 무슨 일을 하고 있었던 걸까요? 그들의 에고는 우월감을 원했고, 다른 사람에게 무엇을 해야 하는지를 말해줄 수 있는 훈육자가 되고 싶어 했습니다. 따라서 그들은 자신들의 행동, 에고에 기반한 행위를 정당화해주는 하나의 구실로 엘 모리야의 멘탈 이미지를 이용했습니다. 비록 그들은 이것이 에고에 기반한 행위임을 격하게 부인하겠지만, 사실 그랬습니다.

다시 말하지만, 이 사람들은 상승 마스터 가르침을 가져와서 엘 모리야에 대한 이미지를 만들고, 그들이 원하는 경험을 충분히 할 때까지 정당화할 수 있는 자유의지의 권리를 가지고 있었습니다. 이때 일부는 이런 경험을 하고 나서 이동했지만, 일부는 그렇지 않았습니다. 하지만 다시 말하지만, 이들 중 일부가 자신이 엘 모리야를 정말로 경험했다고 생각했음에도 불구하고, 사실은 그렇지 않았습니다. 엘 모리야는 그 이미지가 사람들을 가둬 두고 그와 실제로 연결되는 것을 방해할 뿐임을 명확히 보고 있었는데, 왜 그 이미지를 승인해주겠습니까?

내 요점은, 이 시혜에서 여러분은 자아에 대해, 즉 잠재의식적인 자아들과 분리된 자아들, 멘탈 이미지, 인지 필터에 대해 더 깊은 가르침을 받았습니다. 따라서 자신의 멘탈 이미지에서 해방되고 투사를 멈추는 과정을 통과할 수 있다는 것입니다. 이로써 여러분은 상승한 존재들인 우리와 진실로 연결될 수 있는 지점에 이를 수 있습니다. 가르침이나 지성적인 마음이나 이해나 파악을 통한 연결이 아니라, 우리의 현존과 직접 연결되는 일은 영적인 여정에서 할 수 있는 가장 귀중한 경험인데, 그것은 물질세계를 초월한 영역에서 오는 직접적인 참조들을 제공하기 때문입니다. 그리고 이는 더 이상 물질세계에서 여러분을 속이거나 반응으로 끌어들일 수 있는 것이 없다는 의미입니다. 이렇게 되기를 원한다면, 여러분에게 그것을 성취할 수 있는 도구를 주겠습니다.

나다가 제공하는 연습 도구

하지만 나는 6광선에서 여러분을 도와줄 수 있는 연습 도구를 주려고 합니다. 나는 절대적인 진리의 이미지를 투사하고 싶어 하는 선형적인 마음에 대한 가르침에서 시작해서, 이런 선형적인 마음이 마음의 평화를 어떻게 앗아가는지 설명했습니다. 여러분이 해야 할 일은,

우리가 준 도구를 활용하고, 영적인 여정의 진정한 목적은 절대적인 진리를 아는 것이 아니라 여러분의 의식을 현 수준에서 다음 수준으로 올리는 것임을 깨닫는 일입니다.

그러나 우리가 말했듯이, 여러분이 이러한 개인적인 그리스도 의식의 단계들로 이동하는 시점이 옵니다. 개인적인 그리스도 의식이 바로 평화에 이르는 열쇠이며, 이런 이유로 인류에게 그리스도 의식을 예시해주었던 예수를 평화의 왕자라 부르는 것입니다. 그리스도 의식, 그리스도 마음은 평화와 무슨 관련이 있을까요?

자, 여러분은 그리스도 마음을 통해 평화와 연결되며, 물질세계를 초월한 실재가 있다는 것을 경험하게 됩니다. 그리고 이것을 직접 경험해봐야만 '이 세상에 대한 집착을 극복하라'는 붓다의 말을 실천할 수 있습니다. 그리스도 의식을 경험할 때 집착을 극복할 수 있습니다. 집착이 나오는 곳은 어디일까요? 예, 맞습니다. 분리된 자아들입니다. 또한 집착은 선형적인 마음과 그 마음이 투사한 멘탈 이미지에 기반하고 있습니다. 여러분은 세상과 삶이 특정한 방식으로 작동하기를 원합니다.

지구상의 삶이 어떤 모습이어야 하는지에 대한 이미지

고통에 대한 기본적인 이해, 즉 고통의 원인이 무엇인지 살펴보겠습니까? 그것은 여러분이 선형적인 마음으로 지구의 삶이 어떠해야 하는지에 대한 이미지를 만들어 놓았기 때문입니다. 여러분은 그 이미지를 투사하지만, 삶이 그 이미지에 따르지 않는 것을 경험합니다. 여러분의 심상에 부합하지 않는 삶을 경험하는 데서 바로 고통이 생겨납니다. 이것이 모든 고통의 원인입니다.

그리스도 마음을 경험하기 시작하면서 여러분은 자신의 멘탈 이미지를 초월한 무언가 있음을 깨닫게 됩니다. 그 너머에 무언가가 있음을 경험합니다. 하지만 이때 그리스도의 두 번째 도전이 오게 됩니다.

여러분은 그리스도의 경험을 통해 자신의 멘탈 이미지를 놓아버리고, 분리된 자아들을 놓아버리고, 집착을 극복하겠습니까? 아니면 베드로가 그랬듯이, 그리스도의 경험을 자신의 멘탈 이미지 안으로 끌어들여 그리스도가 그 멘탈 이미지를 승인한 것처럼 여기도록 애쓰겠습니까? 엘 모리야의 예에서 말했듯이, 이전의 상승 마스터 단체에서 많은 학생이 이렇게 했습니다. 물론 이번 시혜에서도 여러분이 가르침을 실천하지 않는다면 이렇게 될 수 있습니다. 하지만 여러분에게는 이렇게 되는 것을 방지할 수 있는 도구가 있습니다.

그러면 어떻게 더 깊은 마음의 평화를 성취할 수 있을까요? 끊임없이 그리스도 마음을 추구하고, 그리스도 마음을 참조틀로 삼아 자신의 삶을 살펴보고, 삶에서 마주한 조건들을 살펴보는 것입니다. 우리는 일부 여러분이 매우 어려운 상황에 처해 있음을 이해합니다. 우리가 이를 알지 못하는 것처럼 보이려고 애쓰는 것은 아닙니다. 그럼에도 불구하고 그리스도 마음이 해주는 영원한 약속은, 여러분이 그리스도 마음을 통해 물리적인 상황에 대한 다른 조망을 얻고, 집착을 극복하고, 멘탈 이미지들을 극복할 수 있다는 것입니다. 그리고 상황이 달라져야 한다는 투사 없이 상황을 보게 될 때 여러분은 고통 없이 이러한 상황을 마주할 수 있습니다.

이것이 매우 어려운 상황에 처한 사람들에게는 파악하기 힘든 개념임을 알고 있습니다. 어려운 상황에 처해 있지 않은 사람들에게는 이를 이해하는 것이 좀 더 쉽습니다. 나는 이 점을 이해하지만, 여전히 이것은 영원한 진리입니다. 고통의 원인은 여러분의 조건이나 물리적인 상황이 아니라, 여러분이 그 물리적인 상황을 바라보는 방식입니다. 그리고 많은 경우에 물리적인 상황은 여러분이 그것을 바라보는 방식을 바꾸기 전까지는 변하지 않습니다. 이것이 그리스도의 약속입니다. 즉 그리스도는 여러분에게 다른 조망을 줄 수 있고, 마음의 평화를 줄 수 있습니다.

생명의 강이 여러분을 앞으로 실어 나르도록 허용하세요

자, 이것에 대한 시각적인 이미지를 주겠습니다. 여러분 몇몇은 카누처럼 작은 배를 타고 노를 저어 강을 내려가 본 경험이 있을 겁니다. 작은 배를 타고 노를 계속 젓고 있을 때, 여러분의 마음은 어디로 가고 있는지에 집중하고 있습니다. 여러분이 도달하려는 목적지가 있습니다. 강에는 바위가 있을 수도 있고 굽어진 곳이 있을 수도 있으며, 여러분은 길을 찾아야 하고, 카누를 조종해야 하고, 굽이를 돌아가기 위해 강의 어느 지점에서는 더 빨리 노를 젓거나, 급류를 피해 가야 합니다. 여러분은 항상 노를 저으며 배를 나아가게 하는 역학에 집중해야 합니다.

하지만 안전하고 바위나 급류가 없는 강이라면 여러분은 다른 방법을 취할 수 있습니다. 노를 내려놓고 카누에 편안하게 앉아서, 그냥 카누가 흐름을 타고 내려가도록 둡니다. 강의 흐름이 그냥 카누를 실어 가게 합니다. 이렇게 하면 시간이 더 걸릴 수도 있고 아닐 수도 있지만, 여러분은 목적지에 도착하게 될 것입니다.

이제 여러분은 마음속으로 마치 카누에 앉아 있는 것처럼 편안하게 앉아 있을 수 있습니다. 카누가 물살을 타고 내려갈 때 여러분은 긴장을 풀고 그저 강둑을 바라보며 흘러가고 있습니다. 이런 것이 바로 무집착의 상태입니다.

여러분은 카누를 타고 강 하류로 흘러가고 있으며, 생명의 강의 흐름은 여러분을 이동시키고 있습니다. 여러분이 노를 저으며 내내 고군분투할 필요가 있을까요? 여러분을 향해 으르렁대는 곰이나 고함을 치는 사람들이 있을지도 모릅니다. 하지만 여러분은 배 안에 아무런 집착 없이 앉아 있으면, 강둑에 무엇이 있든 상관없이 강의 흐름에 실려 가리라는 것을 알고 있습니다.

그냥 생명의 강에 조율하세요. 그리고 그 흐름이 여러분을 싣고 가게 하세요. 여러분이 왜 외면의 마음으로, 선형적이고 지적인 마음으로 분투해야 하나요? 왜 모든 것 위에 멘탈 이미지를 투사해야 하나요? 왜 모든 것을 해석해야 하나요? 왜 모든 것에 어떤 의미가 있어야 하고, 궁극적인 의미나 우주적인 의미, 영적인 의미가 있어야 하나요? 이곳 지구에서 일어나는 많은 일들이 중요한 영적인 의미를 가지고 있지 않습니다.

예를 들어, 사람들이 점성술을 어떻게 이용하는지를 생각해 보세요. 무슨 일이 일어나면 사람들은 점성가를 찾아가, 자신이 직면한 상황이 저 위에 있는 하늘의 무슨 배열에 의해 일어났는지 알려고 합니다. 그러나 이곳 지구의 모든 일이 하늘의 조건에 의해 일어나는 것은 아닙니다. 그것은 인간들의 어리석음과, 붓다가 상호의존적인 발생(緣起)이라고 부른 인간들의 상호작용에 의해 일어납니다.

여러분이 삶에서 직면하는 많은 상황에 어떤 우주적인 이유가 있는 것은 아닙니다. 항상 무슨 이유를 찾아내기를 원하는 분석적인 마음을 무력화시키세요. 그리고 그냥 아무런 집착 없이, 생명의 강이 여러분을 싣고 그것을 지나치며 이동시키도록 두세요. 여러분이 집착할 때는 무엇을 하고 있는 것일까요? 강둑에 있는 나뭇가지를 붙들고 여러분의 배가 어떤 자리에 고정되도록 미친 듯이 버티고 있는 것입니다. 강물의 흐름은 여러분을 하류로 데려가기 위해 배를 밀고 있습니다. 여러분은 몸이 부서질 때까지 혹은 나뭇가지가 부러질 때까지 더욱더 힘들게 버텨야 합니다. 그냥 놓아버리세요. 배가 갈 수 있게 놓아버리세요. 놓아버리세요. 그렇게 하는 것이 말처럼 쉽지 않음을 알지만, 버티고 있는 것이 대체 누구일까요? 여러분입니까? 아니면 분리된 자아입니까? 그 자아를 인식하고, 여러분이 가진 도구를 사용해서, 그 자아를 놓아버리세요. 선형적인 마음을 통해서는, 무엇이 일어나야 하고 무엇이 일어나면 안 된다는 그 마음이 투사한 이미지들을 통해서는 지구에서 영원히, 결코 평화를 누릴 수 없습니다.

왜 예수가 십자가에 못 박히는 것을 허용했다고 생각하나요? 그는 매우 높은 수준의 그리스도 의식을 성취한 존재였습니다. 왜 그는 십자가에 못 박히는 것을 허용했을까요? 그가 십자가형을 원했다고 생각하나요? 아닙니다. 하지만 그는 이것이 특정한 상황에서 연기(緣起)[7]가 펼쳐지는 방식이라고 보았고, 그것이 일어나도록 둔 것이었습니다. 그는 어떤 일이 일어나야만 하고 어떤 일은 일어나면 안 된다는 생각을 놓아버렸습니다. 그의 마지막 입문이 무엇이었습니까? 그는 십자가에 매달려서 신이 자신을 구할 천사들을 보낼 것이라 생각하고 있었습니다. 그런 다음 그런 일은 일어나지 않을 것임을 깨닫고 그 마지막 유령, 지구에서 무슨 일이 일어나거나 일어나지 않아야 한다는 마지막 멘탈 이미지를 놓아버렸습니다.

여러분 중 다수가 아바타입니다. 우리는 여러분에게 우주적 출생 트라우마와 원초적 자아에 대한 이 모든 가르침을 주었습니다. 여러분은 자신이 지구에 온 이유와 지구에서 무엇을 하고 무엇을 이룰 것인지, 지구에 어떤 긍정적인 변화를 가져올지에 대한 멘탈 이미지를 지니고 지구에 왔습니다. 이곳에 내려와서 여러분은 최초의 출생 트라우마를 입게 되었습니다. 하지만 여러분은 그것에 어떻게 반응했나요? 선형적인 마음에 기반한 멘탈 이미지들을 만드는 것으로 반응했습니다.

여러분은 출생 트라우마를 입었던 상황이 어떤 것이었든 상관없이, 자신에게 일어난 일을 보면서 분석하고 원인을 찾습니다. "왜 이런 일이 일어났을까? 이 사람들은 왜 나한테 이런 행동을 할까? 내가 무슨 일을 했길래 이런 일을 당한 걸까?" 그런 다음 여러분은 멘탈 이미지를 만들어냅니다. 지구에서 무슨 일이 일어나야 했고 무슨 일이 일어나지 않아야 했는지, 남은 삶 동안 무슨 일이 일어나야 하고 무슨 일이 일어나서는 안 되는지에 대해 멘탈 이미지를 만들어냅니다.

---

[7] interdependent originations, 상호의존적 기원

"나는 지구에서 결코 평화로울 수 없다."

하지만 이 모든 멘탈 이미지 뒤에서 여러분은 무엇을 하는 걸까요? 대부분의 아바타는 지구에 온 후 무엇을 했나요? 그들은 어떤 결정을 했습니다. 분리된 자아를 만들겠다는 결정을 했고, 그것은 "나는 지구에서 결코 평화로울 수 없다."라는 결정이었습니다. 이 결정에 대해 생각해 보세요: "나는 지구에서 결코 평화로울 수 없다."

여러분이 그런 자아를 가지고 있는 한, 지구에서 결코 평화롭게 존재할 수 없습니다. 그렇지 않나요? 여러분은 실제로 평화를 원하지 않기 때문에, 이곳은 너무나 끔찍한 행성이어서 아무도 평화로울 수 없다는 결정을 했습니다. 여러분은 붓다의 이야기와 그가 얼마나 평화로웠고 어떻게 평화의 상태에 이르렀는지에 대한 이야기를 살펴봅니다. 하지만 여러분은 정말 그것을 인정하고 싶지 않습니다. 붓다가 평화의 상태에 이를 수 있었음을 인정한다면, 여러분은 그런 평화의 상태에 이를 수 없다고 어떻게 말할 수 있겠습니까? 하지만 붓다가 한 일을 하기 전에는 여러분이 평화의 상태에 도달할 수 없습니다. "나는 지구에서 평화로울 수 없다."라는 결정을 하게 된 출생 트라우마 안에서 창조된 자아를 살펴보세요. 모든 아바타가 이런 자아를 만들었습니다.

사랑하는 이들이여, 여러분이 진실로 평화를 원한다면, 진실로 평화의 6광선에 연결되고 싶다면, 이 자아를 살펴보세요. 지구 같은 행성에서는 평화로울 수 없다는 것이 정말 사실일까요? 여러분이 익숙했던 자연 행성의 환경과는 너무나 다르므로 지구 같은 행성에서 평화롭게 존재하기가 더 어렵다는 것을 인정합니다. 하지만 지구에서 평화롭게 존재하기가 진실로 더 어려운 걸까요? 아니면 마음속에서만 더 어렵게 여겨지는 걸까요?

모든 외적인 조건에 대한 비집착

여러분은 자연 행성에서 왜 평화로웠을까요? 자연 행성에서는 자신에게 일어나야 하는 일과 일어나지 말아야 할 일에 대한 멘탈 이미지를 갖고 있지 않았으며, 따라서 생명의 강과 함께 흐르고 있었기 때문입니다. 예, 그리고 자연 행성에서는 지구에서 겪는 조건들, 즉 여러분을 죽이고 고문하려는 타락한 존재들이 없었기 때문입니다. 또한 자연 행성에서는 여러분이 왜 평화로웠을까요? 그것은 여러분이 집착이 없었기 때문입니다. 붓다는 지구에서도 무집착의 상태로 있는 것이 가능함을 보여주었습니다. 무집착은 외면의 조건이 아니라 여러분의 마음 상태에 의해 결정되는 것이기 때문입니다.

무집착이란 외면의 조건이 어떠하든 그것에 집착하지 않는 상태를 뜻합니다. 여러분이 지구의 조건들에 집착하지 않는다면 지구에서도 평화로울 수 있습니다. 그리고 우리는 여러분에게, 이것이 일어나야 하고 이것은 일어나면 안 된다고 항상 투사하고 집착하는 자아들을 성찰함으로써 평화에 이를 수 있는 도구들을 주었습니다.

이 이미지를 계속 심상화할 수 있나요? 여러분은 카누에, 혹은 반야의 배에 앉아 있습니다. 여러분은 강둑을 바라보고 있지만, 마음 편히 앉아 있으면, 강둑에 무엇이 있든 강의 흐름을 타고 다 지나쳐버릴 것을 알고 있습니다. 그러므로 왜 집착을 하나요? 왜 붙들고 있나요? 무엇이 일어나야 하고 무엇이 일어나지 말아야 한다는 멘탈 이미지 없이 그냥 바라보세요. 그냥 중립적으로 바라보세요. 그것을 단지 어떤 사람들에게는 특정한 경험이 필요하므로 지구에서 일어나고 펼쳐지는 일이라고 생각하세요. 다른 사람들이 필요로 하는 그런 경험이 여러분에게는 필요하지 않습니다.

따라서 여러분은 그들이 하는 일에 집착할 필요가 없으며, 그냥 초연하면 됩니다. 설령 그들이 여러분에게 영향을 미치면서 여러분을 끌어당기더라도 그들의 드라마로 들어가서 얽히지 마세요. 그냥 놓아버리세요. 그들이 무엇을 해야 하고 무엇을 하면 안 된다는 생각을 놓아버리세요.

단지 여러분을 생명의 강 하류로 데려가는 현재의 흐름에만 집중하세요. 강둑의 어느 지점을 바라보더라도 여러분은 배가 흘러가는 것을 느끼며 이렇게 말할 수 있습니다. "이 또한 지나가리라." 여러분은 남은 생 동안 특정한 상황을 겪게 될 것이므로, 이것이 때로 작은 위안이 될 수 있습니다. 그러나 여러분이 죽어야만 이런 물리적인 조건이 지나가버리는 것이 아닙니다. 이런 조건을 고통스럽게 여기는 마음의 집착을 버릴 수 있다면, 이런 물리적인 조건은 언제든 사라질 수 있습니다. 어떤 이들에게는 가혹하게 들릴 수도 있겠지만 여전히 이 말은 진실입니다. 고통이란 어떤 마음의 조건입니다. 고통에 대한 궁극적인 치유법은 마음의 평화입니다. 고통은 집착에서 옵니다. 평화는 오직 무집착을 통해서만 얻을 수 있습니다.

나다께서 주시는 시혜

내가 주는 마지막 도구는, 여러분이 받은 "모든 세포의 소리굽쇠는 이제 어머니의 종에 맞춰 조율되었습니다."라는 디크리입니다. 하지만 나, 나다는 특별한 음률(tone)을 가지고 있는데, 이는 평화의 음률, 평화의 소리, 평화의 진동입니다. 이것은 물리적인 소리가 아닙니다. 여러분 각자에게 그것은 약간씩 다르게 느껴질 수 있습니다. 하지만 이 평화의 음률, 이 평화의 소리(sound of peace)에 조율한다면 나는 여러분의 시각화 명상(visualization)을 증폭시켜줄 것입니다. 이것이 여러분에게 주는 나의 시혜입니다. 평화의 소리는 어떤 진동입니다. 여러분은 특정한 소리가 물에 어떤 진동을 일으키는지, 혹은 모래에 어떤 패턴을 형성하는지 본 적이 있을 겁니다. 자, 모든 것은 에너지입니다. 모든 것이 어떤 패턴을 이루고 있습니다. 삼사라의 바다도 단지 혼돈 속에 있는 에너지일 뿐입니다. 그리고 여러분은 이 평화의 소리를 자신의 마음 안에서, 혹은 외부 상황에서도 활용할 수 있지만, 기본적으로 자신의 마음 안에서 활용해야 합니다.

다시, 조용한 방으로 들어가 편안한 자세로 앉아 눈을 감으세요. 그런 다음 내 현존에, 평화의 소리에 귀를 기울이세요. 그리고 이 소리가 감정체에서 시작하여 자신의 마음 안에서 진동하기 시작하는 것을 시각화하세요. 이 소리는 진동하면서 혼란스러운 감정에 규칙적인 패턴을 만들어냅니다. 요동치던 감정은 이 패턴의 규칙성에 따라 진동하면서 점점 규칙적인 패턴으로 바뀝니다. 그런 다음 그 패턴이 가라앉자, 이제 감정체는 완전히 잔잔하고 고요한 바다와 같이 되었습니다.

이제 여러분은 멘탈체로 올라갑니다. 다시 평화의 소리가 여러분의 사념들에 영향을 미치기 시작합니다. 원숭이 같은 마음에 의해 늘 여러 방향으로 끌려가던 혼란스러운 사념들은 평화의 소리가 지닌 규칙적인 패턴을 따르게 됩니다. 모든 것이 규칙적인 패턴으로 바뀌면 파도가 수그러들고, 이제 여러분의 멘탈체는 고요한 바다와 같이 되었습니다.

그런 다음 여러분은 정체성체의 마음으로 올라갑니다. 그리고 같은 일이 일어납니다. 혼란스러운 에너지들은 규칙적으로 진동하는 패턴으로 바뀌고, 그 규칙적인 진동이 잠잠해지며, 이제 정체성체는 고요한 바다와 같이 되었습니다.

그다음 여러분은 정체성 수준에서 물리적 수준으로 내려갑니다. 이제 자신의 육체가 어떻게 동조하며 진동하는지를 시각화합니다. 모든 세포가, 특히 문제가 있는 신체 부위가 이 규칙적인 패턴에 맞춰 진동하기 시작합니다. 세포들은 평화의 음(音)이 지닌 규칙적인 진동에 완전히 동조하게 됩니다. 그러면 파도가 수그러들기 시작하며, 이제 육체도 고요한 바다와 같이 되었습니다.

이 고요한 바다에서 원하는 만큼 오래 앉아 있으세요. 어떤 혼란을 느낄 때마다 이 연습을 반복해보세요. 처음에는 이 명상을 그리 오래 하지 않아도 됩니다. 하지만 점차 더 오래 지속할 수 있게 될 겁니다. 이 명상을 수행함에 따라 여러분은 자신 위에 있는 내 현존을 점점 더 많이 느낄 수 있을 것입니다. 이것이 바로, 6광선에 친밀감을 느끼는 여러분이 내 현존에 조율하도록 돕기 위한 나의 선물입니다.

이 시간 동안 여러분과 내 현존을 함께 나누면서 큰 기쁨을 느꼈습니다. 이것으로 나는 여러분을 내 평화의 기쁨 안에 봉인합니다.

12-1
나다의 현존을 기원합니다

I AM THAT I AM, 예수 그리스도의 이름으로 나는 나다를 부르며, 내 마음의 평화를 방해하고 당신과의 연결을 막고 있는 집착들을 볼 수 있도록 도와달라고 요청합니다…
(여기에 개인적인 요청을 추가하세요)

파트 1

1. 나다여, 나는 물질세계의 조건들을 보면서 선형적인 인과 관계를 설정하고 그것을 영적인 영역으로 확장하려는 선형적인 마음을 놓아 버립니다.

오 나다, 복된 우주의 은총이시여,
나의 내적인 공간을 충만하게 하시니.
당신의 노래는 신성한 향유와도 같고,
내 마음은 완전한 고요의 바다가 됩니다.

**나다의 신비로운 선율과 함께,
내 마음은 영원한 자유를 누립니다.
나다의 교향악을 지휘하며,
나는 영원한 평화를 선언합니다.**

2. 나다여, 물질세계의 상태는 영적인 세계가 순수하게 반영된 것이 아님을 압니다. 미상승 구체에 속한 지구 같은 행성에서는 더 높은 구체들의 상태가 어떠한지를 가늠할 길이 없습니다.

나다여, 당신의 붓다 마음 안에서,
나는 진실로 내면의 평화를 발견합니다.
당신의 노래를 울려 퍼지게 하며,
나는 당신의 사랑과 동화됩니다.

**나다의 신비로운 선율과 함께,
내 마음은 영원한 자유를 누립니다.
나다의 교향악을 지휘하며,
나는 영원한 평화를 선언합니다.**

3. 나다여, 나는 엘로힘이 창조한 지구의 원래 상태를 경험하고, 그들이 지구를 창조하는 데 사용한 원리를 알고 싶습니다.

오 나다, 너무나 숭고한 아름다움이시여,
나는 모든 시간을 넘어 당신을 따릅니다.
우리는 소리 없는 소리 안에 잠기며,
우주를 재창조합니다.

**나다의 신비로운 선율과 함께,
내 마음은 영원한 자유를 누립니다.
나다의 교향악을 지휘하며,
나는 영원한 평화를 선언합니다.**

4. 나다여, 나는 이 비자연 행성의 현재 상태를 관찰한 내용을 선형적인 마음을 사용해서 영적인 영역에 투사하려는 사고방식을 놓아버립니다.

오 나다여, 우리는 예견합니다
그리스도 의식이 제한받지 않는 미래를.
우리는 붓다의 마음으로 인식하고,
더 나은 미래를 마음에 품습니다.

나다의 신비로운 선율과 함께,
내 마음은 영원한 자유를 누립니다.
나다의 교향악을 지휘하며,
나는 영원한 평화를 선언합니다.

5. 나다여, 나는 지구상의 고통에는 보이지 않는 비물리적 원인이 있을 것으로 생각하며, 선형적인 마음을 사용하여 영적인 영역에 있는 원인을 역으로 추론하려는 사고방식을 놓아버립니다.

오 나다여, 우리는 미래를 다시 씁니다.
그곳에선 결코 무력이 의(義)가 아니고,
그리스도 마음이 왕이며,
우리는 모든 것 안에서 그리스도를 봅니다.

나다의 신비로운 선율과 함께,
내 마음은 영원한 자유를 누립니다.
나다의 교향악을 지휘하며,
나는 영원한 평화를 선언합니다.

6. 나다여, 나는 물질세계에서 원인을 찾으려는 과학의 시도를 놓아버립니다. 또한 나는 (역으로 추론해서) 비물리적 원인을 찾으려는 과학의 시도를 놓아버립니다.

오 나다여, 이제 평화는 일상의 기준이 되고,
내 영은 모든 형상을 초월합니다.

나는 더 이상 형상에 순응하지 않으며,
미개발의 잠재력을 활용합니다.

**나다의 신비로운 선율과 함께,
내 마음은 영원한 자유를 누립니다.
나다의 교향악을 지휘하며,
나는 영원한 평화를 선언합니다.**

7. 나다여, 나는 선형적인 마음이 물질세계의 일상생활을 위한 실용적인 도구임을 압니다. 선형적인 마음을 영적인 영역을 추론하는 데 사용한다면 평화를 얻을 수 없으며, 평화의 6광선에 연결될 수도 없습니다.

오 나다, 눈부시게 빛나는 기쁨이시여,
나는 진정으로 내 삶을 즐깁니다.
나에게 즐거움이 허락되니,
내 태양신경총은 태양처럼 빛납니다.

**나다의 신비로운 선율과 함께,
내 마음은 영원한 자유를 누립니다.
나다의 교향악을 지휘하며,
나는 영원한 평화를 선언합니다.**

8. 나다여, 붓다 가르침의 목적은 최상의 진리를 제시하는 것이 아니었음을 봅니다. 그것은 사람들에게 삼사라의 바다, 즉 고통의 수준을 초월하고 의식을 높이기 위한 실용적인 가르침과 도구를 주는 것이었습니다.

오 나다여, 봉사는,
실재 안에서 살기 위한 열쇠입니다.

이제 내가 생명의 하나됨을 깨달으니,
내 지고의 봉사가 시작되었습니다.

**나다의 신비로운 선율과 함께,
내 마음은 영원한 자유를 누립니다.
나다의 교향악을 지휘하며,
나는 영원한 평화를 선언합니다.**

9. 나다여, 나는 상승 마스터의 가르침을 보며 이렇게 생각하게 만드는 선형적인 사고방식을 놓아버립니다. "마침내 이 세상에서 나온 것이 아닌, 이 세상의 조건들을 통해 역으로 추론하는 선형적인 마음에서 나온 것이 아닌 가르침을 찾았습니다. 이 가르침은 절대적인 진리임에 틀림없습니다. 상승 마스터들은 절대적인 진리를 알고 있는데, 우리에게 다른 것을 줄 이유가 있겠습니까?"

오 나다여, 우리는 이제 명합니다.
지상의 생명은 근심 없이 존재하라.
예수님과 함께 우리가 탐구를 완성하니,
이제 신의 나라가 구현됩니다.

**나다의 신비로운 선율과 함께,
내 마음은 영원한 자유를 누립니다.
나다의 교향악을 지휘하며,
나는 영원한 평화를 선언합니다.**

파트 2

1. 나다여, 비자연 행성에서는 절대적인 진리를 파악할 수 없으므로, 당신이 보는 절대적인 진리를 나에게 전해줄 수 없음을 압니다. 당신이 사람들의 의식 수준을 실제적으로 살펴보면서 이렇게 말하는 것을

받아들입니다. "사람들이 현 의식 수준에서 이해할 수 있도록, 그리고 더 높은 수준으로 올라가도록 도우려면, 우리가 어떤 가르침을 주어야 할까요?"

오 나다, 복된 우주의 은총이시여,
나의 내적인 공간을 충만하게 하시니.
당신의 노래는 신성한 향유와도 같고,
내 마음은 완전한 고요의 바다가 됩니다.

나다의 신비로운 선율과 함께,
내 마음은 영원한 자유를 누립니다.
나다의 교향악을 지휘하며,
나는 영원한 평화를 선언합니다.

2. 나다여, 나는 상승 마스터들의 가르침에는 반드시 궁극적인 진리가 담겨 있다는 사고방식을 놓아버립니다. 나는 당신들의 가르침이 집단 의식의 수준에 맞춰 주어짐을 받아들입니다.

나다여, 당신의 붓다 마음 안에서,
나는 진실로 내면의 평화를 발견합니다.
당신의 노래를 울려 퍼지게 하며,
나는 당신의 사랑과 동화됩니다.

나다의 신비로운 선율과 함께,
내 마음은 영원한 자유를 누립니다.
나다의 교향악을 지휘하며,
나는 영원한 평화를 선언합니다.

3. 나다여, 나는 선형적인 사고방식으로 가르침을 받아들이고, 그 가르침에 근거해서 추론하고 멘탈 이미지들을 만들어 상승 마스터들에

게 투사하려는 성향을 놓아버립니다.

오 나다, 너무나 숭고한 아름다움이시여,
나는 모든 시간을 넘어 당신을 따릅니다.
우리는 소리 없는 소리 안에 잠기며,
우주를 재창조합니다.

나다의 신비로운 선율과 함께,
내 마음은 영원한 자유를 누립니다.
나다의 교향악을 지휘하며,
나는 영원한 평화를 선언합니다.

4. 나다여, 나는 자라면서 얻게 된, 혹은 다른 영적인 가르침을 공부하면서 얻게 된 멘탈 이미지들을 놓아버립니다. 나는 상승 마스터들의 가르침을 이용해서 내 멘탈 이미지를 다듬고 그것을 상승 마스터들에게 투사하는 일을 하지 않겠습니다.

오 나다여, 우리는 예견합니다
그리스도 의식이 제한받지 않는 미래를.
우리는 붓다의 마음으로 인식하고,
더 나은 미래를 마음에 품습니다.

나다의 신비로운 선율과 함께,
내 마음은 영원한 자유를 누립니다.
나다의 교향악을 지휘하며,
나는 영원한 평화를 선언합니다.

5. 나다여, 당신은 상승 마스터이며, 물질세계에서 만들어진 내 마음속의 멘탈 이미지를 당신에게 투사하는 것을 통해서는 당신과 연결될 수 없습니다.

오 나다여, 우리는 미래를 다시 씁니다.
그곳에선 결코 무력이 의(義)가 아니고,
그리스도 마음이 왕이며,
우리는 모든 것 안에서 그리스도를 봅니다.

나다의 신비로운 선율과 함께,
내 마음은 영원한 자유를 누립니다.
나다의 교향악을 지휘하며,
나는 영원한 평화를 선언합니다.

6. 나다여, 아무리 훌륭한 이미지라고 해도, 상승 마스터의 가르침에 기반한 아무리 정확한 이미지라고 해도, 그것은 여전히 멘탈 이미지임을 깨닫겠습니다.

오 나다여, 이제 평화는 일상의 기준이 되고,
내 영은 모든 형상을 초월합니다.
나는 더 이상 형상에 순응하지 않으며,
미개발의 잠재력을 활용합니다.

나다의 신비로운 선율과 함께,
내 마음은 영원한 자유를 누립니다.
나다의 교향악을 지휘하며,
나는 영원한 평화를 선언합니다.

7. 나다여, 분리된 자아들이 어떻게 인지 필터를 구축하는지를 경험하겠습니다. 그리고 의식하는 자아는 이러한 인지 필터가 아니고 분리된 자아가 되지도 않았으며, 따라서 이 자아들 밖으로 나올 수 있음을 경험하겠습니다.

오 나다, 눈부시게 빛나는 기쁨이시여,

나는 진정으로 내 삶을 즐깁니다.
나에게 즐거움이 허락되니,
내 태양신경총은 태양처럼 빛납니다.

**나다의 신비로운 선율과 함께,
내 마음은 영원한 자유를 누립니다.
나다의 교향악을 지휘하며,
나는 영원한 평화를 선언합니다.**

8. 나다여, 의식하는 자아는 자아가 보는 모든 것이 인지 필터임을 인정함으로써만 그 자아의 필터 밖으로 나올 수 있음을 경험하겠습니다. 내가 마음속에서 상승 마스터에 대해 어떤 멘탈 이미지를 만들든, 그것은 단지 멘탈 이미지임을 인정합니다.

오 나다여, 봉사는,
실재 안에서 살기 위한 열쇠입니다.
이제 내가 생명의 하나됨을 깨달으니,
내 지고의 봉사가 시작되었습니다.

**나다의 신비로운 선율과 함께,
내 마음은 영원한 자유를 누립니다.
나다의 교향악을 지휘하며,
나는 영원한 평화를 선언합니다.**

9. 나다여, 나는 진정한 상승 마스터들과 함께하는 진정한 경험을 원하며, 내 멘탈 이미지에 대한 모든 집착을 놓아버립니다.

오 나다여, 우리는 이제 명합니다.
지상의 생명은 근심 없이 존재하라.
예수님과 함께 우리가 탐구를 완성하니,

이제 신의 나라가 구현됩니다.

나다의 신비로운 선율과 함께,
내 마음은 영원한 자유를 누립니다.
나다의 교향악을 지휘하며,
나는 영원한 평화를 선언합니다.

파트 3

1. 나다여, 내가 멘탈 이미지를 투사할 때, 본질적으로 이렇게 말하고 있는 것입니다. "나다여, 나는 있는 그대로의 당신과 연결되고 싶지 않습니다. 나는 단지 내 멘탈 이미지에 따라 당신과 연결되고 싶을 뿐입니다. 그러니 나다여, 당신이 나와 연결하고 싶다면, 내 멘탈 이미지에 맞춰서 나타나는 것이 좋겠습니다."

오 나다, 복된 우주의 은총이시여,
나의 내적인 공간을 충만하게 하시니.
당신의 노래는 신성한 향유와도 같고,
내 마음은 완전한 고요의 바다가 됩니다.

나다의 신비로운 선율과 함께,
내 마음은 영원한 자유를 누립니다.
나다의 교향악을 지휘하며,
나는 영원한 평화를 선언합니다.

2. 나다여, 당신이 그렇게 한다면 그것은 내 멘탈 이미지를 입증해 주는 셈이 되고, 그러면 내 에고는 "내 멘탈 이미지는 멘탈 이미지가 아니라, 실제로 진정한 나다의 모습이다."라고 생각할 것입니다."

나다여, 당신의 붓다 마음 안에서,

나는 진실로 내면의 평화를 발견합니다.
당신의 노래를 울려 퍼지게 하며,
나는 당신의 사랑과 동화됩니다.

**나다의 신비로운 선율과 함께,
내 마음은 영원한 자유를 누립니다.
나다의 교향악을 지휘하며,
나는 영원한 평화를 선언합니다.**

3. 나다여, 이것은 내 영적인 성장에 도움이 되지 않음을 압니다. 내 성장을 막고 있는 멘탈 이미지를 입증해 주는 것을 통해 당신이 어떻게 내가 성장하도록 도울 수 있겠습니까?

오 나다, 너무나 숭고한 아름다움이시여,
나는 모든 시간을 넘어 당신을 따릅니다.
우리는 소리 없는 소리 안에 잠기며,
우주를 재창조합니다.

**나다의 신비로운 선율과 함께,
내 마음은 영원한 자유를 누립니다.
나다의 교향악을 지휘하며,
나는 영원한 평화를 선언합니다.**

4. 나다여, 나는 당신에 대한 멘탈 이미지가 아닌 당신과 연결되기를 원합니다. 나는 기꺼이 멘탈 이미지를 놓아버리고, 상승 마스터 나다의 현존을 체험하겠습니다.

오 나다여, 우리는 예견합니다
그리스도 의식이 제한받지 않는 미래를.
우리는 붓다의 마음으로 인식하고,

더 나은 미래를 마음에 품습니다.

**나다의 신비로운 선율과 함께,
내 마음은 영원한 자유를 누립니다.
나다의 교향악을 지휘하며,
나는 영원한 평화를 선언합니다.**

5. 나다여, 당신이 나를 피해 숨으려고 하는 것이 아니라 내가 당신을 피해 숨어왔음을 깨닫겠습니다. 만일 내가 당신에게 멘탈 이미지를 투사함으로써 당신을 피해 숨으려 한다면, 당신은 그렇게 하도록 둘 수밖에 없습니다.

오 나다여, 우리는 미래를 다시 씁니다.
그곳에선 결코 무력이 의(義)가 아니고,
그리스도 마음이 왕이며,
우리는 모든 것 안에서 그리스도를 봅니다.

**나다의 신비로운 선율과 함께,
내 마음은 영원한 자유를 누립니다.
나다의 교향악을 지휘하며,
나는 영원한 평화를 선언합니다.**

6. 나다여, 나는 내 이미지에 부응해주는 멘탈층의 사칭자들과 연결되기를 원치 않습니다. 사칭 마스터들은 나에게서 에너지를 받기 위해 내가 투사하는 어떤 이미지에도 다 맞춰줄 것이기 때문입니다.

오 나다여, 이제 평화는 일상의 기준이 되고,
내 영은 모든 형상을 초월합니다.
나는 더 이상 형상에 순응하지 않으며,
미개발의 잠재력을 활용합니다.

**나다의 신비로운 선율과 함께,
내 마음은 영원한 자유를 누립니다.
나다의 교향악을 지휘하며,
나는 영원한 평화를 선언합니다.**

7. 나다여, 당신은 내 에너지를 필요로 하지 않음을 압니다. 당신은 나에게서 아무것도 얻을 필요가 없기 때문에 내 멘탈 이미지에 부응하지 않을 것입니다. 당신은 내가 그 멘탈 이미지를 당신에게서 승인받았다고 여기는 것을 원치 않습니다.

오 나다, 눈부시게 빛나는 기쁨이시여,
나는 진정으로 내 삶을 즐깁니다.
나에게 즐거움이 허락되니,
내 태양신경총은 태양처럼 빛납니다.

**나다의 신비로운 선율과 함께,
내 마음은 영원한 자유를 누립니다.
나다의 교향악을 지휘하며,
나는 영원한 평화를 선언합니다.**

8. 나다여, 내가 상승 마스터의 현존을 경험하지 못한다면, 그것은 내가 진정한 마스터를 나에게서 밀어내는 멘탈 이미지를 가지고 있기 때문임을 압니다.

오 나다여, 봉사는,
실재 안에서 살기 위한 열쇠입니다.
이제 내가 생명의 하나됨을 깨달으니,
내 지고의 봉사가 시작되었습니다.

나다의 신비로운 선율과 함께,

내 마음은 영원한 자유를 누립니다.
나다의 교향악을 지휘하며,
나는 영원한 평화를 선언합니다.

9. 나다여, 나는 진정으로 당신과 연결되기를 원합니다. 멘탈 이미지들이 이 연결을 막고 있기 때문에 나는 기꺼이 그 이미지들 너머를 보겠습니다.

오 나다여, 우리는 이제 명합니다.
지상의 생명은 근심 없이 존재하라.
예수님과 함께 우리가 탐구를 완성하니,
이제 신의 나라가 구현됩니다.

나다의 신비로운 선율과 함께,
내 마음은 영원한 자유를 누립니다.
나다의 교향악을 지휘하며,
나는 영원한 평화를 선언합니다.

파트 4

1. 나다여, 내가 상승 마스터에 대한 멘탈 이미지를 만들면, 이 이미지에 의해 특정한 경험을 하게 됨을 봅니다. 이 경험은 진정한 마스터들이 제기하는 도전을 막아버리므로 나는 마스터들을 피해 숨을 수 있게 됩니다.

오 나다, 복된 우주의 은총이시여,
나의 내적인 공간을 충만하게 하시니.
당신의 노래는 신성한 향유와도 같고,
내 마음은 완전한 고요의 바다가 됩니다.

**나다의 신비로운 선율과 함께,
내 마음은 영원한 자유를 누립니다.
나다의 교향악을 지휘하며,
나는 영원한 평화를 선언합니다.**

2. 나다여, 나는 멘탈 이미지로부터 자유로워지고 투사를 멈추는 과정을 통과하겠습니다. 그럼으로써 상승한 존재인 당신과 진정으로 연결될 수 있는 지점에 이르겠습니다.

나다여, 당신의 붓다 마음 안에서,
나는 진실로 내면의 평화를 발견합니다.
당신의 노래를 울려 퍼지게 하며,
나는 당신의 사랑과 동화됩니다.

**나다의 신비로운 선율과 함께,
내 마음은 영원한 자유를 누립니다.
나다의 교향악을 지휘하며,
나는 영원한 평화를 선언합니다.**

3. 나다여, 나는 가르침이나 지성적인 마음이나 이해나 파악을 통해서가 아니라, 당신의 현존과 직접 연결되는 것을 경험하겠습니다.

오 나다, 너무나 숭고한 아름다움이시여,
나는 모든 시간을 넘어 당신을 따릅니다.
우리는 소리 없는 소리 안에 잠기며,
우주를 재창조합니다.

**나다의 신비로운 선율과 함께,
내 마음은 영원한 자유를 누립니다.
나다의 교향악을 지휘하며,**

나는 영원한 평화를 선언합니다.

4. 나다여, 당신과 직접 연결되는 일은 영적인 여정에서 할 수 있는 가장 귀중한 체험임을 압니다. 그것은 물질세계를 초월한 영역에서 오는 직접적인 참조틀을 주기 때문입니다. 그러면 물질세계의 그 어느 것도 더 이상 나를 속이거나 반응으로 끌어들일 수 없게 됩니다. 이것이 바로 내가 원하는 것입니다.

오 나다여, 우리는 예견합니다
그리스도 의식이 제한받지 않는 미래를.
우리는 붓다의 마음으로 인식하고,
더 나은 미래를 마음에 품습니다.

나다의 신비로운 선율과 함께,
내 마음은 영원한 자유를 누립니다.
나다의 교향악을 지휘하며,
나는 영원한 평화를 선언합니다.

5. 나다여, 내가 마음속에서 지구의 삶이 어떠해야만 한다는 이미지를 만드는 것에서 고통이 생겨남을 봅니다. 나는 그 이미지를 투사하지만, 삶이 내 이미지에 부응하지 않는 것을 경험합니다. 이것이 바로 고통의 기반입니다.

오 나다여, 우리는 미래를 다시 씁니다.
그곳에선 결코 무력이 의(義)가 아니고,
그리스도 마음이 왕이며,
우리는 모든 것 안에서 그리스도를 봅니다.

나다의 신비로운 선율과 함께,
내 마음은 영원한 자유를 누립니다.

**나다의 교향악을 지휘하며,
나는 영원한 평화를 선언합니다.**

6. 나다여, 나는 기꺼이 그리스도 마음을 경험하겠습니다. 그리스도 마음을 사용하여 내 멘탈 이미지들과 분리된 자아들을 놓아버리고, 집착을 극복하겠습니다.

오 나다여, 이제 평화는 일상의 기준이 되고,
내 영은 모든 형상을 초월합니다.
나는 더 이상 형상에 순응하지 않으며,
미개발의 잠재력을 활용합니다.

**나다의 신비로운 선율과 함께,
내 마음은 영원한 자유를 누립니다.
나다의 교향악을 지휘하며,
나는 영원한 평화를 선언합니다.**

7. 나다여, 나는 그리스도 마음이 해주는 영원한 약속을 경험하겠습니다. 그것은 내가 그리스도 마음을 통해 물리적인 상황에 대한 다른 조망을 얻고, 집착과 멘탈 이미지들을 극복할 수 있다는 것입니다. 조건들이 달라져야 한다는 투사 없이 상황을 보게 될 때, 나는 고통 없이 이러한 상황을 마주할 수 있습니다.

오 나다, 눈부시게 빛나는 기쁨이시여,
나는 진정으로 내 삶을 즐깁니다.
나에게 즐거움이 허락되니,
내 태양신경총은 태양처럼 빛납니다.

**나다의 신비로운 선율과 함께,
내 마음은 영원한 자유를 누립니다.**

**나다의 교향악을 지휘하며,
나는 영원한 평화를 선언합니다.**

8. 나다여, 고통을 일으키는 것은 내 물리적인 조건들이 아니라 그 물리적인 조건들을 바라보는 내 방식임을 인정하겠습니다. 그리고 많은 경우, 물리적인 조건들은 내가 그것들을 바라보는 방식을 바꾸기 전까지는 변할 수 없습니다.

오 나다여, 봉사는,
실재 안에서 살기 위한 열쇠입니다.
이제 내가 생명의 하나됨을 깨달으니,
내 지고의 봉사가 시작되었습니다.

**나다의 신비로운 선율과 함께,
내 마음은 영원한 자유를 누립니다.
나다의 교향악을 지휘하며,
나는 영원한 평화를 선언합니다.**

9. 나다여, 내가 외면의 마음, 선형적이고 지적인 마음으로 분투할 필요가 없음을 경험하겠습니다. 나는 모든 것 위에 멘탈 이미지를 투사할 필요가 없습니다. 모든 것을 해석할 필요도 없습니다. 모든 것이 어떤 의미를 가질 필요는 없습니다. 지구에서 일어나는 많은 일들이 영적인 의미를 가지고 있지 않습니다.

오 나다여, 우리는 이제 명합니다.
지상의 생명은 근심 없이 존재하라.
예수님과 함께 우리가 탐구를 완성하니,
이제 신의 나라가 구현됩니다.

나다의 신비로운 선율과 함께,

내 마음은 영원한 자유를 누립니다.
나다의 교향악을 지휘하며,
나는 영원한 평화를 선언합니다.

파트 5

1. 나다여, 나는 항상 무슨 이유를 찾기를 원하는 분석적인 마음을 무력화시키겠습니다. 그냥 아무런 집착 없이, 생명의 강이 나를 싣고 그것을 지나치며 이동하도록 두겠습니다.

오 나다, 복된 우주의 은총이시여,
나의 내적인 공간을 충만하게 하시니.
당신의 노래는 신성한 향유와도 같고,
내 마음은 완전한 고요의 바다가 됩니다.

**나다의 신비로운 선율과 함께,
내 마음은 영원한 자유를 누립니다.
나다의 교향악을 지휘하며,
나는 영원한 평화를 선언합니다.**

2. 나다여, "나는 지구에서 결코 평화로울 수 없다."라고 말하는 분리된 자아를 만들어낸 내 결정을 보겠습니다. 그런 자아를 지니고 있는 한, 나는 지구에서 결코 평화롭게 존재할 수 없습니다.

나다여, 당신의 붓다 마음 안에서,
나는 진실로 내면의 평화를 발견합니다.
당신의 노래를 울려 퍼지게 하며,
나는 당신의 사랑과 동화됩니다.

나다의 신비로운 선율과 함께,

내 마음은 영원한 자유를 누립니다.
나다의 교향악을 지휘하며,
나는 영원한 평화를 선언합니다.

3. 나다여, 나는 진정으로 평화롭게 존재하기를 원합니다. 그리고 이 지구가 아무도 평화로울 수 없는 끔찍한 행성이라는 그 결정을 바꿉니다. 나는 붓다의 삶을 살펴보며 그가 평화로웠음을 인정하고, 나 또한 평화의 상태에 이를 수 있음을 인정합니다.

오 나다, 너무나 숭고한 아름다움이시여,
나는 모든 시간을 넘어 당신을 따릅니다.
우리는 소리 없는 소리 안에 잠기며,
우주를 재창조합니다.

나다의 신비로운 선율과 함께,
내 마음은 영원한 자유를 누립니다.
나다의 교향악을 지휘하며,
나는 영원한 평화를 선언합니다.

4. 나다여, 나는 진정으로 평화를 원하고, 진정으로 평화의 6광선에 연결되기를 원합니다. 나는 기꺼이 이 자아를 보고, 죽게 하겠습니다. 지구 같은 행성에서도 내가 진실로 평화로울 수 있음을 받아들입니다.

오 나다여, 우리는 예견합니다
그리스도 의식이 제한받지 않는 미래를.
우리는 붓다의 마음으로 인식하고,
더 나은 미래를 마음에 품습니다.

나다의 신비로운 선율과 함께,
내 마음은 영원한 자유를 누립니다.

**나다의 교향악을 지휘하며,
나는 영원한 평화를 선언합니다.**

5. 나다여, 당신이 특별한 음률을 가지고 있으며, 이것이 평화의 음률, 평화의 소리, 평화의 진동임을 경험하겠습니다. 이것은 물리적인 소리가 아닙니다. 나는 기꺼이 이 평화의 진동을 받아들입니다.

오 나다여, 우리는 미래를 다시 씁니다.
그곳에선 결코 무력이 의(義)가 아니고,
그리스도 마음이 왕이며,
우리는 모든 것 안에서 그리스도를 봅니다.

**나다의 신비로운 선율과 함께,
내 마음은 영원한 자유를 누립니다.
나다의 교향악을 지휘하며,
나는 영원한 평화를 선언합니다.**

6. 나다여, 나는 당신의 현존, 평화의 소리에 조율합니다. 그리고 이 소리가 내 감정체에서 시작하여 내 마음 안에서 진동하는 것을 경험합니다. 이 소리는 진동하면서 혼란스러운 감정에 규칙적인 패턴을 만들어냅니다. 요동치던 감정은 이 패턴의 규칙성에 따라 진동하면서 점점 규칙적인 패턴으로 되어갑니다. 그런 다음 그 패턴이 사라지고, 이제 내 감정체는 완전히 잔잔하고 고요한 바다와 같이 되었습니다.

오 나다여, 이제 평화는 일상의 기준이 되고,
내 영은 모든 형상을 초월합니다.
나는 더 이상 형상에 순응하지 않으며,
미개발의 잠재력을 활용합니다.

나다의 신비로운 선율과 함께,

내 마음은 영원한 자유를 누립니다.
나다의 교향악을 지휘하며,
나는 영원한 평화를 선언합니다.

7. 나다여, 나는 당신의 현존에 조율하면서 이제 멘탈체로 올라갑니다. 그리고 다시 평화의 소리가 내 사념에 영향을 미치기 시작합니다. 혼란스러운 사념들은 평화의 소리가 지닌 규칙적인 패턴을 따르게 됩니다. 모든 것이 규칙적인 패턴으로 바뀌자 파도가 수그러들고, 이제 내 멘탈 마음은 고요한 바다와 같이 되었습니다.

오 나다, 눈부시게 빛나는 기쁨이시여,
나는 진정으로 내 삶을 즐깁니다.
나에게 즐거움이 허락되니,
내 태양신경총은 태양처럼 빛납니다.

나다의 신비로운 선율과 함께,
내 마음은 영원한 자유를 누립니다.
나다의 교향악을 지휘하며,
나는 영원한 평화를 선언합니다.

8. 나다여, 나는 당신의 현존에 조율하면서 정체성 마음으로 올라갑니다. 혼란스러운 에너지들은 규칙적으로 진동하는 패턴으로 바뀌고, 그 규칙적인 진동이 잠잠해지며, 이제 정체성체는 고요한 바다와 같이 되었습니다.

오 나다여, 봉사는,
실재 안에서 살기 위한 열쇠입니다.
이제 내가 생명의 하나됨을 깨달으니,
내 지고의 봉사가 시작되었습니다.

나다의 신비로운 선율과 함께,
내 마음은 영원한 자유를 누립니다.
나다의 교향악을 지휘하며,
나는 영원한 평화를 선언합니다.

9. 나다여, 나는 당신의 현존에 조율하면서 정체성 수준에서 물리적 수준으로 내려갑니다. 내 육체는 동조하며 진동하기 시작합니다. 모든 세포가, 그리고 신체의 특정한 부위가 이 규칙적인 패턴에 맞춰 진동하기 시작합니다. 세포들은 평화의 음(音)이 지닌 규칙적인 진동에 완전히 동조하게 됩니다. 파도가 수그러들기 시작하며, 이제 내 육체도 고요한 바다와 같이 되었습니다.

오 나다여, 우리는 이제 명합니다.
지상의 생명은 근심 없이 존재하라.
예수님과 함께 우리가 탐구를 완성하니,
이제 신의 나라가 구현됩니다.

나다의 신비로운 선율과 함께,
내 마음은 영원한 자유를 누립니다.
나다의 교향악을 지휘하며,
나는 영원한 평화를 선언합니다.

봉인
신성한 어머니의 이름으로, 나는 대천사 미카엘과 아스트레아와 쉬바께 나의 영적인 스승들과 아이앰 현존과 나와의 연결을 봉인해 주시기를 요청합니다. I AM THAT I AM의 이름으로, 이것이 이루어졌습니다! 아멘.

13
그리스도 의식을 표현하는 방법을 결정할 자유

나는 상승 마스터 성 저메인입니다. 언제나 중립적인 마음 상태로 있는 상승 마스터에게 행복이라는 단어를 적용할 수 있다면, 나는 여러분과 함께할 수 있어 매우 행복하다고 말하겠습니다. 한국의 상황에 대해 몇 가지 말씀을 드리고 싶습니다. 물리적인 상황이 아니라, 많은 사람이 이 가르침들을 받아들이고 번역, 기원, 집중 기원(vigil), 또 그룹을 만들고 가르침을 공부하는 모든 일을 해왔기 때문에 생겨난 상황에 대해 얘기하고 싶습니다.

한국 상승 마스터 학생들의 놀라운 작업

여러분은 물질세계를 보고 이렇게 말할 수 있습니다. "우리가 애쓴 결과가 물질세계에 어떤 변화를 가져왔을까?" 하지만 나는 물질세계에 대해 그다지 걱정하지 않습니다. 왜냐하면 물질세계는 항상 세 상위 수준에서 일어나는 일을 반영할 것이기 때문입니다. 세 상위 수준에서 바뀐 것이 물질세계에 반영되는 것은 시간문제일 뿐입니다. 여러분이 여기 한국에서 한 모든 일을 통해, 여러분은 실제로 감정체, 멘탈체, 정체성체의 집단의식에 엄청난 변화를 만들었습니다.

특히 정체성 수준과 멘탈 수준에서 변화를 일으켰는데, 그 이유는 아주 많은 사람이 잠재우기 힘든 다양한 두려움, 다양한 의심, 다양한 적개심과 분노를 가지고 있어서, 감정체가 항상 격동하고 있기 때문입니다. 그러나 그럼에도 불구하고 진정한 변화는 항상 정체성 수준과 멘탈 수준에서 시작됩니다. 여러분이 한 일은 나에게서 나온 아이디어들이 집단의식뿐만 아니라 한국의 (북한도 한국이기 때문에 북한도 포함해서) 많은 사람, 이 아이디어들을 받아들인 많은 사람의 정체성체와 멘탈체로 내려가게 한 것입니다. 이 사람들은 상승 마스터들에 대해 아무것도 모르고 있으며, 상승 마스터들에 대해 알 필요도 없습니다. 그들은 이런 아이디어 중 일부를 구현할 위치에 있으므로, 앞으로 몇 년 안에 물질세계에서도 변화를 보게 될 것입니다.

앞서 얘기한 대로 남북 모든 사람의 복합적인 요인이 작용하는 연기론적(상호의존적 기원) 영향 때문에 그것이 언제, 정확히 어떻게 일어날 것인지 예측하는 것은 항상 불가능합니다. 어떤 의미에서는 임계점에 도달한 사람들이 어떤 생각에 동조하게 되면 그 아이디어가 물질층을 돌파할 수 있으며, 물론 그 시기는 자유의지의 문제라고 할 수 있습니다. 우리가 말할 수 있는 것은 한국의 상승 마스터 학생들은 자신의 역할을 다했다는 것입니다. 여러분은 자기 역할 이상을 해냈습니다. 여러분은 참으로 놀라운 일을 해냈습니다. 나는 여러분 모두가 지금까지 해온 일에서 성취감을 느끼고 앞으로 하고 싶은 일, 하려는 일에 기쁨, 성취감, 평화의 느낌으로 접근하기를 진심으로 바랍니다.

여정에 필요한 선형적인 접근

자유의 광선인 7광선에 조율하려면 무엇이 필요할까요? 분명히 자유가 필요하겠지만, 무엇으로부터의 자유일까요? 다른 초한들이 설명했듯이 선형적인 마음으로부터의 자유입니다. 자유와 관련해서 선형적인 마음이 투사하는 것은 무엇입니까? 그것은 현재 상황을 바라보며 이렇게 말합니다. "나는 이 독재자에게 억압받고 있기 때문에 자유로울 수 없다. 나는 충분한 돈이 없기 때문에 자유로울 수 없다. 나는 이것이 없고, 저것이 없어서 자유로울 수 없다." 그런 다음 선형적인 마음은 이렇게 말하며 선형적인 과정을 만들고, 선형적인 진행을 하려고 합니다. "나는 이것이 부족하거나 너무 많아서 자유가 없다. 그러니 이제 자유로워지기 위해 필요한 것을 갖출 수 있는 지점에 도달할 수 있도록, 단계별 과정을 계획해야 한다." 여러분은 그 방향으로 움직이기 시작하고, 그 방향으로 밀어붙이기 시작하고, 선형적인 마음으로 자신과 자신의 행동, 감정, 생각을 훈련하며, 계속해서 밀어붙입니다.

자, 다시 강조하지만, 대중의식 위로 자신을 끌어당김으로써 48단계에서 96단계로 이동하는 영적인 길에 대해 우리는 이야기했습니다. 따라서, 여러분은 선형적인 접근 방식을 취해야 합니다. "내가 뭘 해야 하지? 디크리를 얼마나 많이 해야 하지? 어떤 기원을 해야 하지? 무엇을 공부해야 하지? 뭘 해야 할까? 어떤 요법이 필요할까?" 여러분은 이 모든 것을 계획할 수 있습니다. 기본적으로 48단계부터 96단계까지 단계별 여정을 계획할 수 있습니다. 이것은 완벽하게 적절합니다. 나다께서 말했듯이, 그것은 선형적인 마음을 사용해 집단의식을 포함하는 물리적 옥타브의 실제 현실을 다루는 문제입니다. 많은 상승 마스터 학생들이 이번 가르침이든 이전 가르침이든 상승 마스터의 가르침을 발견했을 때 그랬던 것처럼, 과정을 계획하고 이렇게 말할 수 있습니다. "공부도 해야 하고, 이런 활동들에도 참여해야 하고, 매일 많은 기원들을 해야 합니다." 그리고 한동안, 어떤 사람들은 오랫동안 그것을 충실히 수행했습니다.

하지만 여기에 선형적인 마음의 문제가 있습니다. 많은 학생이 자신이 무엇을 할 것인가에 대한 계획을 세우고 나서, 이렇게 말합니다. "내가 자유로워질 때까지 이 일을 계속해야 해." 혹은 "나는 평생 이 일을 해야 해." 그리고 자유에 관한 한, 선형적인 마음에 문제가 있습니다. 선형적인 생각으로 과정을 계획할 때, 여러분은 무엇을 하고 있나요? 직설적으로 표현하자면, 스스로를 감옥에 넣고 있습니다. 여러분은 "내가 해야 할 일은 이것이고, 자유로워질 때까지 계속해야 할 일이다."라고 말합니다. 그러면서 "내가 해야 할 일은 이것이다."라는 구조에 자신을 가두고 있습니다. 그것은 여러분 스스로 마음의 감옥을 만들고 있는 것 아닌가요?

96단계에서 필요한 전환

대중의식에 압도당했을 때는 개인적인 선택을 할 능력이 거의 없기 때문에 일종의 감옥에 있다고 말할 수 있습니다. 이제 여러분은 영적인 가르침을 발견하고 나서는, (상승 마스터의 가르침이 아닌 다른 가르침을 발견한 많은 영적인 사람들이 한 것과 똑같이) 과정을 계획하고 이렇게 말합니다. "깨달음이든 각성이든 상승이든, 영적인 가르침에 정의된 목표를 달성하기 위해 내가 해야 할 일이 바로 이것이다." 그것이 무엇이든 우리가 말했듯이, 48단계에서 96단계 사이에서 영적인 도구와 가르침들을 사용해 대중의식 위로 자신을 끌어올리고, 그런 자아들을 제거하고, 자아통달 과정을 따르기 위해 과정을 계획하는 것은 옳습니다.

여러분이 해야 할 일은 대중 의식의 감옥을 벗어나 자신을 끌어올리는 것입니다. 그렇게 하려면 집중해야 합니다. 하지만 그 결과 여러분은 마음을 어떤 구조에 끼워서 맞추게 되고, 이 구조에 마음이 갇히게 됩니다. 이것은 여러분이 그 대중의식 위로 올라가고 있는 한, 문제가 되지는 않습니다. 하지만 나다께서 그토록 설득력 있게 설명한 점은, 선형적인 마음을 네 수준을 비롯한 이 물질세계의 실제 현실 너머에 투사할 때 문제가 된다는 것입니다. 상승 마스터 학생들을 포함한 많은 영적인 사람들이 한 일은, 그들이 영적인 길에 들어섰고,

따라야 할 이 과정을 투사하기 위해 가르침을 사용했으며, 이제 그 길을 시작할 때 가졌던 이해를 바탕으로 "이것이 내가 계속해야 할 일이고, 이것이 나를 더 높은 수준의 깨달음 또는 그리스도 의식으로 데려다 줄 것이다."라고 투사를 한다는 것입니다.

그러나 우리가 설명했듯이, 96번째 단계에서 여러분은 어떤 입문, 아주 중요한 입문에 직면하게 되며, 그것은 우리가 한 것처럼 여러 가지 방법으로 설명될 수 있습니다. 그 한 가지는 여러분을 96단계까지 데려간 것이 그 너머 수준으로 여러분을 데려갈 수 없음을 인식해야 한다는 것입니다. 여러분은 선형적인 마음을 사용하여 그리스도가 되는 것이 어떤 것인지, 개인적인 그리스도 의식 수준인 96단계 이상의 의식 수준으로 들어가는 것이 어떤 것인지를 투사했습니다.

우리가 그토록 여러 번 설명하려고 했던 것이 무엇이었을까요? 우리 가르침들을 살펴보세요. 2002년까지 거슬러 올라가서 그리스도 의식에 대해 말한 내용을 공부해 보세요. 그리스도는 어떤 구조에도 맞지 않습니다. 그리스도의 두 번째 도전이 무엇인가요? 그것은 그리스도를 인식한 후에, 선형적인 마음이 만든 구조 안으로 그리스도를 끌어들이려고 하지 않는 것입니다. 선형적인 마음으로는 그리스도 안으로 들어갈 수 없습니다. 선형적인 마음은 여러분을 그곳으로 데려갈 수 없습니다. 그 때문에 96단계 아래의 선형적인 마음에 근거한 여정과 여러분 자신에게 투사된 모든 이미지는, 여러분을 그리스도 의식의 단계로 데려갈 수 없습니다. 그것은 적용이 되지 않습니다. 그렇다고 해서 디크리를 하거나 가르침을 공부하는 것을 중단해야 한다고 말하는 것은 아닙니다. 그것은 훨씬 더 미묘한 의식의 전환입니다.

경청의 은혜로 들어가기

많은 사람에게 도움이 될 수 있는 것은 결심을 하고 이렇게 말하는 것입니다. "나는 디크리와 기원을 멈추지 않을 것이고, 가르침을 공부하는 것을 중단하지 않겠다. 시간을 내서 조용한 방에 앉아 눈을 감고 최선을 다해 중립적인 마음 상태로 들어가려고 노력하겠다." 예수께서 말했던 것처럼 말입니다. "너희가 어린아이처럼 되지 아니하면 하늘나라에 들어가지 못하리라." 이것은 불교도들이 말하는 '초심자 마음'의 상태입니다. 가끔은 경청의 은혜로 들어가 보세요.

만일 특정한 마스터에게 특별한 친밀감을 느낀다면, 그의 현존을 여러분에게 정박시켜 여러분이 단지 경청할 수 있도록 도와 달라고 그 마스터에게 요청하세요. 중립 상태로 있으세요. 여러분이 직면하고 있는 특정한 문제나 상황에 대한 답을 요구하지 말고, 안내나 해결책을 요구하지 마세요. 그것은 다른 시간에 할 수 있습니다. 오로지 중립 상태에서 마스터에게 경청할 수 있도록 도와 달라고 요청하세요. 왜냐하면 여러분이 96번째 단계로 나아갈 때, 그리고 그 단계에 가까워질 때, 자신이 가야 할 다음 방향이 무엇인지, 자신의 여정에서 다음 단계가 무엇인지 감지할 필요가 있기 때문입니다. 그리고 그것은 사람마다 다르므로, 표준적인 해답은 없습니다.

훌륭한 학생의 이미지에 부응하기 위해 노력하는 것

다시 말하지만, 선형적인 마음이 문젯거리인 이유는 이전 상승 마스터 시혜에서 사람들이 우리의 가르침을 받아들여 훌륭한 제자(chela)가 되는 것이 무슨 의미인지에 대해 특정한 멘탈 이미지를 만든 것을 우리가 보았기 때문입니다. 그리고 이것은 훌륭한 제자라는 멘탈 이미지가 만들어진 조직 문화를 만들었고, 그 이미지에 부응하기는 매우 어려웠습니다. 그것은 마치 우리가 타락한 존재에 대해 이야기했던 것처럼 완벽함의 이미지를 투사하지만, 실제로 그것이 무엇인지 정의할 수 없었으므로 그것에 부응하는 것은 불가능합니다. 훌륭한 제자의 이미지도 마찬가지였습니다. 외적인 요건을 정의할 수는 있었지만 명확하게 정의된 것이 아니었기 때문에 지키기가 매우 어려웠고, 외적인 요건이 정말 매우 정교했기 때문에, 엄청난 시간과 헌신이 필요했습니다. 사람들은 그 모든 디크리를 해야 했습니다. 특정한 방식으로 생활하고, 특정한 방식으로 먹고, 특정한 방식으로 걷고, 특정한 방식으로 말하고, 특정한 방식으로 생각하며, 특정한 방식으로 느껴야 하는데, 이 모든 것은 너무 소모적이고 너무 지키기 어려웠습니다.

그래서 그 이미지에 부응하려고 노력하는 사람들은 너무 많은 노력을 기울여야 했으며, 그로 인해 스트레스를 받게 되었습니다. 그들은 거의 한계점에 다다를 때까지 지속적인 스트레스와 긴장 상태에 놓이게 되었습니다. 마치 늘릴 수 있는 만큼 당겨져서 끊어지기 직전인 고무줄과 같았습니다. 이런 상태에 빠져 있는 사람들은 다른 사람을 매우 비판적으로 바라보게 됩니다. 그리고 항상 판단하고 있으므로 자신에 대해서도 비판적으로 됩니다. "나는 훌륭한 제자(chela)의 이미지에 걸맞게 살고 있는가? 아니면 어느 시점에서 실패하고 있는 것인가?" 또한 그들은 다른 사람들에 대해 매우 비판적으로 되었기 때문에, 항상 서로를 판단하는 매우 비판적인 의식 상태가 형성되었습니다.

장담하건대, 이런 상승 마스터 조직 중 한 곳과 접촉한 사람들이 이런 비판적인 문화를 감지하고 나면, "여기는 나한테 맞는 곳은 아니야."라고 말했을 것입니다. 이들 중 상당수는 조직 내부의 사람들보다 더 높은 수준의 의식을 가지고 있었지만, 조직 내부의 사람들은 믿지 않았을 것입니다. 왜냐하면 자신들이 훌륭한 제자의 이미지에 부응하려고 노력하고 있으므로 가장 높은 의식 상태에 있다고 생각했기 때문입니다. 따라서 그들은 사람들이 왔다가 떠나는 것을 보고, 이렇게 말하곤 했습니다. "그들은 제자(chela)가 될 만한 사람이 아니었어." 하지만 실제로는 그렇지 않았습니다. 그들은 실제로 더 높은 수준에 있었습니다. 그들은 비판적인 문화를 만드는 것을 초월한 더 높은 수준에 있었습니다.

96단계 이상의 매우 미묘한 이원론적 자아들

이것에 대한 내 요점은, 여러분이 이런 패턴을 반복하는 것을 보고 싶지 않다는 것입니다. 우리는 이번 시혜에서 학생들이 이런 패턴을 초월하여 자유로워지는 이 지점에 도달하기를 바랍니다. 자유롭다는 것은 무엇을 의미하나요? 48단계에서 96단계까지는 대중의식에서 자유롭고, 이원적인 자아에서 자유로워지는 것을 의미합니다. 나는 여러분이 이런 자아에 대한 더 깊은 이해의 필요성을 깨닫게 될 것이라고 믿습니다. 여러분이 48번째 의식 수준 아래로 내려갈 때 분리로 들어가게 되고, 이원적 의식을 사용하여 이러한 자아들을 만들게 되므로, 우리는 이 자아들을 이원적이라고 설명했습니다. 그런 다음 48번째 의식 수준 위로 올라가면 96단계를 향해 걷게 됩니다. 그러나 지구의 밀도 때문에, 아직 극복하지 못한 이원적 자아 중 일부는 여전히 함께 할 것입니다. 다시 말해, 48단계에 도달했다고 해서 이원성으로 만들어진 모든 자아를 극복한 것은 아닙니다.

이전 설명들이 너무 선형적이었던 것은 아닌가 생각할 수도 있겠습니다. 하지만 이런 방식으로 생각해 보면, 지구에는 가능한 의식 수준이 144단계 있습니다. 여러분은 가장 높은 수준, 즉 아이엠 현존이 있는 곳에서 시작해서 144번째 수준으로 내려가야 합니다. 144단계로 내려가기 위해 여러분은 특정한 환상을 취하게 됩니다. 이것은 이원적인 환상이 아닙니다. 그것은 지구와 같은 물리적인 밀도를 가진 행성의 물질 옥타브와 관련된 환상일 뿐입니다. 육화할 수 있다고 느끼려면, 육체와 통합할 수 있다고 느끼려면 무엇이 필요할까요? 여러분은 144단계에서 환상을 취하고, 그 다음 환상을 취해 143단계로 내려가며, 96단계까지 계속 진행합니다.

이것들은 기본적으로 그 단계에서 여러분이 정체성체, 멘탈체, 감정체와 통합하게 해주고, 물리적 옥타브에서 경험하게 해줄 수 있는 이런 체들 안에 자아들을 만들도록 도와줍니다. 그런 다음 96단계에서 여러분은 부분적으로 감정체와 통합되는 것과 관련된 더 많은 자아를 만들게 되며, 또한 육체와 통합되는 것과 관련된 자아들도 만듭니다. 여러분이 처음으로 48단계의 육화로 내려갈 때, 여러분의 존재, 여러분의 의식하는 자아가 육체와 통합됩니다. 여러분의 정체성 마음, 멘탈 마음, 감정적 마음, 심지어 여러분이 지구에서 기능하고 실제로 무언가를 할 수 있게 해주는 몸과 연결된 마음에도 구조가 있습니다.

이 자아들은 이원적 자아가 아닙니다. 그리고 48단계 아래로 내려가서 47단계로 내려가면, 또 다른 환상을 취하게 되고, 또 다른 자아를 만들어서, 가장 낮은 단계까지 계속 내려갈 수 있습니다. 내가 말하고 싶은 것은 144단계마다 그 의식 수준에 도달할 수 있게 해주는 특정한 자아가 있다는 것입니다. 그러나 사람들이 지구에서 창조한 자아의 유형은 144가지보다 훨씬 더 많습니다. 왜냐하면 특정 의식 수준에 도달하면, 사람들을 그 수준으로 내려가게 하는 특정한 환상이 있지만, 사람들을 그 수준에 있게 하는 특정한 자아도 있기 때문입니다. 여러분은 그 단계에서 수평적으로 자아를 만들 수 있습니다. 이것이 관련된 부분은 48단계 아래로 내려가 이원성으로 들어가면, 사람들이 역사를 통해 만들어낸 매우 많은 이원적 자아가 존재하고, 이들 중 일부는 현재 집단적인 감정체, 멘탈체, 정체성체 안에 있는 집단적 자아가 되었다는 사실입니다.

지구에는 144개보다 더 많은 자아가 존재하며, 여러분이 이런 자아 중 일부를 취하거나 자신만의 자아를 창조하는 것은 불가피합니다. 내가 말하고 싶은 것은, 48단계에 도달해서 영적인 여정을 시작한다고 해서, 모든 이원적 자아를 극복했다는 의미는 아니라는 것입니다. 여전히 그런 자아의 일부를 가지고 있으며, 96단계 이상에서는 더 미묘한 이원적 자아를 취할 수도 있습니다. 물론 이 자아들은 다른 사람에게 해를 끼치는 공격적인 자아가 아니고, 여전히 이원적 환상, 이원적 세계관과 관련된 자아들입니다.

나다께서 묘사한 힌두교 브라민들이 한 일은 무엇입니까? 그들 중 많은 사람이 이원성 의식을 영적인 영역에 투사하는 데 사용했습니다. 란토께서 무아[8]라는 개념이 어떻게 생겨났는지 매우 설득력 있게 설명했습니다. 브라만(Brahman)의 개념, 무[9]의 개념이 있지만, 그것들은 이원론적인 개념이며, 이런 종류의 자아들은 해결하기가 매우 어려울 수 있기 때문에, 사람들이 96단계 이상에서도 지니고 있을 수 있습니다. 실제로 96단계를 넘어선 영적인 스승들이 있지만, 환상을 해결하지 못했기 때문에 여전히 이러한 이원적 자아를 가지고 있습니다. 그들은 환상을 꿰뚫어 보지 못했습니다.

여정의 각 단계마다 있는 그리스도의 두 번째 도전

내가 얘기하고 싶은 것은, 96단계에 도달하면, 96단계에서 144단계까지 어떤 과정을 밟아야 할지 선형적인 마음으로 계획하는 지점을 넘어서게 된다는 것입니다. 어떤 관점에서는 그것이 48단계에서 96단계까지의 성장을 그대로 이어가는 것처럼 보일 수 있습니다. 결국, 96단계에서의 도전이 무엇인가요? 그것은 여러분을 97단계로 데려가 준다는 환상을 극복하는 것입니다. 그다음 단계에서는 98단계로 데려가 준다는 환상을 극복하는 것이 과제입니다. 이런 과정은 계속 이어집니다. 하지만 이 과정은 선형적인 마음으로 통과할 수 없습니다. 선형적인 마음으로는 환상을 꿰뚫어볼 수 없기 때문에, 심지어 48단계에서 96단계까지도 선형적인 마음으로는 올라가지 못한다고 말할 수 있습니다.

---

[8] 無我, No-self
[9] 無, nothingness

실제로 환상을 꿰뚫어보는 데 도움이 되는 것은 그리스도 마음뿐입니다. 그러나 특히 96단계 이상에서는 한 걸음 물러서서 선형적인 마음의 한계를 의식적으로 받아들이고, 144단계까지 자신이 여전히 각 수준마다 그리스도의 두 번째 도전에 직면하고 있다는 사실을 의식적으로 인정해야 합니다. 여러분은 그리스도 의식을 사용해서 자신의 단계를 초월할 것인가요? 아니면 그리스도 의식을 끌어와서 그 단계에서 자신이 가진 환상, 그 세계관에 끼워 맞추려고 할 것인가요? 96단계 이상에서는 이 문제를 계속 자각해야 합니다. 왜냐하면 이론적으로 여러분은 143단계에서 멈추고 더 이상 위로 올라가지 않을 수도 있습니다. 그 단계에서 자신이 가진 세계관이 그리스도의 승인을 받았다고 생각하기 때문입니다. 그러나 우리가 여러 번 말했듯이, 지구에는 궁극적인 진리나 궁극적인 세계관이 없습니다. 따라서 더 올라가고 상승하기 위해서는 반드시 그것을 초월해야 합니다.

매 단계마다 갇힐 수 있는 위험이 있습니다

다시 말하지만, 이전 시혜의 학생들 중 일부는 이에 대해 격렬하게 반대할 것입니다. 그들은 이것이 완전히 잘못된 가르침이며, 이전 시혜의 모든 가르침에 어긋난다고 말할 것입니다. 그러나 실제로 그것은 말해진 내용에 맞지 않는다고 하기보다는 그것을 넘어서고 있다고 해야 합니다. 사랑하는 여러분, 점진적인 계시가 정확하게 이전에 주어진 것들을 넘어서지 않는다면 어떻게 그것이 점진적일 수 있나요? 이 개념은 96단계 이상의 매우 미묘한 입문을 안내하는 열쇠입니다. 그러니 이것이 마음에 뿌리내리게 하세요.

물질의 밀도와 집단의식으로 인해 지구와 같은 행성에는 항상 어떤 딜레마, 어떤 이분법이 존재합니다. 어떤 의미에서, 더 높은 단계의 여정으로 올라갈수록 더 높은 수준의 의식에 도달하는 것이 분명합니다. 하지만 -"하지만"을 강조해야겠군요- 입문이 더 쉬워진다는 의미는 아닙니다. 많은 사람은 (상승 마스터 학생들뿐만 아니라 일반적인 영적인 사람들은) 더 높은 수준의 의식에 도달했을 때, 자신이 추구해온 여정을 돌아보고 자신이 얼마나 멀리 왔는지를 보면서 이렇게 말하는 경향이 있습니다. "30~40년 전 시작했을 때보다, 아니 몇 년이었든 상관없이, 나는 엄청난 진전을 이루었어." 또한 사람들은 다른 사람들을 바라보며 이렇게 말하는 경향이 있습니다. "나는 분명 이 사람들보다 의식 수준이 높고, 영적인 길에 대해 훨씬 더 많이 알고 있어. 나는 많은 환상과 집착을 극복했어."

이것이 틀렸다고 말하는 것이 아닙니다. 지구의 평균적인 사람들에 비해 높은 수준의 의식에 도달한 사람들이 많이 있습니다. 역사를 통틀어 특정한 단계에 도달해서 스스로 구루 또는 영적인 스승으로 자처한 사람들이 많이 있습니다. 지금은 일반인보다 더 높은, 96단계보다 더 높은 단계에 도달한, 진정으로 높은 수준의 의식에 도달한 사람들이 많이 있습니다. 그들은 스스로를 영적인 스승으로 내세웠습니다. 그리고 그들은 자신의 의식 수준에서 내려다보면서, "나는 더 높은 수준에 있다."라는 것을 분명히 압니다. 그러나 언제나 그들이 깨닫지 못하는 것은, 그들이 다른 사람들이 겪고 있는 입문 과정을 내려다볼 때 사람들이 붙잡고 있는 환상을 쉽게 볼 수 있으므로, 자신이 모든 환상을 꿰뚫어 볼 수 있는 능력을 얻었다고 생각한다는 점입니다.

다음 단계의 환상을 보기는 언제나 어렵습니다

여러분은 자신이 깨달음을 얻었거나 각성했거나 자아로부터 자유로운 상태 또는 무아의 상태에 도달했다고 생각할 수도 있습니다. 그러나 많은 사람이 깨닫지 못하는 것은 자신이 지구에서 도달할 수 있는 의식의 최고 수준에 도달하지 못했다는 사실입니다. 만일 도달했다면 여러분은 이미 상승했을 것입니다. 그리고 아직 통과하지 못한 입문 단계나 아직 꿰뚫어보지 못한 환상을 볼 때, 그 모든 성취에도 불구하고 다음 환상을 보기가 더 쉬워지지는 않습니다.

어느 단계에 있든 다음 환상을 보기는 항상 어렵습니다. 143단계에서 보지 못한 환상은 48단계에서의 환상만큼이나 보기 어렵습니다. 왜 그럴까요? 그 이유는 그것이 여러분을 그 단계로 내려오게 한 환상이기 때문입니다. 그러므로 다른 낮은 단계에서와 마찬가지로 143단계에서도 그것을 보기가 어렵습니다. 여러분은 추진력을 얻었고, 의식을 확장했으며, 이 모든 낮은 환상들을 꿰뚫어 보았습니다. 그러나 현재의 의식 수준으로 현재의 환상을 보기가 여전히 어렵습니다. 무슨 뜻일까요? 그것은 어떤 의식 수준에 있든 그리스도 마음이 필요하다는 뜻입니다. 현재의 마음 상태로는 혼자서 환상을 꿰뚫어 볼 수 없습니다. 그 환상을 통해서는 추론을 할 수 없습니다. 의식하는 자아가, 현재 수준에서 자신 안에서 바라보고 있을 때는 환상을 꿰뚫어보기 위해 분석하거나 합리화하거나 논리나 영적인 가르침을 사용할 수 없습니다. 항상 자신 밖으로 나와 그리스도의 관점을 경험해야만 환상을 꿰뚫어 볼 수 있습니다.

상승할 때까지는 목표를 이룬다는 보장이 없습니다

만일 자신이 궁극적인 수준에 도달했다고 생각한다면, 환상을 꿰뚫어볼 수 없습니다. 지금 꿰뚫어보고 있는 자아가 깨달은 자아라고 생각한다면, 그 자아를 벗어날 수 없습니다. 그렇기 때문에 모든 수준에서 갇힐 수 있고, 시대를 막론하고 많은 사람이 그렇게 되었습니다. 스스로를 구루로 내세우고, 구루로서 존경받으며 '이 구루는 확실히 깨달은 사람'으로 추앙받는 사람들이 많이 있습니다. 그리고 그 구루는 보통 사람보다 훨씬 높은 수준, 예를 들어 140단계의 높은 의식 수준에 도달했을 수도 있으므로, 사람들이 이렇게 말하는 것은 이해할 수 있습니다. "오, 그는 분명히 깨달았어, 그는 분명히 훨씬 더 많은 것을 이해해." 그가 사람들을 도울 수도 있지만, 그가 140단계에서 멈추고 자신이 보지 못한 것, 자신이 보지 못한 환상이 있음을 인정하지 않는다면, 정말 깨달은 것일까요? 구루가 의식적으로 이것을 깨닫지 못한 채 추종자들에게 이것이 여러분이 가야 할 가장 높은 수준이라고 전달할 위험이 있지 않을까요? 그러면 여러분은 목표를 반드시 이루게 되지는 않을 것입니다. 140단계에서 성공하지 못할 것입니다. 거기서 올라갈 수도 없고, 143단계에서도 마찬가지입니다.

만일 구루가 특정한 수준에서 멈추면 어떻게 될까요? 그는 거짓 구루가 됩니다. 자, 그가 말하는 모든 것에는 여전히 진실이 있을 수 있습니다. 그리고 여전히 위로 이어지는 진정한 길을 얘기할 수도 있습니다. 하지만 그 단계 이상은 아무것도 없다고 말한다면 그는 거짓 구루입니다. 또는 그 길의 목표가 항상 자기를 초월하는 자아가 아니라 무아 상태에 도달하는 것이라고 설교한다면 그는 거짓 구루입니다.

그리스도 마음은 선형(線型)이 아니라 구형(球形)입니다

이 몇 가지는 지금 진행 중인 가르침의 일부로 언급하고 싶었던 것들입니다. 하지만 이 행사의 주제, 즉 영적인 스승과 조율하고 연결한다는 측면에서 볼 때, 어떻게 하면 7광선과 가장 잘 연결될 수 있을까요? 어떤 의미에서 내가 준 가르침이 연결을 이루는 데 도움이 될 수 있습니다. 진정으로 연결되려면 선형적인 마음이 만든 '여정이 어떻게 진행되어야 한다.'라는 이미지에서 벗어나야 함을 깨닫는 데 이 가르침이 도움이 될 것이기 때문입니다.

내가 말했듯이, 선형적인 여정을 따라야 하는 단계가 있습니다. 하지만 96단계를 넘어서거나 96단계가 되면 여정이 좀 더 구형화 된다는 것을 깨달아야 합니다. 이 선형적인 과정을 따르는 대신 실제로 96단계를 넘어선다면, 여러분은 도약할 수 있습니다. 97단계에서 이동하다가 갑자기 108단계의 환상을 꿰뚫어 볼 수 있습니다. 그런 다음

120단계로 도약하고, 다시 98번째 단계로 점프해서 되돌아오고, 그다음에는 104단계로 도약합니다. 달리 말해, 이 환상들은 선형적으로 오지 않습니다. 97단계를 보고, 그런 다음 98단계를 보고, 그런 다음 99단계를 꿰뚫어볼 필요는 없습니다. 한 단계에서 더 많이 점프해서 다른 단계로 갈 수 있습니다.

물론 "아, 120단계의 환상을 꿰뚫어 봤으니 나는 97단계의 환상을 넘어섰구나."라고 생각할 수 있으므로, 이것은 또 다른 미묘한 부분입니다. 하지만 97단계를 건너뛰었다면 아직 상승할 준비가 되지 않은 것입니다. 그럼에도 불구하고 의식적인 마음으로 해야 할 일은, 선형적인 마음이 데려다 줄 수 있는 한 멀리까지 여러분을 데려왔고, 이제는 직관적인 구형의 마음, 즉 그리스도 마음에 더 집중해야 한다는 것을 의식적으로 깨닫는 것입니다. 그리스도 마음은 선형적이지 않습니다. 가장 낮은 수준에서도 그 수준의 환상을 꿰뚫어 볼 수 있도록 각 수준마다 그리스도 의식의 측면이 있다고 우리가 말했기 때문에, 이것이 이해하기에 미묘할 수 있다는 것을 알고 있습니다. 그리스도 마음은 선형적이지 않습니다. 왜 그럴까요? 왜냐하면 그리스도 마음은 하나의 마음이고 분리되지 않은 마음이기 때문입니다. 만일 그리스도 마음이 분리되지 않는 것이라면, 여러분이 어떻게 선형적인 진행 과정을 만들 수 있을까요? 오직 여러 단계, 여러 수준으로 나뉘어 있을 때만 선형성을 만들 수 있습니다.

어떤 것으로부터의 자유와 어떤 것을 향한 자유

선형적인 마음은 그것이 완전히 선형적인 과정이라고 투사할 것입니다. 그러므로 144 의식 단계에 대한 이러한 관점을 제공하는 데 어떤 위험이 있습니다. 우리가 그리스도 의식과, 현재의 환상 밖으로 나올 수 있는 의식하는 자아에 대한 많은 가르침을 준 이유가 바로 그것 때문입니다. 여러분이 기꺼이 그렇게 할 때, 여러분이 이 과정에

확고하게 연결된다면, 그때 여러분은 선형적인 마음을 넘어설 것입니다. 또한 여러분은 48단계에서 96단계 사이에서 "~로부터의 자유"를 얻기 위해 노력하고 있다고 말할 수 있습니다. 궁극적으로 대중의식으로부터의 자유뿐만 아니라 환상으로부터의 자유도 얻을 수 있습니다. 그러나 96번째 단계에서 전환해야 할 것은 '~로부터의 자유'를 추구하는 대신 '~를 향한 자유'를 추구하는 것입니다.

'~로부터의 자유'는 무엇인가요? 무엇으로부터의 자유는 이해하기 쉽습니다. 벗어나고 싶은 한계가 있습니다. 여러분은, "그래요, 나는 감옥에 있지만, 이제 열쇠를 가지고 있고, 문밖으로 나가면 감옥에서 자유로워집니다."라고 말할 수 있습니다. 하지만 오랫동안 감옥에 갇혀 있다가 풀려난 많은 사람이 "이제 어떻게 해야 하나요?"라고 하면서 거기 서 있는 것을 볼 수 있습니다. 그들은 감옥으로부터 자유로워졌지만, 이제 삶에서 무엇을 해야 할지 모릅니다. 이것이 96단계를 넘어설 때 마주하는 어려운 입문 중 하나입니다. 여러분은 집단의식으로부터 자유롭습니다. 여러분은 마음속에 있는 많은 환상, 즉 "이제 나는 무엇을 해야 하지? 내 현재 의식 수준으로 무엇을 해야 하지?"라는 환상으로부터 자유로워집니다.

"내 아버지께서 지금까지 일하시니 나도 일한다"

여러분은 여기에서 한 걸음 더 나아가서, 그리스도가 된다는 것은, 선형적인 마음으로 그것을 바라본 방식에 근거해 생각했던 것과 다르다는 사실을 깨달아야 합니다. 많은 사람이 선형적인 마음으로 그리스도 의식에 도달하면 자신의 아이앰 현존 또는 상승 마스터들이 해야 할 일을 알려준다는 이미지를 만들어 냈기 때문입니다. 기본적으로, 사람들은 자신의 자유의지를 포기하고, 심지어 일부는 "나 스스로는 아무것도 할 수 없고, 일을 하시는 이는 내 안에 계신 아버지이시다."라는 예수의 가르침을 살펴보고, 자신이 꼭두각시 인형이 된다고 생각합니다. 따라서 그들은 "내가 그 단계에 도달하면 "다 해냈어, 이제 아이앰 현존이 다 넘겨받았으니 나는 생각할 필요도 없고, 결정을 내릴 필요도 없고, 그냥 현존이 하게 놔두면 돼."라고 생각합니다. 하지만 예수께서 "내 아버지께서 지금까지 일하시니 나도 일한다."라고 했는데, 그리스도가 된다는 것은 그런 뜻이 아닐까요?

그리스도로서 여러분은 선형적인 마음으로는 인식할 수 없는 것을 인식합니다. 선형적 사고에서는 "나는 분리된 존재이고, 특정한 힘이 있고, 특정한 능력이 있으며, 무언가를 할 수 있다."라고 생각합니다. 그리고 여러분은 할 수 있습니다. 이원성 의식 안에서도 여러분은 무언가를 할 수 있습니다. 모든 것에는 대가가 있고, 모든 것은 카르마를 만들지만, 하지만 여러분은 무언가를 할 수 있습니다. 이원성에 들어가야만 진정한 자유의지를 얻을 수 있다고 생각하는 사람들도 있습니다. 그때야 소위 말도 안되는 카르마나 결과의 제한을 받는다는 느낌 없이, 다른 사람들을 고려할 필요 없이, 다른 쪽 뺨도 내주는 것 등등이 없어도, 원하는 무엇이든 다 할 수 있기 때문입니다.

그리스도 의식에 도달하면 이제 신이나 상승 마스터들이나 아이앰 현존이 무엇을 해야 할지 알려줄 것으로 생각하는 사람들이 있습니다. 그러나 우리가 뭐라고 말했습니까? 여러분은 공동창조자로 창조되었고, 공동창조자로서의 여러분은 자신을 개별적인 능력을 가진 분리된 존재로 생각하지 않습니다. 여러분이 하는 모든 일은 여러분의 아이앰 현존에게서 오는 에너지로 행해지기 때문에, 여러분은 아버지인 아이앰 현존이 여러분에게 에너지를 주면서 일한다는 것을 깨닫습니다. 또한 아이앰 현존은 지구에서 경험하고 싶은 것에 대한 욕망을 가지고 있습니다. 그래서 여러분에게 지시를 할 수도 있습니다.

그러나 이러한 조건에서 결정을 내리는 것은 여전히 의식하는 자아에게 달려 있습니다. 여러분은 지구에서 무엇을 하고 싶은가요? 여러분의 그리스도 의식을 어떻게 표현하고 싶은가요? 지구에서 어떤 경험을 하고 싶은가요? 이것은 많은 사람에게 까다로운(tricky) 도전이 될 수 있으며, 특히 엄격한 규율에 따르는 여정을 걷는 데 매우 헌신해온 사람들에게는 더욱 그렇습니다. "이제 나는 무엇을 해야 하는 걸까?"

여정에 대한 이미지 너머를 보기

그들 중 많은 사람이 그것에 대해 생각하기를 거부하고 이런 상태로 들어갔습니다. "나는 남은 생애 동안 계속 하루에 3시간씩 보랏빛 화염을 기원할 거야. 그러면 상승을 보장받을 수 있어." 그런 다음 이전 시혜의 일부 학생들이 그랬던 것처럼 몸을 떠났고, 그들 모두가 이제 "나는 상승할 준비가 되었다."라고 생각하며 행복해했습니다. 그러면 상승 마스터들이 다가와 "여러분은 아직 상승할 준비가 되지 않았어요. 다시 돌아가서 아직 통과하지 못한 입문들을 통과해야 합니다."라고 말해야 합니다. 어떤 사람들은 화를 내며, "상승 마스터들이 거짓말을 했어."라고 생각합니다. 이런 일이 일어났습니다.

자유의 광선인 7광선에 연결하기 위해 여기서 여러분이 해야 할 일은 지금까지 보지 못했던 것을 기꺼이 볼 수 있는 마음 상태로 들어가는 것입니다. 그것을 보기 위해서는, "그리스도 의식을 표현한다는 것이 실제로 무엇을 의미할까?"라고 물으며, 지금까지 가지고 있던 세계관, 즉 여정에 대한 이미지 너머를 기꺼이 볼 수 있어야 합니다. 기꺼이 결정을 내려야 하지만, 여정의 낮은 수준에서 바라보던 방식에서 벗어나야만 자유로운 결정을 내릴 수 있습니다. 그러므로 그 시간을 가져야 합니다.

성 저메인이 주는 도구

앞에서 얘기했듯이 조용한 방에 들어가 앉아서 얼마간의 시간을 가져 보세요. 그리고 스스로에게 물어보십시오, "내가 원하는 것을 할 수 있다면 무엇을 하고 싶은가?" 아마 많은 분이 평생을 살아오면서 자신이 무엇을 해야 할지 어느 정도는 알고 있었다는 사실을 발견하게 될 것입니다. 그리고 많은 분께 상승 마스터들의 가르침을 발견한다는 것은 자신이 해야 할 일에 대한 새로운 버전을 적용한다는 의미입니다. "나는 상승 마스터들의 학생이다. 나는 하루에 여러 번 디크리와 기원을 해야 한다. 나는 가르침을 공부해야 한다. 이것도 해야 하고 저것도 해야 한다." 이 말이 디크리와 기원을 멈춰야 한다는 뜻은 아니지만, 여러분은 스스로에게 물어봐야 합니다. "만약 '해야 한다'라는 것이 없다면, 내가 해야 할 일에 대한 제약이 없다면, 그러면 나는 무엇을 하고 싶은가?" 이것은 많은 사람에게 영적으로 보이지 않을 수 있는 특정한 활동을 해야 하는 시기를 여러분이 겪을 수 있음을 의미합니다. 왜냐하면 이것들은 여러분이 지구에서 하고 싶은 경험이고, 그 욕망을 극복하고, "이제 그런 경험은 충분히 했어."라고 말할 때까지 그런 경험을 해야 하기 때문입니다.

주기(cycle)를 완료하는 경험들

더 높은 수준의 의식에 도달하기 위해 매우 선형적인 길을 따라가면서, 영적인 사람이 되는 것이 무엇을 의미하는지에 대한 이미지를 가지고 있다가, 뭔가 와해되는 지점에 도달한 사람들이 있습니다. 그들은 그 이미지를 유지할 수 없었습니다. 그들은 자신의 기반을 잃은 것처럼 느끼고, 영적이지 않기 때문에 다시는 하지 않을 것으로 생각했던 활동에 뛰어들게 됩니다. 그리고 이것은 많은 사람에게 영적이지 않은 일을 하는 것에 대해 자책하는 트라우마적 변화, 트라우마적 전환이 되었고, 많은 사람이 수년 동안 이 문제로 고군분투해왔습니다.

어떤 사람들은 이 두 가지 균형을 맞추지 못해 영적인 길을 완전히 떠나기도 했습니다. 우리는 이전 시혜의 학생들이 30년 이상 매우 헌

신적으로 일하다가, 특정한 시혜가 끝나고 그 조직을 통해 더 이상 점진적인 계시가 없어지자, 우울증과 혼란에 빠지고 무엇을 해야 할지 몰라서 영적인 길을 완전히 떠나버리는 것을 보았습니다. 그러나 여러분은 이런 태도를 바꾸고, 지구에서 특정한 경험을 겪는 것은 그 경험과 그 경험을 하고 싶은 욕망을 완료하기 위해서이며 그런 후에 자유롭게 이동하는 것이 그리스도 의식의 일부임을 깨달을 수 있습니다.

성서에는 마지막 3년에만 초점이 맞춰져 있는 탓에 실제로 기록이 되어 있지 않지만, 예수께서는 12세부터 30세까지 충분한 경험을 하기 위해 반드시 거쳐야 하는 단계를 거쳤습니다. 그중 일부는 "나의 생애" 책에 기술되어 있지만, 성서에 나와 있듯이, 행하고 말한 모든 것을 기록해야 한다면 세상 자체가 기록해야 할 책을 다 담을 수 없으므로, 예수의 모든 행적과 말들이 다 기록되어 있지는 않습니다.

그러나 여러분은 96단계 너머의 그리스도 의식의 여정은 선형적인 것이 아님을 깨닫게 됩니다. 96단계 아래서는 종종 그렇지만 말입니다. 만일 이런 식으로 여정에 대한 관점을 바꿀 수 있다면, 여러분은 영적인 것으로 간주되지 않는 특정한 경험을 하는 것이 필요할 수도 있고, 그럼에도 불구하고 그것이 여정의 일부임을 깨달을 수 있습니다. 에고가 이 점을 이용해 무엇이든 정당화할 수 있기 때문에, 이 점이 항상 미묘하다는 것을 알고 있습니다. 하지만 나는 에고를 정당화하는 것에 대해 말하는 것이 아니라, 그 단계에서 에고의 정당화와, 단순히 경험을 완료하고 주기를 완료하기 위해 이 경험을 해야 할 필요성의 차이를 구분할 수 있다고 말하고 있습니다.

환상은 표현해야만 볼 수 있습니다

다시 말하지만, 나는 여러분에게 하나의 주어진 상황에서 처리할 수 있는 것보다 더 많은 것을 제공했는데, 우리는 한 사람만을 위해 가르침을 주는 것이 아닙니다. 그러니 여러분 각자가 이번 가르침에서 자신이 공감하고 자유의 7광선에 연결하는 능력을 향상시키는 데 사용할 수 있는 무언가를 찾았기를 바랍니다. 전에 말했듯이, 그리스도화 된 존재가 지구에서 어떻게 행동해야 하는지에 대한 기준은 없으며, 의식의 수준이 점점 더 높아짐에 따라 자신의 그리스도 의식을 표현하는 방법을 점점 더 자유롭게 결정할 수 있습니다. 그렇다고 해서 여러분이 다른 사람을 학대하거나 조종하기 시작한다는 의미는 아니며, 그것은 분명 그리스도 의식이 아닙니다. 하지만 여러분은 자신을 표현하고자 하는 방식에서 점점 더 많은 자유를 가지게 됩니다.

여러분은 꼭두각시가 되는 것이 아니라 자유로워지고, 존재하는 것에 자유로워집니다. 그리고 항상 분석하고, "아, 이 사람은 더 높은 수준의 의식에 도달했다고 주장하지만, 하지만 그가 한 일을 봐, 그건 영적인 것이 아니야."라고 말하려고 하는 선형적인 마음에서 자유로워집니다. 사람들이 여러분에게 그렇게 한다 해도, 이런 의식 전체가 사라집니다. 여러분은 계속해서 자신을 표현하고, 그것이 자신의 의식에 어떤 영향을 미치는지를 경험하고, 의식을 다음 단계로 끌어올릴 수 있는 자유를 얻게 됩니다. 기본적으로 더 높은 수준에 도달하면, 여러분 자신을 표현할 때, 예를 들어 120단계에서 자신을 표현할 때, 아직 남아 있는 환상과 아직 남아 있는 인식 필터를 통해 자신을 표현하고 있음을 깨닫게 되기 때문입니다. 그리고 그것을 표현할 때만, 그 인식 필터를 볼 수 있고 다음 환상을 볼 수 있는 기회가 옵니다. 이론적으로는 환상을 볼 수 없으며, 환상을 표현하고 그 표현이 자신의 의식 상태에 어떤 영향을 미치는지를 경험해야만 환상을 볼 수 있다는 것을 여러분은 깨닫게 됩니다. 그것이 더 높은 단계로 성장하는 방법입니다. 어떤 의미에서 그것은 더 낮은 수준에서 성장하는 방법이기도 하지만, 단지 여러분이 그것을 인식하지 못할 뿐입니다.

이것으로 내가 주고 싶었던 것을 주었지만, 정말로 주고 싶었던 것은 말로 된 가르침이 아닙니다. 나는 내 현존, 내 자유의 현존을 여러분에게 주고 싶었고, 말을 넘어 나, 성 저메인은 여러분 모두를 사랑하고, 여러분 한 사람, 한 사람을 다 사랑한다는 것을 여러분이 느낄 수 있기를 바랍니다.

여러분은 밀도가 매우 높은 이 행성에 기꺼이 육화했고, 기꺼이 의식을 높이고, 이로써 수많은 방식으로 이 어두운 행성에 황금시대를 가져오는 이 놀라운 운동의 일부가 되었습니다. 이것에 대해 나의 가장 깊은 사랑과 가장 깊은 감사를 전합니다. 어떤 의미에서 이렇게 말하는 사람들이 있습니다. "오, 이 마스터, 성 저메인은 지구에 황금시대를 가져올 수 있다고 생각하는 절망적인 낙관주의자다." 하지만 사랑하는 이들이여, 여러분은 내가 낙관주의자가 아니라, 현실주의자라는 것을 증명해주고 있습니다.

이것으로, 내 감사와 사랑을 전합니다.

13-1
그리스도 의식의 표현을 기원합니다

I AM THAT I AM, 예수 그리스도의 이름으로 나는 성 저메인을 부르며, 96단계 의식 수준 너머에서 진전을 방해하고 있는 미묘한 태도들을 모두 볼 수 있도록 도와달라고 요청합니다…
(여기에 개인적인 요청을 추가하세요)

파트 1

1. 성 저메인이여, 자유의 7광선에 조율하려면, 내가 이런저런 상황에 억눌려 있으므로 자유로울 수 없다고 투사하는 선형적 마음에서 벗어나야 함을 나는 압니다.

오 성 저메인이여, 당신은 영감을 부어주시며,
내 비전을 영원히 더 높이 들어올립니다.
나는 당신과 함께 무한 8자 형상의 흐름을 만들며,
당신의 황금시대를 공동창조합니다.

오 성 저메인이여, 당신이 가져오는 사랑은,
진실로 모든 물질을 노래하게 하고,
당신의 보라색 불꽃은 모든 것을 회복시키며,
당신과 함께 우리는 스스로를 초월합니다.

2. 성 저메인이여, 선형적인 마음은 나를 어떤 지점으로 이끄는 선형적인 진행 과정을 만들려 하며, 이제 나는 그것에서 자유로워지는 데 필요한 것을 얻었습니다.

오 성 저메인이여, 당신의 이름을 부를 때,
자유의 불꽃이 방출됩니다.
당신이 가속을 더해주시니,
이로써 우리 행성은 더 높이 올라갑니다.

오 성 저메인이여, 당신이 가져오는 사랑은,
진실로 모든 물질을 노래하게 하고,
당신의 보라색 불꽃은 모든 것을 회복시키며,
당신과 함께 우리는 스스로를 초월합니다.

3. 성 저메인이여, 나는 영적인 여정에서 선형적인 접근법을 취함으로써, 48단계에서 96단계로 나아가는 것을 압니다. 나는 48단계에서 96단계로 가는 여정을 단계별로 밟아 나가는 계획을 하고 있습니다.

오 성 저메인이여, 우리는 사랑 안에서,
당신의 보라색 불꽃을 가져올 권리를 선언합니다.
모든 것을 변형시키는 당신의 불꽃이,
하늘에서 지상의 우리에게 흘러옵니다.

오 성 저메인이여, 당신이 가져오는 사랑은,
진실로 모든 물질을 노래하게 하고,
당신의 보라색 불꽃은 모든 것을 회복시키며,
당신과 함께 우리는 스스로를 초월합니다.

4. 성 저메인이여, 나는 이 선형적인 접근 방식이 여정의 낮은 단계에만 효과가 있음을 압니다. 자유와 관련될 때 선형적인 마음의 문제점

은, 선형적 마음으로 과정을 계획한다면, 스스로를 마음의 감옥에 가두게 된다는 것입니다.

오 성 저메인이여, 당신을 너무나 사랑합니다.
내 오라가 보라색 광휘로 채워지고,
내 차크라들이 보라색 불꽃으로 타오르니,
나는 당신의 우주적 증폭기입니다.

오 성 저메인이여, 당신이 가져오는 사랑은,
진실로 모든 물질을 노래하게 하고,
당신의 보라색 불꽃은 모든 것을 회복시키며,
당신과 함께 우리는 스스로를 초월합니다.

5. 성 저메인이여, 나는 "이것이 내가 계속해야 할 일이고, 이 일을 계속하면 더 높은 수준의 깨달음과 그리스도 의식에 도달하게 될 것이다."라고 말하는 선형적인 마음을 놓아버립니다."

오 성 저메인이여, 나는 이제 자유로워졌습니다.
당신의 보라색 불꽃은 치유법이며,
내 마음속의 모든 장애를 변형시켜 주니,
나는 진정한 내면의 평화를 발견합니다.

오 성 저메인이여, 당신이 가져오는 사랑은,
진실로 모든 물질을 노래하게 하고,
당신의 보라색 불꽃은 모든 것을 회복시키며,
당신과 함께 우리는 스스로를 초월합니다.

6. 성 저메인이여, 96단계로 나를 데려온 것이 그 이상의 단계로 나를 데려가지는 못함을 인식하겠습니다. 나는 선형적인 마음을 사용해서, 그리스도가 되는 것이 어떤 것인지, 96단계 이상의 의식 수준, 즉 개

인적인 그리스도 의식의 수준으로 들어가는 것이 어떤 것인지 투사했습니다.

오 성 저메인이여, 내 몸은 순수해지고,
당신의 보라색 불꽃은 모두를 치유합니다.
모든 질병의 원인을 태워버리니,
나는 완전한 평온함을 느낍니다.

**오 성 저메인이여, 당신이 가져오는 사랑은,
진실로 모든 물질을 노래하게 하고,
당신의 보라색 불꽃은 모든 것을 회복시키며,
당신과 함께 우리는 스스로를 초월합니다.**

7. 성 저메인이여, 나는 그리스도가 어떤 구조에도 들어맞지 않음을 기꺼이 경험하겠습니다. 나는 선형적인 마음이 만든 구조 안으로 그리스도를 끌어들이려 하지 않겠습니다.

오 성 저메인이여, 나는 카르마에서 해방되어,
과거의 짐에서 벗어납니다.
나는 그리스도 의식의 하나됨 안에서,
완전히 새로운 기회를 얻습니다.

**오 성 저메인이여, 당신이 가져오는 사랑은,
진실로 모든 물질을 노래하게 하고,
당신의 보라색 불꽃은 모든 것을 회복시키며,
당신과 함께 우리는 스스로를 초월합니다.**

8. 성 저메인이여, 나는 이렇게 결정합니다. "나는 디크리와 기원을 멈추지 않을 것이며, 가르침의 공부를 멈추지 않을 것입니다. 하지만 나는 조용한 방에 눈을 감고 앉아서 중립적인 마음 상태, 즉 경청하는

은혜의 상태[10]로 들어가는 시간을 따로 가지겠습니다."

오 성 저메인이여, 우리는 이제 하나이고,
나는 당신을 위한 보랏빛 태양입니다.
우리가 이 지구 행성을 변형시키니,
당신의 황금시대가 탄생합니다.

**오 성 저메인이여, 당신이 가져오는 사랑은,
진실로 모든 물질을 노래하게 하고,
당신의 보라색 불꽃은 모든 것을 회복시키며,
당신과 함께 우리는 스스로를 초월합니다.**

9. 성 저메인이여, 나에게 당신의 현존을 정박하시어, 내가 그저 경청할 수 있도록 해주시기를 요청합니다. 나는 특별한 문제에 대한 답이나 안내, 해결책을 요구하지 않습니다. 단지 중립적으로 있으면서 내 여정의 다음 단계가 무엇인지 경청할 뿐입니다.

오 성 저메인이여, 지구는 이원성의 부담을 벗어나,
자유를 얻고,
우리는 하나됨 안에서 최상의 것을 이루니,
당신의 황금시대가 실현됩니다.

**오 성 저메인이여, 당신이 가져오는 사랑은,
진실로 모든 물질을 노래하게 하고,
당신의 보라색 불꽃은 모든 것을 회복시키며,
당신과 함께 우리는 스스로를 초월합니다.**

파트 2

---

[10] a state of listening grace

1. 성 저메인이여, 선형적인 마음으로는 96단계에서 144단계까지 어떤 과정을 밟아야 할지 계획할 수 없음을 압니다.

오 성 저메인이여, 당신은 영감을 부어주시며,
내 비전을 영원히 더 높이 들어올립니다.
나는 당신과 함께 무한 8자 형상의 흐름을 만들며,
당신의 황금시대를 공동창조합니다.

**오 성 저메인이여, 당신이 가져오는 사랑은,
진실로 모든 물질을 노래하게 하고,
당신의 보라색 불꽃은 모든 것을 회복시키며,
당신과 함께 우리는 스스로를 초월합니다.**

2. 성 저메인이여, 나는 한 걸음 물러서서, 선형적인 마음의 한계를 의식적으로 인정하겠습니다. 심지어 144단계에 이르기까지 내가 계속 그리스도의 두 번째 도전에 직면하게 된다는 것을 인정하겠습니다.

오 성 저메인이여, 당신의 이름을 부를 때,
자유의 불꽃이 방출됩니다.
당신이 가속을 더해주시니,
이로써 우리 행성은 더 높이 올라갑니다.

**오 성 저메인이여, 당신이 가져오는 사랑은,
진실로 모든 물질을 노래하게 하고,
당신의 보라색 불꽃은 모든 것을 회복시키며,
당신과 함께 우리는 스스로를 초월합니다.**

3. 성 저메인이여, 여정의 더 높은 단계로 올라갈수록 입문이 더 쉬워지는 것은 아님을 압니다. 내가 어느 단계에 있든, 다음 환상을 보는 일은 항상 어렵다는 것을 인정합니다.

오 성 저메인이여, 우리는 사랑 안에서,
당신의 보라색 불꽃을 가져올 권리를 선언합니다.
모든 것을 변형시키는 당신의 불꽃이,
하늘에서 지상의 우리에게 흘러옵니다.

**오 성 저메인이여, 당신이 가져오는 사랑은,
진실로 모든 물질을 노래하게 하고,
당신의 보라색 불꽃은 모든 것을 회복시키며,
당신과 함께 우리는 스스로를 초월합니다.**

4. 성 저메인이여, 내가 어떤 의식 수준에 있든, 그리스도 마음이 필요함을 인정합니다. 현재 마음 상태에서 나 혼자서는 환상을 꿰뚫어 볼 수 없습니다. 나는 환상을 통해서는 추론할 수 없습니다.

오 성 저메인이여, 당신을 너무나 사랑합니다.
내 오라가 보라색 광휘로 채워지고,
내 차크라들이 보라색 불꽃으로 타오르니,
나는 당신의 우주적 증폭기입니다.

**오 성 저메인이여, 당신이 가져오는 사랑은,
진실로 모든 물질을 노래하게 하고,
당신의 보라색 불꽃은 모든 것을 회복시키며,
당신과 함께 우리는 스스로를 초월합니다.**

5. 성 저메인이여, 의식하는 자아가 현재 수준에서 자신 안에서 바라보고 있을 때는 환상을 꿰뚫어보기 위해 분석하거나, 합리화하거나, 논리나 영적인 가르침을 사용할 수 없음을 인정합니다. 항상 자아 밖으로 나와서 그리스도의 관점을 경험해야만 환상을 꿰뚫어 볼 수 있습니다.

오 성 저메인이여, 나는 이제 자유로워졌습니다.
당신의 보라색 불꽃은 치유법이며,
내 마음속의 모든 장애를 변형시켜 주니,
나는 진정한 내면의 평화를 발견합니다.

오 성 저메인이여, 당신이 가져오는 사랑은,
진실로 모든 물질을 노래하게 하고,
당신의 보라색 불꽃은 모든 것을 회복시키며,
당신과 함께 우리는 스스로를 초월합니다.

6. 성 저메인이여, 내가 어떤 궁극적 수준에 도달했다고 생각한다면, 자아 밖으로 나올 수 없음을 인정합니다. 지금 환상을 꿰뚫어보고 있는 그 자아가 깨달은 자아라고 생각한다면, 나는 그 자아 밖으로 나올 수 없습니다. 나는 자신이 현재 수준에 갇혀 있도록 허용하지 않겠습니다.

오 성 저메인이여, 내 몸은 순수해지고,
당신의 보라색 불꽃은 모두를 치유합니다.
모든 질병의 원인을 태워버리니,
나는 완전한 평온함을 느낍니다.

오 성 저메인이여, 당신이 가져오는 사랑은,
진실로 모든 물질을 노래하게 하고,
당신의 보라색 불꽃은 모든 것을 회복시키며,
당신과 함께 우리는 스스로를 초월합니다.

7. 성 저메인이여, 7광선에 연결되기 위해서는, 선형적인 마음이 만들어낸 '여정이 어떻게 진행되어야 하는지'에 대한 이미지에서 벗어나야 함을 경험하겠습니다.

오 성 저메인이여, 나는 카르마에서 해방되어,
과거의 짐에서 벗어납니다.
나는 그리스도 의식의 하나됨 안에서,
완전히 새로운 기회를 얻습니다.

오 성 저메인이여, 당신이 가져오는 사랑은,
진실로 모든 물질을 노래하게 하고,
당신의 보라색 불꽃은 모든 것을 회복시키며,
당신과 함께 우리는 스스로를 초월합니다.

8. 성 저메인이여, 96단계를 넘어서면, 여정이 더 구형적으로 된다는 것을 경험하겠습니다. 선형적인 마음이 나를 데려다줄 수 있는 한도까지 멀리 데려왔고, 이제는 내가 직관적이고 구형적인 마음인 그리스도 마음에 더 집중해야 함을 자각합니다.

오 성 저메인이여, 우리는 이제 하나이고,
나는 당신을 위한 보랏빛 태양입니다.
우리가 이 지구 행성을 변형시키니,
당신의 황금시대가 탄생합니다.

오 성 저메인이여, 당신이 가져오는 사랑은,
진실로 모든 물질을 노래하게 하고,
당신의 보라색 불꽃은 모든 것을 회복시키며,
당신과 함께 우리는 스스로를 초월합니다.

9. 성 저메인이여, 그리스도 마음은 선형적이지 않음을 경험하겠습니다. 그리스도 마음은 하나의 마음이고 분리되지 않은 마음입니다. 그리스도 마음은 분리되지 않는 것인데, 우리가 어떻게 선형적인 진행 과정을 만들 수 있을까요? 오직 여러 단계, 여러 수준으로 나뉘어 있을 때만 선형성을 만들 수 있습니다.

오 성 저메인이여, 지구는 이원성의 부담을 벗어나,
자유를 얻고,
우리는 하나됨 안에서 최상의 것을 이루니,
당신의 황금시대가 실현됩니다.

오 성 저메인이여, 당신이 가져오는 사랑은,
진실로 모든 물질을 노래하게 하고,
당신의 보라색 불꽃은 모든 것을 회복시키며,
당신과 함께 우리는 스스로를 초월합니다.

파트 3

1. 성 저메인이여, 그리스도가 된다는 것은 선형적인 마음의 관점에 근거해서 생각한 것과는 다름을 깨닫습니다. 그리스도가 된다는 것은 신이나 상승 마스터들 또는 아이앰 현존이 내가 무엇을 해야 할지를 알려준다는 뜻이 아닙니다.

오 성 저메인이여, 당신은 영감을 부어주시며,
내 비전을 영원히 더 높이 들어올립니다.
나는 당신과 함께 무한 8자 형상의 흐름을 만들며,
당신의 황금시대를 공동창조합니다.

오 성 저메인이여, 당신이 가져오는 사랑은,
진실로 모든 물질을 노래하게 하고,
당신의 보라색 불꽃은 모든 것을 회복시키며,
당신과 함께 우리는 스스로를 초월합니다.

2. 성 저메인이여, 내가 하는 모든 일이 내 아이앰 현존에게서 오는 에너지로 행해짐을 깨닫습니다. 그 범위 안에서 결정을 내리는 것은 여전히 나, 즉 의식하는 자아에게 달려 있습니다. 나는 기꺼이 그런

결정들을 하겠습니다.

오 성 저메인이여, 당신의 이름을 부를 때,
자유의 불꽃이 방출됩니다.
당신이 가속을 더해주시니,
이로써 우리 행성은 더 높이 올라갑니다.

**오 성 저메인이여, 당신이 가져오는 사랑은,
진실로 모든 물질을 노래하게 하고,
당신의 보라색 불꽃은 모든 것을 회복시키며,
당신과 함께 우리는 스스로를 초월합니다.**

3. 성 저메인이여, 나는 지금까지 보지 못한 것을 기꺼이 보겠습니다. 지금까지 가지고 있던 세계관, 걸어온 여정의 이미지를 초월해서, "내 그리스도 의식을 표현한다는 것이 정말 무엇을 의미하는가?"에 대해 숙고하겠습니다.

오 성 저메인이여, 우리는 사랑 안에서,
당신의 보라색 불꽃을 가져올 권리를 선언합니다.
모든 것을 변형시키는 당신의 불꽃이,
하늘에서 지상의 우리에게 흘러옵니다.

**오 성 저메인이여, 당신이 가져오는 사랑은,
진실로 모든 물질을 노래하게 하고,
당신의 보라색 불꽃은 모든 것을 회복시키며,
당신과 함께 우리는 스스로를 초월합니다.**

4. 성 저메인이여, 나는 기꺼이 스스로에게 물어보겠습니다. "내가 원하는 어느 것이든 할 수 있다면, 나는 무엇을 하고 싶을까?" 나는 자신이 해야만 하는 일에 대한 모든 생각을 놓아버립니다.

오 성 저메인이여, 당신을 너무나 사랑합니다.
내 오라가 보라색 광휘로 채워지고,
내 차크라들이 보라색 불꽃으로 타오르니,
나는 당신의 우주적 증폭기입니다.

오 성 저메인이여, 당신이 가져오는 사랑은,
진실로 모든 물질을 노래하게 하고,
당신의 보라색 불꽃은 모든 것을 회복시키며,
당신과 함께 우리는 스스로를 초월합니다.

5. 성 저메인이여, 나는 영적이라고 여겨지지 않을 수도 있는 특정한 활동을 해야 하는 기간을 기꺼이 겪겠습니다. 나는 욕망을 극복하고 "이제 그런 경험은 충분히 했어."라고 말할 수 있을 때까지, 그 경험을 할 필요가 있습니다."

오 성 저메인이여, 나는 이제 자유로워졌습니다.
당신의 보라색 불꽃은 치유법이며,
내 마음속의 모든 장애를 변형시켜 주니,
나는 진정한 내면의 평화를 발견합니다.

오 성 저메인이여, 당신이 가져오는 사랑은,
진실로 모든 물질을 노래하게 하고,
당신의 보라색 불꽃은 모든 것을 회복시키며,
당신과 함께 우리는 스스로를 초월합니다.

6. 성 저메인이여, 지구에서 어떤 경험을 완료하고 그런 경험을 하고 싶은 욕망을 완료하기 위해 특정한 경험을 겪은 다음, 자유롭게 이동하는 것이 그리스도 의식의 일부임을 깨닫습니다.

오 성 저메인이여, 내 몸은 순수해지고,

당신의 보라색 불꽃은 모두를 치유합니다.
모든 질병의 원인을 태워버리니,
나는 완전한 평온함을 느낍니다.

**오 성 저메인이여, 당신이 가져오는 사랑은,
진실로 모든 물질을 노래하게 하고,
당신의 보라색 불꽃은 모든 것을 회복시키며,
당신과 함께 우리는 스스로를 초월합니다.**

7. 성 저메인이여, 96단계를 넘어서면 그리스도 의식의 여정은 선형적이지 않음을 깨닫습니다. 나는 여정에 대한 내 관점을 전환합니다. 영적이지 않다고 간주되는 어떤 경험을 하는 것이 나에게 필요할 수도 있으며, 그것이 내 여정의 일부임을 깨닫습니다.

오 성 저메인이여, 나는 카르마에서 해방되어,
과거의 짐에서 벗어납니다.
나는 그리스도 의식의 하나됨 안에서,
완전히 새로운 기회를 얻습니다.

**오 성 저메인이여, 당신이 가져오는 사랑은,
진실로 모든 물질을 노래하게 하고,
당신의 보라색 불꽃은 모든 것을 회복시키며,
당신과 함께 우리는 스스로를 초월합니다.**

8. 성 저메인이여, 그리스도화된 존재가 지구에서 어떻게 행동해야 하는지에 대한 기준이란 없음을 깨닫습니다. 내가 점점 더 높은 의식 수준에 도달할수록, 내 그리스도 의식을 어떻게 표현할지를 점점 더 자유롭게 결정하게 됩니다.

오 성 저메인이여, 우리는 이제 하나이고,

나는 당신을 위한 보랏빛 태양입니다.
우리가 이 지구 행성을 변형시키니,
당신의 황금시대가 탄생합니다.

오 성 저메인이여, 당신이 가져오는 사랑은,
진실로 모든 물질을 노래하게 하고,
당신의 보라색 불꽃은 모든 것을 회복시키며,
당신과 함께 우리는 스스로를 초월합니다.

9. 성 저메인이여, 그리스도 의식 안에서 내가 꼭두각시 인형이 되는 것이 아님을 깨닫습니다. 나는 자유로워지고, 자유롭게 나 자신의 결정을 할 수 있습니다. 나는 기꺼이 그런 결정들을 하겠습니다.

오 성 저메인이여, 지구는 이원성의 부담을 벗어나,
자유를 얻고,
우리는 하나됨 안에서 최상의 것을 이루니,
당신의 황금시대가 실현됩니다.

오 성 저메인이여, 당신이 가져오는 사랑은,
진실로 모든 물질을 노래하게 하고,
당신의 보라색 불꽃은 모든 것을 회복시키며,
당신과 함께 우리는 스스로를 초월합니다.

파트 4

1. 성 저메인이여, 나는 항상 분석하면서 이렇게 말하고 싶어 하는 선형적인 마음을 놓아버립니다. "아, 이 사람은 더 높은 수준의 의식에 도달했다고 주장하지만, 그가 한 일을 봐, 그건 영적인 것이 아니야."

오 성 저메인이여, 당신은 영감을 부어주시며,

내 비전을 영원히 더 높이 들어올립니다.
나는 당신과 함께 무한 8자 형상의 흐름을 만들며,
당신의 황금시대를 공동창조합니다.

**오 성 저메인이여, 당신이 가져오는 사랑은,
진실로 모든 물질을 노래하게 하고,
당신의 보라색 불꽃은 모든 것을 회복시키며,
당신과 함께 우리는 스스로를 초월합니다.**

2. 성 저메인이여, 나는 계속해서 자유롭게 나를 표현하고, 그것이 내 의식에 어떤 영향을 미치는지 경험하며, 내 의식을 다음 수준으로 끌어올리겠습니다.

오 성 저메인이여, 당신의 이름을 부를 때,
자유의 불꽃이 방출됩니다.
당신이 가속을 더해주시니,
이로써 우리 행성은 더 높이 올라갑니다.

**오 성 저메인이여, 당신이 가져오는 사랑은,
진실로 모든 물질을 노래하게 하고,
당신의 보라색 불꽃은 모든 것을 회복시키며,
당신과 함께 우리는 스스로를 초월합니다.**

3. 성 저메인이여, 내가 나 자신을 표현할 때, 아직 나에게 남아 있는 환상, 아직 남아 있는 인식 필터를 통해 나를 표현하고 있음을 깨닫습니다.

오 성 저메인이여, 우리는 사랑 안에서,
당신의 보라색 불꽃을 가져올 권리를 선언합니다.
모든 것을 변형시키는 당신의 불꽃이,

하늘에서 지상의 우리에게 흘러옵니다.

오 성 저메인이여, 당신이 가져오는 사랑은,
진실로 모든 물질을 노래하게 하고,
당신의 보라색 불꽃은 모든 것을 회복시키며,
당신과 함께 우리는 스스로를 초월합니다.

4. 성 저메인이여, 오직 내가 그것을 표현할 때만, 그 인식 필터를 보고 다음 환상을 볼 수 있는 기회를 얻게 됨을 깨닫습니다.

오 성 저메인이여, 당신을 너무나 사랑합니다.
내 오라가 보라색 광휘로 채워지고,
내 차크라들이 보라색 불꽃으로 타오르니,
나는 당신의 우주적 증폭기입니다.

오 성 저메인이여, 당신이 가져오는 사랑은,
진실로 모든 물질을 노래하게 하고,
당신의 보라색 불꽃은 모든 것을 회복시키며,
당신과 함께 우리는 스스로를 초월합니다.

5. 성 저메인이여, 나는 이론적으로는 환상을 꿰뚫어볼 수 없음을 깨닫습니다. 환상은 오로지 그것을 표현하고, 그 표현이 나와 내 의식 상태에 어떤 영향을 미치는지 경험해야만 볼 수 있습니다. 이것이 내가 더 높은 단계에서 성장하는 방법입니다.

오 성 저메인이여, 나는 이제 자유로워졌습니다.
당신의 보라색 불꽃은 치유법이며,
내 마음속의 모든 장애를 변형시켜 주니,
나는 진정한 내면의 평화를 발견합니다.

**오 성 저메인이여, 당신이 가져오는 사랑은,
진실로 모든 물질을 노래하게 하고,
당신의 보라색 불꽃은 모든 것을 회복시키며,
당신과 함께 우리는 스스로를 초월합니다.**

6. 성 저메인이여, 나는 당신의 현존, 말을 초월한 자유의 현존을 기꺼이 경험하겠습니다.

오 성 저메인이여, 내 몸은 순수해지고,
당신의 보라색 불꽃은 모두를 치유합니다.
모든 질병의 원인을 태워버리니,
나는 완전한 평온함을 느낍니다.

**오 성 저메인이여, 당신이 가져오는 사랑은,
진실로 모든 물질을 노래하게 하고,
당신의 보라색 불꽃은 모든 것을 회복시키며,
당신과 함께 우리는 스스로를 초월합니다.**

7. 성 저메인이여, 당신이 개인적으로 나에게 주시는 사랑을 기꺼이 경험하겠습니다.

오 성 저메인이여, 나는 카르마에서 해방되어,
과거의 짐에서 벗어납니다.
나는 그리스도 의식의 하나됨 안에서,
완전히 새로운 기회를 얻습니다.

**오 성 저메인이여, 당신이 가져오는 사랑은,
진실로 모든 물질을 노래하게 하고,
당신의 보라색 불꽃은 모든 것을 회복시키며,
당신과 함께 우리는 스스로를 초월합니다.**

8. 성 저메인이여, 내가 이렇게 밀도가 높은 행성에 육화해서 기꺼이 의식을 높이고, 이로써 수많은 방식으로 이 어두운 행성에 황금시대를 가져오는 이 놀라운 운동의 일부가 된 것에 대해, 당신이 나에게 보내는 감사를 기꺼이 경험하겠습니다.

오 성 저메인이여, 우리는 이제 하나이고,
나는 당신을 위한 보랏빛 태양입니다.
우리가 이 지구 행성을 변형시키니,
당신의 황금시대가 탄생합니다.

**오 성 저메인이여, 당신이 가져오는 사랑은,
진실로 모든 물질을 노래하게 하고,
당신의 보라색 불꽃은 모든 것을 회복시키며,
당신과 함께 우리는 스스로를 초월합니다.**

9. 성 저메인이여, 나는 어떻게 지구에 황금시대를 가져올 수 있는지에 대한 당신의 비전을 기꺼이 경험하겠습니다. 나는 당신이 낙관주의자가 아니라 현실주의자임을 기꺼이 증명하겠습니다.

오 성 저메인이여, 지구는 이원성의 부담을 벗어나,
자유를 얻고,
우리는 하나됨 안에서 최상의 것을 이루니,
당신의 황금시대가 실현됩니다.

**오 성 저메인이여, 당신이 가져오는 사랑은,
진실로 모든 물질을 노래하게 하고,
당신의 보라색 불꽃은 모든 것을 회복시키며,
당신과 함께 우리는 스스로를 초월합니다.**

봉인

신성한 어머니의 이름으로, 나는 대천사 미카엘과 아스트레아와 쉬바께 나의 영적인 스승들과 아이앰 현존과 나와의 연결을 봉인해 주시기를 요청합니다. I AM THAT I AM의 이름으로, 이것이 이루어졌습니다! 아멘.

14
현존으로 존재할 것인가, 아닌가

나는 상승 마스터 마이트레야입니다. 아마 여러분은 "마스터들은 영적인 스승들과 연결되는 방법에 대해서는 많이 이야기하셨지만, 상위 자아나 아이앰 현존과 연결되는 방법에 대해서는 별로 말하지 않으셨습니다."라고 할지도 모르겠습니다. 하지만 실제로 우리는 여러분의 아이앰 현존(Presence)과 연결하는 것에 관해서도 많은 것을 말해주었습니다. 왜냐하면 여러분이 영적인 스승들과 연결하는 데 도움이 되는 모든 것들은 당연히 여러분의 아이앰 현존과 연결하는 데도 도움이 되기 때문입니다. 그럼에도, 나는 여기서 아이앰 현존에 대해 좀 더 깊은 생각들을 전해주려고 합니다.

여정의 각 단계에서 가지는 아이앰 현존의 이미지

초한들이 조심스럽게 설명했듯이, 영적인 여정에는 여러 단계가 있습니다. 우리가 48단계에 있는 사람에게 가서 이 담화에 있는 가르침을 전하는 것은 아무 소용이 없습니다. 48단계에 있는 사람은 이 가르침을 이해할 수 없기 때문입니다. 물론 여러분은 아이앰 현존에 대해 들을 수 있고, 여전히 아이앰 현존에 대해 타당한 가르침들, 즉 과거의 I AM 운동에서 주어진 I AM에 대한 강론을 비롯한 많은 가르침을 접할 수 있습니다.

여러분은 48단계에서나, 48단계와 96단계 사이에서는 아이앰 현존과 분리되어 있다고 느끼는 경향이 있으며, 아이앰 현존과 여러분 사이에 거리가 있고 간극이 있다고 느끼게 됩니다. 물론 이것은 실제적인 거리가 아닙니다. 우리는 여러분의 아이앰 현존이 영적인 영역의 낮은 수준에 있다고 말해왔습니다. 여러분은, 높은 밀도를 가진 물질층에서 초점을 맞추고 있는 의식하는 자아의 진동과 영적인 영역의 진동 사이에는 거리가 있다고 말할 수도 있습니다. 당연히 거리가 있습니다. 바로 그것 때문에 여러분이 여정의 초기 단계에서 그런 거리감을 느끼게 되는 것입니다.

하지만 우리가 설명하려 한 것처럼, 영적인 영역이 물질 영역을 관통하며 퍼져 있다는(interpenetrate) 의미에서, 여러분은 실제로 영적인 영역과 분리되어 있지 않습니다. 여러분의 아이앰 현존은 여러분 안에, 여러분과 함께, 여러분이 있는 모든 곳에 두루 존재하며 여러분을 감싸고 있습니다. 물론 낮은 단계들에서는 이것을 경험할 수 없습니다. 그래서 이전 시혜에서 아이앰 현존에 대한 가르침과 함께 그 형상을 묘사하는 그림을 제공한 것입니다. 그 그림에서는 아래쪽 낮은 곳에 여러분의 형상이 있고, 여러분 조금 위에, 원인체를 상징하는 색색의 원으로 둘러싸인 아이앰 현존이 있습니다.

한시적으로 이 이미지를 사용하는 것은 타당합니다. 이 지점에서는 여러분을 도와주고, 안내해주고, 방향을 알려 달라고 자신의 아이앰 현존에게 요청하고 기원하는 것이 효과가 있습니다. 그렇지만 더 이상 그렇게 할 필요가 없는 시점이 오게 됩니다. 왜냐하면 이제 여러분은 전환을 해야 하고, 많은 종교에서 내려오는 '소원을 이뤄주는 신의 이미지'를 아이앰 현존에게 투사하는 것으로는, 아이앰 현존과 진실로 연결될 수 없다는 것을 깨달아야 하기 때문입니다.

무엇보다도 먼저 여러분의 아이앰 현존은, 이전 시혜의 학생들이 생각했던 것과 달리, 신이 아닙니다. 여러분의 아이앰 현존은 상승하지 않았습니다. 여러분의 아이앰 현존은 상승한 존재가 아닙니다. 아이앰 현존은, 여러분의 의식하는 자아가 다시 현존에게 올라가야만 그때 비로소 상승한 존재가 됩니다. 이제 여러분은 자신의 아이앰 현존과 상승 마스터 사이에 근본적인 차이가 있다는 사실을 인식해야 합니다. 상승 마스터들은 상승했습니다. 하지만 여러분의 아이앰 현존은 영적인 영역의 낮은 층에 존재하기는 해도, 아직 상승 마스터가 아닙니다.

아이앰 현존에 대한 낡은 이미지를 놓아버리기

여정의 더 높은 단계에서는, 그리고 분명히 96단계에서는 (하지만 그 이전의 단계에서도), 여러분은 이 점에 대해 깊이 생각해 보아야 합니다. 여러분은 아이앰 현존이 여러분과 분리되어 위에 있는 것처럼 묘사하는 그 그림을 버려야 합니다. 자신을 둘러싼 아이앰 현존의 이미지를 생각하고 심상화할 수도 있겠지만 실제로 여기서 중요한 점은, 여러분이 더 미묘한 전환을 해야 하며, 이 지점에서 자신과 현존 사이에 거리가 있다는 이미지에 의문을 제기해야 한다는 것입니다. 여러분은 여정을 가는 동안 만든 그 어떤 이미지든, 아이앰 현존에 대한 우리의 가르침에 근거해 만든 그 어떤 이미지든, 의문을 제기하기 시작해야 합니다. 왜냐하면, 우리가 그토록 조심스럽게 설명하려고 해왔던 것이 무엇인가요? 그것은, 영적인 길을 발견했을 때 여러분이 48단계에 있었다고 가정한다면, 그때 여러분은 그 48단계에서 가지고 있던 의식을 통해 영적인 여정을 바라보게 된다는 사실입니다.

많은 상승 마스터 학생에게 일어난 일은, 영적인 가르침을 어떤 의식 수준에서 발견했든 상관없이, 그들은 당시 수준의 의식과 세계관과 인지 필터를 통해 가르침에 접근했다는 것입니다. 여러분이 가르침을 발견할 때, 자신의 인지 필터와 가르침이 뒤섞인 멘탈 이미지를 투사하는 것은 불가피합니다. 여러분은 마음속에 이런 멘탈 이미지를 형성해서, 세계관을 높이고, 그 이미지를 높일 수 있습니다. 하지만 여러분은 여전히 그 가르침에 특정한 이미지를 투사하고 있는 것입니다. 이것은 당연한 일이고, 불가피한 일입니다. 이것에 대해 우리가 여러분을 비난하는 것이 아닙니다.

나는 단지 여정의 더 높은 단계에 도달했을 때, 이 점을 인식해야 한다고 이야기하고 있습니다. 여러분은 자신의 여정을 돌아보며 이렇게 말할 수 있어야 합니다. "수년 전 상승 마스터들의 가르침을 발견했을 때, 나는 당시의 내 의식 수준에서 아이앰 현존에 대한 멘탈 이미지를 만들었어. 그렇다면 그 이미지가 정확하거나 적절한 것이 아닐 수도 있고, 나와 현존의 연결을 돕지 못할 수도 있지 않을까?" 이 질문을 중립적으로 살펴본다면, 그 대답이 항상 "그렇다."임을 알게 될 것입니다. 왜냐하면 내가 말한 것처럼, "여러분이 달리 어떻게 할 수 있겠습니까?"

학생이 가르침을 필요로 할 때, 스승이 나타납니다

안타깝게도, 우리가 설명했듯이, 사람들이 특히 이전 시혜들, 즉 물고기자리 시대의 문화에서 장려했던 가정을 해왔음을 발견하게 됩니다. 사람들은 상승 마스터들로부터 온 높은 영적인 가르침을 발견할 수 있었기 때문에, 자신들이 매우 높은 의식 수준에 있을 것이라고 가정했습니다. 그리고 여러분의 의식 수준은 보통 사람들의 평균치보다는 더 위에 있을 수도 있지만, 그럼에도 불구하고 여전히 일정한 의식 수준에 있습니다. 많은 사람이 48단계에서 상승 마스터의 가르침을 발견했습니다. 일부는 그 위에 있었고, 또 일부는 어떤 점에서 더 위에 있었습니다.

그러나 상승 마스터의 가르침을 발견하는 거의 대다수 사람들이 96단계 아래에, 어떤 점에서는 더 낮은 수준에 있습니다. 그 이유가 뭘

까요? 이전 시혜의 가르침을 포함한 이전의 가르침들이 48단계에서 96단계로 올라가는 것을 돕도록 설계된 것이기 때문입니다. 만일 여러분이 낮은 단계에서 가르침이 필요하다면, 굳이 더 높은 단계의 가르침을 찾는 것이 무슨 소용이 있겠습니까? 겸허한 마음으로, 학생이 준비되면 스승이 나타난다는 사실을 깨닫는 것이 건설적입니다. 이 말의 의미는 학생에게 가르침이 필요할 때, 스승이 나타나거나 가르침이 나타난다는 뜻입니다. 학생이 더 이상 가르침을 필요로 하지 않는데도, 스승이 학생에게 나타나기를 기다린다면, 무슨 소용이 있겠습니까? 현실적으로 평가하자면, 여러분이 가르침을 발견했을 때는 그 가르침을 필요로 하기 때문이며, 이는 곧 여러분의 의식 수준이 가장 높은 단계가 아니라는 의미입니다.

그렇지만 안타깝게도 이전 시혜들에서는 많은 사람이 다르게 생각했습니다. 그들은 "이렇게 높은 가르침을 찾을 수 있으려면 의식 수준이 높아야 한다."라고 생각했습니다. 그들은 조직 안에 특정한 문화를 창조했고, 많은 사람이 "자신들이 처음 가르침을 발견했을 때 보았던 방식을, 가능한 가장 높은 방식"으로 여기는 특정한 사고 체계를 만들었습니다. 이 말은 많은 사람이, 초한들이 설명한 것처럼, 이렇게 생각한다는 의미입니다. "내가 처음 가르침을 발견했을 때 상승 마스터들을 보았던 방식, 그것이 상승 마스터들에 대한 가장 높은 관점이다." 또한 그들은 이렇게 생각합니다. "내가 처음 가르침을 발견했을 때, 내가 아이앰 현존을 보았던 방식, 그것이 아이앰 현존에 대한 가장 높은 관점이다."

부정확한 옛 이미지에 대한 집착

이것은 사람들이 어떤 낮은 의식 상태에서 가르침들을 발견했다는 의미입니다. 그들은 가르침들을 사용해서 자신의 아이앰 현존에 관한 멘탈 이미지를 형성했습니다. 아이앰 현존이 무엇이고, 자신의 아이앰 현존에 연결된다는 것이 무슨 의미이며, 아이앰 현존이 자신을 위해 무슨 일을 할 수 있는지에 대한 이미지를 창조했습니다. 그들은 이 이미지를 가능한 최상의 정확한 이미지라고 생각하기 때문에, 이 이미지를 계속 투사합니다. 많은 학생이 자신들이 가진 이미지에 대해 매우 방어적인 태도를 가지게 되었습니다. 안타깝게도 그런 일은, 가르침을 발견했을 때 자신이 매우 높은 단계에 있었다고 가정할 때 일어납니다. 만일 그들이 아이앰 현존에 대한 자신의 멘탈 이미지가 적절하지 않음을 인정해야 했다면, 그 가르침을 발견했을 때 자신이 정말 높은 의식 상태에 있었는지를 의심했을 것이기 때문입니다. 이것은 에고에게 타격을 줄 수 있습니다. 그러므로 에고는 이것을 인정하고 싶어 하지 않습니다. 안타깝게도 이것이 많은 학생에게서 보아 온 메커니즘입니다.

이것이 I AM 운동에서 서밋 라이트하우스로 이동하지 못한 많은 학생이 있었던 이유입니다. 이것이 많은 학생이 이 메신저를 받아들이지 못하고 서밋 라이트하우스에서 이동하지 못한 이유 중 하나입니다. 물론 이것이 유일한 이유는 아닙니다. 많은 학생이 이동하도록 예정되어 있던 것은 아니었습니다. 내 말의 요지는, 많은 학생이 특정한 가르침을 받아들여 멘탈 이미지를 만들었으며, 자신들의 멘탈 이미지가 옳다는 환영을 유지하는 데 집착했다는 것입니다. 따라서 그들은 그것에 의문을 제기하지 않으려 했습니다.

그러나 96단계에 도달하게 되면, 이제 더 높은 수준에서 자신의 현존과 관계를 맺는 단계로 올라가야 하므로, 낮은 단계에서 형성한 아이앰 현존에 대한 이미지가 적절하지 않다고 깨닫게 되는 시점이 옵니다. 사람들이 이것을 재고하기를 거부하는 것은 매우 안타까운 반응입니다. 그리고 이것은 진실로 그들의 여정에 장애가 됩니다. 수십 년 동안 여정에 있었지만, 아주 오랫동안 실제로 진전을 이루지 못한 사람들이 있습니다. 또한 아이앰 현존과 마스터들에 대한 멘탈 이미지를 기꺼이 바꾸려고 했다면 이룰 수 있었던 진전을 이루지 못한 사람들이 있습니다.

아이앰 현존과 거리를 두고 공부하는 것

물론 이것은, 이 시혜에서는 우리가 보고 싶지 않은 실수들입니다. 이 시혜의 사람들에게는 훨씬 더 높은 가르침이 주어졌기 때문입니다. 이 가르침은 의식하는 자아와 분리된 자아들이란 개념을 포함하고 있기 때문에 훨씬 더 수준이 높은 가르침입니다. 그리고 이 개념들은 이전의 가르침에 비교하면 혁명적인 것입니다. 왜냐하면 여러분이 그 개념들을 이해하고 경험한다면, 자신의 의식하는 자아가 잠재의식적 자아들 밖으로 나올 수 있다는 것을 경험하고, 그런 다음 도구를 얻게 되어, 144단계까지 오를 수 있는 과정을 밟게 될 것이기 때문입니다. 또한 이 가르침은 멘탈 이미지에 기반하지 않는 아이앰 현존과의 관계를 발전시키도록 도와줄 수 있습니다.

초한들이 상세히 설명했듯이, 선형적인 마음으로 이런 멘탈 이미지를 형성하고 그것을 투사할 때, 여러분은 무엇을 하고 있는 것일까요? 여러분은 멀리서 보고 있는 겁니다. 여러분은 이렇게 보고 있습니다. "나는 여기 있다. 나는 주체이다. 나의 아이앰 현존은 저기 위에 있다. 현존은 내가 공부하고 있는 객체이고, 내가 다가가고 있는 대상이며, 기도의 대상이다." 여러분이 자신을 주체로 보고, 아이앰 현존을 객체로 보고 있다면, 이때 여러분은 무엇을 하고 있는 것일까요? 자신과 아이앰 현존 사이에 거리가 있다는 것을 긍정하고 있는 겁니다. 그 거리를 어떻게 뛰어넘을 수 있을까요? 어떻게 연결할 수 있을까요? 만일 자신과 현존 사이에 거리가 있다고 투사한다면, 어떻게 아이앰 현존과 하나가 될 수 있을까요?

아이앰 현존과의 하나됨을 경험하기

일부 학생들은 거의 강박적인 상태로 이렇게 생각합니다. "만일 카르마를 변형시킬 수 있는 보라색 화염의 디크리를 충분히 한다면, 나는 아이앰 현존과 하나가 될 거야. 하루에 3시간씩 10년 동안 보라색 화염의 디크리를 낭송해왔지만 나는 아직도 아이앰 현존과 하나됨을 이루지 못했어. 아마 하루에 4시간씩 낭송한다면 아이앰 현존과 하나가 될 거야. 만일 그렇게 해도 안된다면, 하루에 얼마나 더 많이 낭송해야 하는 걸까?" 여러분은 목표를 이루기 위해서는 더 밀어붙여야 한다고 생각합니다. 그리고 그 목표에 도달하지 못하면, 더 세게 밀어붙이거나 같은 방식으로 계속 더 오랫동안 밀어붙여야 한다고 생각합니다. 하지만 여러분이 앞에 있는 목표를 밀어붙이면서, 자신에게서 더 멀어지도록 계속 밀고 있는데, 어떻게 목표에 도달할 수 있을까요? 한발 물러서서 밀어붙이는 것을 멈춰야 하는 시점이 옵니다.

여러분은 우리가 잠재의식적 자아들에 대해 가르치면서 설명해준 단순한 역학을 깨달아야 합니다. 여러분과 아이앰 현존과의 하나됨을 방해하는 것은 여러분이 가진 잠재의식적 자아들입니다. 이 자아들을 극복하고 나면, 의식하는 자아가 외적인 마음, 즉 정체성, 멘탈, 감정적인 마음으로부터 철수하기가 점점 쉬워집니다. 그리고 의식하는 자아가 남은 자아들로부터 벗어나기가 더 쉬워집니다. 다시 말해 여러분은 96단계에 가까워질수록 아이앰 현존을 멀리서 경험하는 것이 아니라, 여러분 주위를 감싸고 있는 존재로서 자연스럽게 경험하게 됩니다. 여러분이 현존의 일부로서 현존 안에 있는 것을 경험하게 된다고 말할 수 있습니다.

저 위에 있는 현존을 보는 대신, 현존이 여러분을 감싸고 있다는 사실을 경험하기 시작하고, 초한들이 묘사한 바다에서 일렁이는 파도의 이미지처럼, 자신이 아이앰 현존이라는 바다에서 일렁이는 파도일 뿐임을 알게 됩니다. 여러분의 주의력이 파도의 꼭대기에 집중되어 있으면 이 사실을 보기가 어렵습니다. 하지만 자신이 파도 속으로 점점 더 깊이 가라앉도록 허용한다면, 여러분은 바다 그 자체를 느낄 수 있습니다. 그러면 바다의 움직임과 함께 흐르게 됩니다. 그때가 바로 아이앰 현존과의 연결이 아니라 아이앰 현존과의 하나됨을 더 많이 경험하기 시작하는 때입니다.

"나는 현존이다"

우리는 왜 상승 마스터와의 하나됨을 얘기하지 않고, 현존과의 하나됨을 얘기하고 있을까요? 왜냐하면 여러분은 상승 마스터가 아니고, 아이앰 현존이기 때문입니다. 여러분은 아이앰 현존으로부터 나왔습니다. 예, 엄밀히 말해 여러분의 아이앰 현존은 상승 마스터의 현존으로부터 창조되어 나왔다고 말할 수 있습니다. 그럼에도 불구하고 여러분의 조망에서, 여러분이 상승 마스터와의 완전한 하나됨을 이루게 되는 것은 아닙니다. 여러분은 하나됨의 감각을 가질 수 있지만, 마스터 모어나 성 저메인이 별개의 상승한 존재임을 깨닫습니다. 그러나 여러분의 아이앰 현존은 별개의 존재가 아닙니다. 비록 여정의 낮은 단계에서는 그렇게 보이지만 말입니다. 그것은, 더 높이 올라갈 때 여러분이 도전해야 할 환영입니다.

여러분은 아이앰 현존과 자신이 분리된 존재라는 환영에 도전해야 합니다. 내가 말했듯이, 여러분은 아이앰 현존으로부터 나왔습니다. 여러분은 현존이라는 바다에 있는 파도입니다. 여러분이 상승 마스터와 연결되고, 아이앰 현존과 하나가 된다고 말하는 것이 더 유익한 이유가 바로 그것입니다. 더 자세히 말하면, 여러분은 아이앰 현존으로부터 분리되어 있다는 환영, 자신이 아이앰 현존과 다른 존재라는 환영을 극복하는 겁니다. 여러분이 "나는 현존이다."라고 깨달을 때까지 말입니다. 그리고 다른 상승 마스터들이 여러분에게 영적인 스승들과의 연결에 관해 전해준 모든 가르침은 당연히 아이앰 현존에게도 적용됩니다. 의식을 더 많이 전환할수록, 선형적인 마음을 더 많이 극복할수록, 분리된 자아들을 더 많이 극복할수록, 아이앰 현존과의 하나됨을 더 쉽게 느낄 수 있습니다.

그런데 나는 아주 간단한 도구, 어떤 사람들은 그것을 단순하다고 말할지도 모르겠지만, 아주 심원한 효과를 낼 수 있는 도구를 소개하고 싶습니다. 무대에 오른 배우가 무대 위에서 큰 존재감(presence)을 가질 수 있는 방법을 아나요? 아니면, 특별한 존재감을 가진 어떤 사람에 대해 말할 수 있나요? 자, 여러분의 아이앰 현존은 존재감입니다. 그렇습니다. 아이앰 현존은 개성을 가지지만, 그것은 존재감입니다. 여러분은 아이앰 현존을 여러분과 분리된 저 위의 존재로 보는 데 익숙해져 있습니다. 하지만 여러분은 이렇게 말해야 합니다. "내가 (바로) 아이앰 현존이다."

내가 여러분에게 주고 싶은 도구는 이것을 조금 바꾸는 겁니다. 시간을 조금 내서 조용한 방으로 들어가 눈을 감습니다. 그런 다음, 이 만트라를 명상하세요: "나는 현존이다(I am Presence)." 상위자아 "아이앰 현존"이 아니라, "나는 현존이다(I am Presence)"를 명상하세요. 어쩌면 말장난처럼 보일지 모르지만, 하지만 이 말은 그 이상입니다. 아이앰 현존으로서 여러분의 현존을 생각하는 대신, 여러분은 "나는 현존이다(I am Presence), 나는 현존이다. 나는 현존이다."라는 만트라를 명상해야 합니다. 이 만트라를 명상하는 것은, 실제로 현존을 경험하는 데 아주 효과적인 방법이 될 수 있습니다.

여러분의 아이앰 현존은 아직 상승하지 않은 존재(unascended being)입니다

실제로, 여러분의 의식하는 자아는 외적인 인격에서 벗어나는 경험을 하고, 현존을 경험하고, 자신이 그 현존임을 경험하기 전까지는, 아이앰 현존과 연결되거나 하나됨을 느끼지 못할 것입니다. 당연히 이것은 아이앰 현존과 관련된 그리스도의 첫 번째 도전입니다. 그리스도의 두 번째 도전은 이제 의식하는 자아가 일상적인 마음 상태로 돌아올 때입니다. 여러분은 그리스도의 두 번째 도전에 실패하지 않기 위해, 현존과의 경험에 대한 멘탈 이미지를 투사하거나, 현존에게 멘탈 이미지를 다시 투사하는 것을 매우 주의해야 합니다.

그리고 여러분이 일단 현존과의 하나됨을 경험하기 시작하면, 소원을 들어주는 신이나 상승 마스터들이란 이미지를 현존에게 투사하지 않도록 특히 주의해야 합니다. 내가 말했듯이, 여러분의 아이앰 현존은 아직 상승한 존재가 아닙니다. 여러분의 아이앰 현존이 모든 것을 알고 있다고 기대하면 안 됩니다. 이것은 이전 시혜의 단체들에서 볼 수 있는 가정인데, 그 당시 사람들은 아이앰 현존이 신이나 상승 마스터와 같고, 모든 것을 알고 있고, 초인적이고 초자연적인 능력을 가지고 있고, 호의를 베풀고, 카르마로부터 보호해 주는 등, 이런 일을 자신들을 위해 해줄 수 있다고 생각했습니다. 하지만 그렇지 않습니다.

여러분의 아이앰 현존은 상승하지 않은 존재입니다. 자, 현존은 이 원성 안에 있지 않고, 당연히 물리적 옥타브의 하위 영역에 있지도 않습니다. 현존은 여러분보다 훨씬 더 광대한 조망을 가지고 있습니다. 그렇지만 여러분은 자신의 아이앰 현존이 여전히 지구에서 경험하고 싶은 것에 대한 특정한 욕망을 가지고 있음을 인식해야 합니다. 그 욕망이, 현존의 확장체인 여러분, 즉 의식하는 자아를 보낸 원인입니다. 그리고 여러분의 아이앰 현존은 상승 마스터들이 이해하는 모든 것을 완전히 이해하지 못합니다. 비록 영적인 영역의 하위층에 존재한다고 해도, 현존은 여전히 상승한 존재가 아닙니다. 현존은 상승한 존재의 관점을 가지고 있지 않습니다. 아이앰 현존은 여전히 자신이 보는 대로 자신에게 초점을 맞추고 있습니다. 그렇기 때문에 아이앰 현존을 여러분이 가진 모든 의문에 답을 줄 수 있는 존재로 볼 수 없습니다.

 자신의 아이앰 현존에게 우주론적인 문제를 물어볼 수 있다고 생각하는 사람들이 있습니다. 하지만 사실은 그렇지 않습니다. 여러분은 진실로 자신의 아이앰 현존을, 여러분을 위해 뭔가를 해줄 수 있는 존재로 보고 싶어 하지 않을 것입니다. 왜냐하면 아이앰 현존이 여러분을 보호하거나, 여러분을 위해 뭔가를 해주거나, 질문에 답하거나, 뭘 해야 할지를 알려줄 것이란 이미지를 유지한다면, 아이앰 현존과의 거리감을 더욱더 강화하는 것이기 때문입니다. 그리고 마스터들은 영적인 여정에는 딜레마가 있고, 수수께끼가 있고, 양립할 수 없는 것들처럼 보이는 것을 균형 잡아야 하는 정신분열증적 단계가 있다고 얘기했습니다.

현존과의 더 큰 연결을 향해 나아가기

 여러분이 진실로 현존을 경험하기 시작할 때, 그것은 경미한 정신분열증적인 단계로 들어가는 것입니다. 왜냐하면 여러분에게는 평범한 일상생활이 있고 이 세상에서의 책임이 있는데, 자신과는 다른 관점으로 세상을 보는 현존을 경험하기 시작하기 때문입니다. 그 둘 사이에서 균형을 잡는 일은 어렵습니다. 특히 어려운 상황에서 여러분을 도와주거나, 특별한 상황에서 무엇을 해야 할지를 알려주는 존재로 아이앰 현존을 생각하고 싶은 유혹을 떨치기가 어려울 수 있습니다. 많은 사람이 자신의 아이앰 현존으로부터 조언을 듣기를 바라고 있습니다.

 여러분이 이런 단계로 들어가기 시작하면, 아이앰 현존은 미묘한 상황에 처하게 됩니다. 아이앰 현존은 의식하는 자아인 여러분이 현존과의 연결을 통해 성장하기를 바라기 때문입니다. 이 말은 만일 여러분이 아이앰 현존에게 어떤 충고나 안내를 바라고, 아이앰 현존이 응답을 한다면, 그것은 여러분이 현존과 분리되어 있다는 이미지를 승인해준다는 의미이기 때문입니다. 즉 현존은 저 위에 있으면서, 여러분이 원하는 모든 것을 들어주는 호리병 속의 지니와 같은 존재가 되어버린 것입니다. 만일 여러분이 이런 분리에 대한 멘탈 이미지를 유지한다면, 여러분의 아이앰 현존이 여러분에게서 철수하여, 질문에 대답하지 않고 참조를 제공하지 않는 시기가 옵니다. 이런 것을 경험한 사람들이 있습니다. 그들은 이전에 가졌던 연결이 끊어진 것처럼 느낍니다. 그것이 상승 마스터와의 연결일 수도 있지만, 많은 경우에 있어서 그것은 현존과의 연결입니다. 이와 같이 연결이 끊어진 이유는 여러분이 다음 단계로 올라가지 않았기 때문입니다.

여러분은 거리감에 기반한 멘탈 이미지를 내려놓지 않았습니다. 그러므로 아이앰 현존은 여러분이 그 이미지를 마음속에서 처리하고, 거리감을 극복하고, 그것에 의문을 제기할 때까지 물러나 있어야 합니다. 그런 다음에 현존은 다시 여러분과 상호작용할 수 있습니다. 여기서 여러분이 해야 할 일과 내가 도우려는 일은, 여러분이 아이앰 현존에게 특별한 질문에 대한 대답이나, 어떤 상황에서 해야 할 일이나 하지 말아야 할 일에 대한 지시를 요청하지 않는 지점에 이르는 것입니다. 만트라에서 내가 말했듯이, 여러분은 자신이 이곳 세상에 존재하는 아이앰 현존임을 인식할 수 있는 지점으로 나아가고 있습니다. 내가 아이앰 현존인 것이 아니라, 현존이 이곳에서 여러분과 함께 하기 때문에 내가 현존인 것입니다. 현존은 여러분의 낮은 존재를 통해 표현될 수 있으며, 이것은 개인적인 그리스도 의식의 단계들이 실제로 존재한다는 의미입니다. 그것이 바로 여러분을 통해 그 자신을 표현하는 그리스도 마음임을 우리는 이미 설명했으며, 이것은 맞는 말입니다.

여러분에게는 그리스도 마음이 필요하지만, 아이앰 현존은 그리스도 마음과 분리되어 있지 않습니다. 그러나 우리가 앞에서 말하고 성 저메인도 설명했듯이, 여러분이 이런 그리스도 의식의 단계들에 도달할 때 꼭두각시 인형이 되는 것은 아닙니다. 여러분은 줄에 매달린 인형이 아닙니다. 왜냐하면 여러분은 자신의 그리스도 의식을 어떻게 표현하고 싶은지를 직접 결정해야 하기 때문입니다. 그러나 의식하는 자아는 이것을 혼자서 혹은 분리된 존재로서 결정할 필요가 없습니다. 여러분이 현존과의 더 큰 연합으로 들어갈 때, 그때는 누가 결정을 할까요? 그것은 의식하는 자아일까요? 아니면 현존일까요? 예수께서 말했듯이, 내 아버지께서 지금까지 일하시니 나도 일합니다.

현존의 I Will Be Who I Will Be 측면

이렇게 느끼기 시작하는 시점이 올 수 있습니다. "현존과 의식하는 자아 사이에 어떤 차이가 있을까? 현존과 나 사이에 어떤 차이가 있나요?" 이런 질문조차 거리감을 내포하고 있습니다. 하지만 이런 질문을 초월해서 그냥 이렇게 경험하는 시점이 옵니다. "더 이상 아무런 차이가 없으므로, 이런 질문을 하는 것조차 의미가 없습니다." 여러분은 의식하는 자아가 현존임을 깨닫게 됩니다. 여러분은 물리층과 감정층, 멘탈층, 정체성층에 존재하는 현존입니다. 여러분은 현존입니다. 하지만 조금 전에 우리가 말했듯이, 여러분은 현존의 "내가 되고자 하는 나로 될 존재(I Will Be Who I Will Be)" 측면입니다. 현존의 "아이엠 댓 아이엠(I AM That I AM)" 측면과는 반대입니다. "내가 되고자 하는 나로 될 존재(I Will Be Who I Will Be)"는 현존의 오메가 측면, 여성적 측면 또는 표현된 측면입니다. "아이엠 댓 아이엠(I AM That I AM)"은 영적인 영역에 존재하며 앞으로도 그곳에 남아 있을 것이므로, 그것은 미상승 구체에서 일어나는 어떤 일에 의해서도 파괴될 수 없습니다. 하지만 "내가 되고자 하는 나로 될 존재(I Will Be Who I Will Be)" 측면은 미상승 구체에서 자신을 표현하기로 결정하는 측면입니다. 그리스도 마음은 여러분에게 앞으로 나아가는 에너지와 추진력을 준다고 말할 수 있습니다. 하지만 그 움직임이 특정한 상황으로 들어가서,

특정한 상황을 구현하거나 특정한 경험을 갖도록 지휘하는 것은 현존의 "내가 될(I Will Be)" 측면입니다.

그러한 구분이 사라져버리는 지점이 있습니다. 그리스도 마음과 아이앰 현존, 그리고 의식하는 자아 사이의 차이가 무엇인가요? 낮은 수준들에서는, 의식하는 자아가 의식을 전환하는 데 도움이 될 수 있기 때문에 그런 구분을 하는 것이 의미가 있습니다. 그러나 의식하는 자아에게 그런 구분이 사라지는 시점이 옵니다. 여러분은 그것에 신경 쓰지 않습니다. 자신이 144 의식 수준의 어느 단계에 있는지에 관심을 두지 않는 시점이 옵니다. 97단계, 108단계, 혹은 128단계, 그 어디에 여러분이 있을까요? 여러분은 더 이상 자신이 어느 단계에 있는지 염려하지 않습니다. 왜냐하면 자신이 보아야 할 모든 환영을 여러분은 계속 살펴보고 있기 때문입니다. 대부분의 시간을 여러분은 이 세상에서 표현하고 싶은 것, 즉 여러분 자신을 표현하는 데 집중하고 있습니다. 여러분이 어느 단계에 있는지는 중요하지 않습니다. 의식의 단계들이나 우주적 그리스도 마음, 아이앰 현존, 의식하는 자아를 구분하는 것은 중요하지 않습니다. 그들 모두가 함께 섞여 있습니다.

의식하는 자아와 현존의 결합

여러분이 자신의 마음과 마음 안에서 일어나는 일들을 살펴보면, 외적 상황에 대한 집착들을 모두 극복했기 때문에 감정체가 훨씬 고요해진 것을 인식할 수 있는 시점이 옵니다. 여러분의 감정은 대체로 매우 고요하지만, 감정이 동요되는 경험을 하거나 그런 상황을 겪을 수도 있습니다. 하지만 아주 짧은 시간 안에 감정이 다시 가라앉는 것을 경험하게 됩니다. 여러분이 그 감정을 증폭시키거나 그 감정에 관여하지 않기 때문입니다. 그냥 감정체 안에서 뭔가 살짝 일어났을 뿐입니다.

여러분이 멘탈 마음을 살펴보면, 이 마음 역시 훨씬 고요해졌음을 알 수 있습니다. 하지만 원숭이 마음은 원숭이 마음이고, 원숭이는 늘 말하고 늘 행동하기 마련입니다. 항상 생각들이 떠오르곤 하지만, 그것들은 단지 그 마음에서 왔을 뿐입니다. 달리 말해서, 여러분은 감정, 멘탈, 정체성체가 훨씬 더 고요해진, 더 높은 수준의 의식에 도달했다는 것을 인식하게 됩니다. 여러분에게 분리된 자아나 축적된 에너지가 그리 많이 남아 있지는 않지만, 여러분은 여전히 밀도가 높은 행성에 육화해 있습니다. 집단의식이 소용돌이치고 있고, 여러분은 집단의식으로부터 완전히 떨어져 있지 않습니다. 여러분은 삼사라의 바다에서 헤엄치고 있거나, 적어도 삼사라의 바다에 떠 있는 반야의 배 안에 있습니다. 얼마간의 파도가 일어날 것입니다. 감정이 일어나고, 생각이 일어나고, 종종 어떤 정체감들도 일어날 수 있지만, 여러분은 그것에 집착하지 않습니다.

그 시점에서 여러분이 깨닫기 시작하는 것은 바로 이것입니다. "긍정적인 감정을 느끼고, 긍정적인 생각을 하고, 긍정적인 정체감을 가지는 것, 그리고 긍정적인 행동을 취하는 것은 무엇일까?" 그것은 의식하는 자아일까요? 아니면 현존일까요? 자, 사실은 그 둘 다입니다. 그것은 이 둘의 결합입니다. 여기에서 깨달을 수 있는 것은 "나의 현존이 지금까지 일하고 있으므로, 나도 일하고 있다."라는 것입니다. 그리고 그 둘 사이의 구분은 의미가 없어집니다. 그런 다음 여러분이 실제로 깨달을 수 있는 것은 여러분 생각의 많은 부분이 현존으로부터 온다는 것입니다. 여러분의 현존이 여러분을 통해 생각하는 것입니다. 여러분의 정체감은 현존으로부터 옵니다. 여러분의 멘탈체에 있는 생각들도 현존으로부터 옵니다. 여러분의 감정도 현존으로부터 옵니다. 따라서 여러분은 현존으로부터 오는 흐름에 따라 행동하게 됩니다. 이것이 바로, 여러분이 도달하고자 하는 상태입니다.

선형적인 과정을 따르면서 이 상태에 도달할 수 있다는 것이 아닙니다. 선형적인 마음으로는 그 지점에 도달할 수 없습니다. 지금 나는 아이앰 현존과 의식하는 자아와 그리스도 마음을 구분하는 것이 타당하지 않은 시점이 온다는 이미지를 주고 있습니다. 여러분은 그것에 신경 쓰지 않습니다. 하지만 그 시점에 이르면, 여러분은 자신이 가지고 있는 이런 멘탈 이미지들을 살펴보고, 점진적으로 그것들에 도전하고 극복하려는 의지를 내야만 합니다. 그 멘탈 이미지들이 여러분에게 도움을 주고 여정의 특정한 지점으로 여러분을 데려왔지만, 이제는 그것들을 놓아줄 때임을 알아야 합니다.

우리는 특정한 고도까지 올려주는 커다란 추진 장치를 하부에 장착한 로켓의 이미지를 주었습니다. 일정한 고도에 오른 다음에는 그 추진 장치를 분리해서 버려야만 로켓이 계속 상승할 수 있습니다. 바로 이런 것이 영적인 여정의 방식입니다. 여러분은 48단계에서 96단계 사이에 특정한 영적인 자아를 구축해서 그곳에 도달했지만, 96단계 이후에는 이런 구분들이 사라지도록 점진적으로 그것들을 떨어뜨려야 합니다. 실제로 여러분이 아이앰 현존과 '연결'되는 것은 결코 아니라고 할 수 있습니다. 여러분은 현존으로 존재할 수 있거나 혹은 현존으로 존재할 수 없습니다. 이것은 삶(Life)을 선택하느냐, 죽음을 선택하느냐의 문제입니다.

현존과의 관계를 초월해서 현존이 되기

이것들이 아이앰 현존, 그리고 아이앰 현존과 의식하는 자아의 관계에 대해 내가 전하고 싶었던 개념들입니다. 어떤 의미에서 여러분은 더 이상 관계가 없는 지점에 도달해야 한다고 말할 수 있습니다. 왜냐하면 관계란, 서로 연관된 두 존재가 있다는 사실을 함축하기 때문입니다. 둘 사이에 구분이 없어지면, 여기에 정말 관계가 있다고 말할 수 없게 됩니다. 이것이 여러분이 현존에 대해 가지고 있는 잠재력입니다. 여러분은 항상 상승 마스터들이나 다른 사람들과 관계를 맺을 것입니다. 하지만 현존과 함께할 경우 여러분은 관계를 초월해서, 그냥 현존으로 존재할 수 있습니다. 나는 현존입니다(I am Presence).

이것으로, 이곳의 물리적인 행사에 참석해준 여러분에게 감사를 전합니다. 이 행사는 감정, 멘탈, 정체성층과 상승 영역까지 도달하므로, 물리적인 행사 이상의 의미를 지닙니다. 이는 성인들의 통공[11]이며, 위와 아래를 연결하는 8자 형상의 흐름입니다. 혹 여러분이 또 다른 이미지를 만들지 않도록, 여정에서 "위에서처럼 아래에서도"라는 이 말을 숙고해야 하는 시점이 있음을 분명히 말하고 싶습니다. 이제 이렇게 말하세요. "위의 아이앰 현존처럼, 아래의 의식하는 자아도." 그러나 내가 말했듯이, 아이앰 현존이 위에 있지 않고, 의식하는 자아가 아래에 있지 않는 지점이 옵니다. 이들은 하나로 통합되어 있습니다. 의식하는 자아는 자신이 현존임을 깨닫습니다. 그리고 이것이 당연히 여러분이 있고 싶은 자리입니다.

내가 여러분에게 바로 그 자리에 도달할 수 있도록 도울 수 있는 도구와 개념을 제공했기를 바랍니다. 여러분이 우리와 기꺼이 교류해준 것에 축하와 감사를 전합니다. 이를 통해 우리는 여러분뿐만 아니라 다른 많은 사람도 자신들의 영적인 스승들과 연결되고, 상위자아와 하나되는 과정을 더 쉽게 시작할 수 있는 충격파를 집단의식으로 보냈습니다. 우리가 '아이앰 현존'과 '상승 마스터'라는 특정한 명칭을 사용했지만, 영적인 스승들과 상위자아들은 항상 존재해 왔음을 여러분은 분명히 알고 있을 것입니다. 다양한 영적인 전통에 속한 많은 사람이, 심지어 종종 영적인 전통에 속하지 않은 많은 사람도 연결을 이룰 수 있었습니다.

우리는 여러분에게 구체적인 가르침과 도구들을 주고 있지만, 이 도구를 발견하지 못한 많은 사람도 당연히 연결될 수 있습니다. 이번

---

[11] 通功: the communing of saints, 성인(聖人)들의 기도와 공로가 통하는 모임

행사를 통해 여러분이 한 작업은, 모든 사람이 더 쉽게 연결될 수 있게 해줄 것이며, 바로 이런 것이 우리가 보기를 원하는 것입니다. 우리는 인정받는 것에 관해서는 관심이 없습니다. 우리의 관심은, 지구 행성의 의식을 높이고, 성 저메인의 황금시대를 위한 선두주자가 될 잠재력이 있거나 상승할 자질을 지닌 사람들의 의식을 높이는 데 있습니다. 다시 한번 여러분의 노력에 감사하며, 기쁨에 넘치는 내 현존 안에 여러분을 봉인합니다. 나는 마이트레야입니다 (Maitreya I AM).

14-1
나의 현존을 기원합니다

I AM THAT I AM, 예수 그리스도의 이름으로 나는 마이트레야를 부르며, 내가 현존(Presence)임을 경험하기 위해 놓아버려야 하는 것을 볼 수 있도록 도와달라고 요청합니다…
(여기에 개인적인 요청을 추가하세요)

파트 1

1. 마이트레야여, 영적인 영역이 물질 영역까지 침투해 있다는 점에서, 내가 실제로 영적인 영역과 분리되어 있지 않음을 경험하겠습니다.

마이트레야여, 나는 진실로 온유하며,
겸허하게 당신의 지혜로운 조언을 구합니다.
나는 간절히 당신의 비전을 보기 원하며,
당신과 함께 에덴에 머물겠습니다.

**마이트레야여, 친절은 치유이며,
친절의 불꽃은 나를 순수하게 합니다.
마이트레야여, 지금 그 불꽃을 방출하시어,
나를 영원히 더 높이 올려주소서.**

2. 마이트레야여, 내가 어디에 있든 나의 아이앰 현존이 내 주위에,
내 안에, 나와 함께 있음을 경험하겠습니다.

마이트레야여, 진실로 당신께 배우기를 열망하니,
내가 당신께 돌아갈 수 있게 하소서.
하나됨만이 내 모든 바람이 되니
나는 타오르는 입문의 불꽃을 느낍니다.

**마이트레야여, 친절은 치유이며,
친절의 불꽃은 나를 순수하게 합니다.
마이트레야여, 지금 그 불꽃을 방출하시어,
나를 영원히 더 높이 올려주소서.**

3. 마이트레야여, 나는 기꺼이 전환을 이루겠습니다. 많은 종교에서 내려오는 이미지, 즉 아이앰 현존이 소원을 들어주는 신과 같은 존재라는 이미지를 투사하는 것으로는 아이앰 현존과 진정으로 연결되지 못함을 깨닫겠습니다.

마이트레야여, 더 이상은 당신을 피해,
숨지 않겠다고 결심합니다.
에덴의 자아를 죽음에 이르게 했던
그 거짓말을 내게 드러내 주소서.

**마이트레야여, 친절은 치유이며,
친절의 불꽃은 나를 순수하게 합니다.
마이트레야여, 지금 그 불꽃을 방출하시어,
나를 영원히 더 높이 올려주소서.**

4. 마이트레야여, 아이앰 현존은 상승하지 않았으므로 신이 아니라는 것을 경험하겠습니다. 내 아이앰 현존은 상승한 존재가 아닙니다. 의

식하는 자아인 내가 현존에게 다시 올라갈 때, 내 아이앰 현존은 상승한 존재가 됩니다.

마이트레야여, 내 신성한 구루시여,
내 가슴은 영원히 당신의 것입니다.
당신의 말씀을 깊이 듣겠다는 맹세로,
우리는 이제 뱀의 마법을 깨뜨립니다.

**마이트레야여, 친절은 치유이며,
친절의 불꽃은 나를 순수하게 합니다.
마이트레야여, 지금 그 불꽃을 방출하시어,
나를 영원히 더 높이 올려주소서.**

5. 마이트레야여, 내 아이앰 현존과 상승 마스터 사이에는 근본적인 차이가 있음을 인정합니다. 상승 마스터들은 상승했습니다. 내 아이앰 현존은 영적인 영역의 낮은 층에 존재하지만, 아직 상승 마스터는 아닙니다.

마이트레야여, 우리의 연결을 끊어버린
뱀의 거짓말을 볼 수 있게 도와주소서.
이제 뱀은 내 안에서 가져갈 것이 없으니,
하나됨 안에서 나는 참 자유를 누립니다.

**마이트레야여, 친절은 치유이며,
친절의 불꽃은 나를 순수하게 합니다.
마이트레야여, 지금 그 불꽃을 방출하시어,
나를 영원히 더 높이 올려주소서.**

6. 마이트레야여, 나는 기꺼이 마음을 전환해서 나와 현존 사이에 거리가 있다는 이미지에 도전하겠습니다. 나는 여정을 가는 동안 마음

속에 만든 그 모든 이미지에, 심지어 마스터들의 가르침에 근거해서
만든 이미지에도 의문을 제기합니다.

마이트레야여, 진리는 이원성의 거짓에서
나를 자유롭게 해방합니다.
나는 지식의 열매(분리 의식)를 놓아버리고,
당신의 진정한 영을 깨닫습니다.

**마이트레야여, 친절은 치유이며,
친절의 불꽃은 나를 순수하게 합니다.
마이트레야여, 지금 그 불꽃을 방출하시어,
나를 영원히 더 높이 올려주소서.**

7. 마이트레야여, 나는 기꺼이 여정을 돌아보면서, 내가 상승 마스터의 가르침을 발견했을 때 그 당시 의식 수준에 근거해서 아이앰 현존에 대한 멘탈 이미지를 만들었으며, 따라서 그것은 부정확하고 현존과의 연결에 도움이 되지 않음을 보겠습니다.

마이트레야여, 순수한 의도와 진실한 가슴으로,
나는 당신께 귀의합니다.
나는 에고에서 진실로 해방되어,
이제 당신과 완전한 하나가 됩니다.

**마이트레야여, 친절은 치유이며,
친절의 불꽃은 나를 순수하게 합니다.
마이트레야여, 지금 그 불꽃을 방출하시어,
나를 영원히 더 높이 올려주소서.**

8. 마이트레야여, 이렇게 높은 영적인 가르침을 발견할 수 있었던 것은 내가 매우 높은 의식 수준에 있었기 때문이라는 가정을 놓아버립

니다. 나에게 가르침이 필요했으므로 스승이 나타난 것이며, 이것은 내가 가장 높은 의식 수준에 있지 않다는 의미임을 깨달습니다.

마이트레야여, 친절이야말로 열쇠이니,
내게 친절의 모든 색조를 가르쳐 주소서.
나는 이제 열린 문이 되어,
친절의 예술을 되살립니다.

**마이트레야여, 친절은 치유이며,
친절의 불꽃은 나를 순수하게 합니다.
마이트레야여, 지금 그 불꽃을 방출하시어,
나를 영원히 더 높이 올려주소서.**

9. 마이트레야여, 내가 처음 가르침을 발견했을 때 상승 마스터들을 바라보던 방식이, 상승 마스터들을 바라보는 가장 높은 방식이 아니었음을 깨달습니다. 내가 처음 가르침을 발견했을 때 아이앰 현존을 바라보던 방식도, 아이앰 현존을 바라보는 가장 높은 방식이 아니었습니다.

마이트레야여, 오 감미로운 신비여,
나는 당신의 실재 안에 잠깁니다.
이제 신비학교가 다시 돌아오며,
내 가슴은 불꽃처럼 타오릅니다.

**마이트레야여, 친절은 치유이며,
친절의 불꽃은 나를 순수하게 합니다.
마이트레야여, 지금 그 불꽃을 방출하시어,
나를 영원히 더 높이 올려주소서.**

파트 2

1. 마이트레야여, 내가 더 낮은 의식 상태에서 이 가르침을 발견했음을 깨닫습니다. 나는 그 가르침을 사용해 내 아이앰 현존에 대한 멘탈 이미지를 형성했습니다. 나는 이 이미지가 정확하고 가능한 최상의 것이라는 믿음을 놓아버립니다.

마이트레야여, 나는 진실로 온유하며,
겸허하게 당신의 지혜로운 조언을 구합니다.
나는 간절히 당신의 비전을 보기 원하며,
당신과 함께 에덴에 머물겠습니다.

**마이트레야여, 친절은 치유이며,
친절의 불꽃은 나를 순수하게 합니다.
마이트레야여, 지금 그 불꽃을 방출하시어,
나를 영원히 더 높이 올려주소서.**

2. 마이트레야여, 나는 더 낮은 수준에서 형성된 아이앰 현존의 이미지가 적절치 않음을 인정합니다. 나는 아이앰 현존과 더 높은 수준의 관계로 올라가야 합니다. 나는 마스터들과 내 아이앰 현존에 대한 내 멘탈 이미지를 모두 바꾸겠습니다.

마이트레야여, 진실로 당신께 배우기를 열망하니,
내가 당신께 돌아갈 수 있게 하소서.
하나됨만이 내 모든 바람이 되니
나는 타오르는 입문의 불꽃을 느낍니다.

**마이트레야여, 친절은 치유이며,
친절의 불꽃은 나를 순수하게 합니다.
마이트레야여, 지금 그 불꽃을 방출하시어,
나를 영원히 더 높이 올려주소서.**

3. 마이트레야여, 내가 선형적인 마음으로 이런 멘탈 이미지를 만든다면, 거리를 두고 보고 있는 것임을 인정합니다. "나는 여기에 있는 주체입니다. 나의 아이앰 현존은 저기 위에 있습니다. 현존은 내가 공부하고 있는 객체이고, 내가 다가가고 있는 대상이며, 기도의 대상입니다."

마이트레야여, 더 이상은 당신을 피해,
숨지 않겠다고 결심합니다.
에덴의 자아를 죽음에 이르게 했던
그 거짓말을 내게 드러내 주소서.

마이트레야여, 친절은 치유이며,
친절의 불꽃은 나를 순수하게 합니다.
마이트레야여, 지금 그 불꽃을 방출하시어,
나를 영원히 더 높이 올려주소서.

4. 마이트레야여, 나를 주체로 보고 아이앰 현존을 객체로 보는 한, 나와 아이앰 현존 사이에 거리가 있음을 긍정하는 것입니다. 거리가 있다고 투사하고 있는 한, 나는 아이앰 현존과 연결되거나 하나가 될 수 없습니다.

마이트레야여, 내 신성한 구루시여,
내 가슴은 영원히 당신의 것입니다.
당신의 말씀을 깊이 듣겠다는 맹세로,
우리는 이제 뱀의 마법을 깨뜨립니다.

마이트레야여, 친절은 치유이며,
친절의 불꽃은 나를 순수하게 합니다.
마이트레야여, 지금 그 불꽃을 방출하시어,
나를 영원히 더 높이 올려주소서.

5. 마이트레야여, 현존과 연결되기 위해서는 내가 밀어붙여야 한다는 믿음을 놓아버립니다. 목표에 도달하지 못했다면 더 세게 밀어붙여야 한다고 생각하며 내 앞의 목표를 계속 밀고 있다면, 나는 결코 목표에 도달할 수 없습니다.

마이트레야여, 우리의 연결을 끊어버린
뱀의 거짓말을 볼 수 있게 도와주소서.
이제 뱀은 내 안에서 가져갈 것이 없으니,
하나됨 안에서 나는 참 자유를 누립니다.

**마이트레야여, 친절은 치유이며,
친절의 불꽃은 나를 순수하게 합니다.
마이트레야여, 지금 그 불꽃을 방출하시어,
나를 영원히 더 높이 올려주소서.**

6. 마이트레야여, 내 아이앰 현존과의 하나됨을 방해하고 있는 것은 내 잠재의식적 자아들이라는 단순한 역학을 깨닫습니다. 이런 자아들을 극복함에 따라 의식하는 자아가 외적인 마음에서 철수해서 나머지 자아들을 벗어나기가 점점 쉬워집니다.

마이트레야여, 진리는 이원성의 거짓에서
나를 자유롭게 해방합니다.
나는 지식의 열매(분리 의식)를 놓아버리고,
당신의 진정한 영을 깨닫습니다.

**마이트레야여, 친절은 치유이며,
친절의 불꽃은 나를 순수하게 합니다.
마이트레야여, 지금 그 불꽃을 방출하시어,
나를 영원히 더 높이 올려주소서.**

7. 마이트레야여, 내 아이앰 현존은 멀리 떨어져 있는 것이 아니라 나를 감싸고 있다는 것을 경험하겠습니다. 내가 현존의 일부이며, 현존 안에 있다는 것을 경험하겠습니다.

마이트레야여, 순수한 의도와 진실한 가슴으로,
나는 당신께 귀의합니다.
나는 에고에서 진실로 해방되어,
이제 당신과 완전한 하나가 됩니다.

마이트레야여, 친절은 치유이며,
친절의 불꽃은 나를 순수하게 합니다.
마이트레야여, 지금 그 불꽃을 방출하시어,
나를 영원히 더 높이 올려주소서.

8. 마이트레야여, 나는 현존이 저 위에 있다고 보는 대신 나를 감싸고 있다는 것을 경험하기 시작합니다. 나는 아이앰 현존의 바다에서 일렁이고 있는 파도입니다.

마이트레야여, 친절이야말로 열쇠이니,
내게 친절의 모든 색조를 가르쳐 주소서.
나는 이제 열린 문이 되어,
친절의 예술을 되살립니다.

마이트레야여, 친절은 치유이며,
친절의 불꽃은 나를 순수하게 합니다.
마이트레야여, 지금 그 불꽃을 방출하시어,
나를 영원히 더 높이 올려주소서.

9. 마이트레야여, 나는 기꺼이 파도 속으로 더 깊게 가라앉아 바다 자

체를 느끼는 경험을 하겠습니다. 나는 바다의 움직임과 함께 흘러갈
수 있습니다. 나는 아이앰 현존과의 하나됨을 경험합니다.

마이트레야여, 오 감미로운 신비여,
나는 당신의 실재 안에 잠깁니다.
이제 신비학교가 다시 돌아오며,
내 가슴은 불꽃처럼 타오릅니다.

마이트레야여, 친절은 치유이며,
친절의 불꽃은 나를 순수하게 합니다.
마이트레야여, 지금 그 불꽃을 방출하시어,
나를 영원히 더 높이 올려주소서.

파트 3

1. 마이트레야여, 내가 아이앰 현존임을 기꺼이 경험하겠습니다. 나는 아이앰 현존으로부터 나왔습니다. 비록 여정의 낮은 단계에서는 그렇게 보일지라도, 내 아이앰 현존은 나와 다르지 않습니다. 나는 이 환상에 도전합니다.

마이트레야여, 나는 진실로 온유하며,
겸허하게 당신의 지혜로운 조언을 구합니다.
나는 간절히 당신의 비전을 보기 원하며,
당신과 함께 에덴에 머물겠습니다.

마이트레야여, 친절은 치유이며,
친절의 불꽃은 나를 순수하게 합니다.
마이트레야여, 지금 그 불꽃을 방출하시어,
나를 영원히 더 높이 올려주소서.

2. 마이트레야여, 나는 아이앰 현존과 내가 별개의 존재라는 환상에 도전합니다. 나는 아이앰 현존으로부터 나왔습니다. 나는 현존의 바다에서 일렁이고 있는 파도입니다.

마이트레야여, 진실로 당신께 배우기를 열망하니,
내가 당신께 돌아갈 수 있게 하소서.
하나됨만이 내 모든 바람이 되니
나는 타오르는 입문의 불꽃을 느낍니다.

마이트레야여, 친절은 치유이며,
친절의 불꽃은 나를 순수하게 합니다.
마이트레야여, 지금 그 불꽃을 방출하시어,
나를 영원히 더 높이 올려주소서.

3. 마이트레야여, 내가 아이앰 현존과 분리되어 있다는 환상, 내가 아이앰 현존과는 다른 별개의 존재라는 환상을 놓아버립니다. 나는 이렇게 받아들입니다. "내가 바로 그 현존(the Presence)입니다."

마이트레야여, 더 이상은 당신을 피해,
숨지 않겠다고 결심합니다.
에덴의 자아를 죽음에 이르게 했던
그 거짓말을 내게 드러내 주소서.

마이트레야여, 친절은 치유이며,
친절의 불꽃은 나를 순수하게 합니다.
마이트레야여, 지금 그 불꽃을 방출하시어,
나를 영원히 더 높이 올려주소서.

4. 마이트레야여, 내 아이앰 현존이 (지금 여기서 의식할 수 있는) 존재감(presence)임을 경험하겠습니다. 아이앰 현존은 개별성을 가졌지

만 존재감입니다. 그러므로 나는 압니다. "나는 현존(Presence)입니다."

마이트레야여, 내 신성한 구루시여,
내 가슴은 영원히 당신의 것입니다.
당신의 말씀을 깊이 듣겠다는 맹세로,
우리는 이제 뱀의 마법을 깨뜨립니다.

마이트레야여, 친절은 치유이며,
친절의 불꽃은 나를 순수하게 합니다.
마이트레야여, 지금 그 불꽃을 방출하시어,
나를 영원히 더 높이 올려주소서.

5. 마이트레야여, 나는 의식하는 자아(Conscious You)가 외적인 인격을 벗어나 현존을 경험하고, 현존인 나 자신을 경험하는 것을 기꺼이 경험하겠습니다.

마이트레야여, 우리의 연결을 끊어버린
뱀의 거짓말을 볼 수 있게 도와주소서.
이제 뱀은 내 안에서 가져갈 것이 없으니,
하나됨 안에서 나는 참 자유를 누립니다.

마이트레야여, 친절은 치유이며,
친절의 불꽃은 나를 순수하게 합니다.
마이트레야여, 지금 그 불꽃을 방출하시어,
나를 영원히 더 높이 올려주소서.

6. 마이트레야여, 나는 내 멘탈 이미지들을 놓아버리며, 현존과의 경험에 그 이미지들을 투사하는 것을 거부합니다. 나는 소원을 성취해 주는 신의 이미지를 놓아버립니다. 그리고 내 아이앰 현존이 아직 상승하지 않은 존재임을 받아들입니다. 나는 아이앰 현존이 모든 것을

알고 있다고 기대하지 않겠습니다.

마이트레야여, 진리는 이원성의 거짓에서
나를 자유롭게 해방합니다.
나는 지식의 열매(분리 의식)를 놓아버리고,
당신의 진정한 영을 깨닫습니다.

**마이트레야여, 친절은 치유이며,
친절의 불꽃은 나를 순수하게 합니다.
마이트레야여, 지금 그 불꽃을 방출하시어,
나를 영원히 더 높이 올려주소서.**

7. 마이트레야여, 나는 내 아이앰 현존이 신이나 상승 마스터 같은 존재이고, 모든 것을 알고 있고, 초인간적이고, 초자연적 능력을 가지고 있으며, 내게 호의를 베풀고, 카르마로부터 나를 보호할 수 있다는 이미지를 놓아버립니다.

마이트레야여, 순수한 의도와 진실한 가슴으로,
나는 당신께 귀의합니다.
나는 에고에서 진실로 해방되어,
이제 당신과 완전한 하나가 됩니다.

**마이트레야여, 친절은 치유이며,
친절의 불꽃은 나를 순수하게 합니다.
마이트레야여, 지금 그 불꽃을 방출하시어,
나를 영원히 더 높이 올려주소서.**

8. 마이트레야여, 내 아이앰 현존이 아직 상승하지 않은 존재임을 받아들입니다. 아이앰 현존은 나보다 더 광범위한 조망을 가지고 있지만, 여전히 지구에서 경험하고 싶은 것에 대한 욕망을 가지고 있습니

다. 내 아이앰 현존은 상승 마스터처럼 모든 것에 대해 완전한 이해를 하고 있지 않습니다.

마이트레야여, 친절이야말로 열쇠이니,
내게 친절의 모든 색조를 가르쳐 주소서.
나는 이제 열린 문이 되어,
친절의 예술을 되살립니다.

**마이트레야여, 친절은 치유이며,
친절의 불꽃은 나를 순수하게 합니다.
마이트레야여, 지금 그 불꽃을 방출하시어,
나를 영원히 더 높이 올려주소서.**

9. 마이트레야여, 아이앰 현존은 자신이 보는 그대로의 자신에게 집중하고 있음을 받아들입니다. 나는 아이앰 현존을 내가 가진 모든 의문에 답해줄 수 있는 존재로 보지 않겠습니다.

마이트레야여, 오 감미로운 신비여,
나는 당신의 실재 안에 잠깁니다.
이제 신비학교가 다시 돌아오며,
내 가슴은 불꽃처럼 타오릅니다.

**마이트레야여, 친절은 치유이며,
친절의 불꽃은 나를 순수하게 합니다.
마이트레야여, 지금 그 불꽃을 방출하시어,
나를 영원히 더 높이 올려주소서.**

파트 4

1. 마이트레야여, 나는 아이앰 현존을 나를 위해 무언가를 해줄 존재

로 보지 않겠습니다. 내가 이런 이미지를 유지하면 아이앰 현존과의 거리감을 강화하게 된다는 것을 압니다.

마이트레야여, 나는 진실로 온유하며,
겸허하게 당신의 지혜로운 조언을 구합니다.
나는 간절히 당신의 비전을 보기 원하며,
당신과 함께 에넨에 머물겠습니다.

**마이트레야여, 친절은 치유이며,
친절의 불꽃은 나를 순수하게 합니다.
마이트레야여, 지금 그 불꽃을 방출하시어,
나를 영원히 더 높이 올려주소서.**

2. 마이트레야여, 내가 현존을 경험하기 시작할 때, 그것이 약간 정신 분열증적인 단계와 비슷하다는 것을 인정합니다. 나는 평범한 일상을 보내고 있지만, 삶에 대해 다른 관점을 가진 현존을 경험하기 시작합니다.

마이트레야여, 진실로 당신께 배우기를 열망하니,
내가 당신께 돌아갈 수 있게 하소서.
하나됨만이 내 모든 바람이 되니
나는 타오르는 입문의 불꽃을 느낍니다.

**마이트레야여, 친절은 치유이며,
친절의 불꽃은 나를 순수하게 합니다.
마이트레야여, 지금 그 불꽃을 방출하시어,
나를 영원히 더 높이 올려주소서.**

3. 마이트레야여, 나는 아이앰 현존이 어려운 상황에서 나를 도와주거나 특정한 상황에서 내가 무엇을 해야 하는지 알려주기를 바라는 욕

망을 놓아버립니다.

마이트레야여, 더 이상은 당신을 피해,
숨지 않겠다고 결심합니다.
에덴의 자아를 죽음에 이르게 했던
그 거짓말을 내게 드러내 주소서.

**마이트레야여, 친절은 치유이며,
친절의 불꽃은 나를 순수하게 합니다.
마이트레야여, 지금 그 불꽃을 방출하시어,
나를 영원히 더 높이 올려주소서.**

4. 마이트레야여, 내가 아이앰 현존에게 조언이나 안내를 구할 때 아이앰 현존이 응답을 해준다면, 그것은 내가 현존과 분리되어 있고, 현존은 내 소원을 들어주는 병 속의 지니와 같다는 내 이미지를 승인해 주는 것임을 압니다.

마이트레야여, 내 신성한 구루시여,
내 가슴은 영원히 당신의 것입니다.
당신의 말씀을 깊이 듣겠다는 맹세로,
우리는 이제 뱀의 마법을 깨뜨립니다.

**마이트레야여, 친절은 치유이며,
친절의 불꽃은 나를 순수하게 합니다.
마이트레야여, 지금 그 불꽃을 방출하시어,
나를 영원히 더 높이 올려주소서.**

5. 마이트레야여, 내가 이런 분리에 대한 멘탈 이미지를 계속 유지한다면, 아이앰 현존이 나에게서 철수해서 내 질문에 대답하지 않는 시기가 온다는 것을 압니다.

마이트레야여, 우리의 연결을 끊어버린
뱀의 거짓말을 볼 수 있게 도와주소서.
이제 뱀은 내 안에서 가져갈 것이 없으니,
하나됨 안에서 나는 참 자유를 누립니다.

**마이트레야여, 친절은 치유이며,
친절의 불꽃은 나를 순수하게 합니다.
마이트레야여, 지금 그 불꽃을 방출하시어,
나를 영원히 더 높이 올려주소서.**

6. 마이트레야여, 나는 기꺼이 거리감에 기반한 멘탈 이미지를 내려놓겠습니다. 나는 마음속에서 그 이미지를 처리하고, 거리감을 극복하고, 의문을 제기하겠습니다.

마이트레야여, 진리는 이원성의 거짓에서
나를 자유롭게 해방합니다.
나는 지식의 열매(분리 의식)를 놓아버리고,
당신의 진정한 영을 깨닫습니다.

**마이트레야여, 친절은 치유이며,
친절의 불꽃은 나를 순수하게 합니다.
마이트레야여, 지금 그 불꽃을 방출하시어,
나를 영원히 더 높이 올려주소서.**

7. 마이트레야여, 나는 아이앰 현존에게 특별한 질문에 대한 답을 구하고, 어떤 상황에서 무엇을 하고 무엇을 하지 말아야 할지에 대한 지시를 받으려는 욕망을 놓아버립니다. 내가 이곳 세상에 존재하는

현존임을 인정합니다[12]. 내가 '아이앰 현존'인 것이 아니라, 현존이 이곳에서 나와 함께 있으므로 나는 현존입니다.

마이트레야여, 순수한 의도와 진실한 가슴으로,
나는 당신께 귀의합니다.
나는 에고에서 진실로 해방되어,
이제 당신과 완전한 하나가 됩니다.

**마이트레야여, 친절은 치유이며,
친절의 불꽃은 나를 순수하게 합니다.
마이트레야여, 지금 그 불꽃을 방출하시어,
나를 영원히 더 높이 올려주소서.**

8. 마이트레야여, 내 현존이 내 낮은 존재를 통해서도 표현될 수 있다는 것을 경험하겠습니다. 이것은 개인적인 그리스도 의식의 단계들이 실제로 존재한다는 의미입니다. 내 아이앰 현존은 그리스도 마음과 분리되어 있지 않습니다.

마이트레야여, 친절이야말로 열쇠이니,
내게 친절의 모든 색조를 가르쳐 주소서.
나는 이제 열린 문이 되어,
친절의 예술을 되살립니다.

**마이트레야여, 친절은 치유이며,
친절의 불꽃은 나를 순수하게 합니다.
마이트레야여, 지금 그 불꽃을 방출하시어,
나를 영원히 더 높이 올려주소서.**

---

[12] I am Presence here in the world

9. 마이트레야여, 내가 그리스도 의식의 단계들에 이르렀을 때 꼭두각시 인형이 되는 것이 아님을 경험하겠습니다. 나는 내 그리스도 의식을 어떻게 표현할 것인지 결정해야 합니다. 그러나 의식하는 자아는 이것을 혼자서 혹은 분리된 존재로서 결정할 필요가 없습니다. 내가 현존과 더 큰 연합을 이뤘을 때, 결정하는 것은 의식하는 자아일까요? 현존일까요?

마이트레야여, 오 감미로운 신비여,
나는 당신의 실재 안에 잠깁니다.
이제 신비학교가 다시 돌아오며,
내 가슴은 불꽃처럼 타오릅니다.

마이트레야여, 친절은 치유이며,
친절의 불꽃은 나를 순수하게 합니다.
마이트레야여, 지금 그 불꽃을 방출하시어,
나를 영원히 더 높이 올려주소서.

파트 5

1. 마이트레야여, 나는 현존과 의식하는 자아 사이에 차이가 없다는 것을 경험하겠습니다. 현존과 나 사이에 어떤 차이가 있나요?

마이트레야여, 나는 진실로 온유하며,
겸허하게 당신의 지혜로운 조언을 구합니다.
나는 간절히 당신의 비전을 보기 원하며,
당신과 함께 에덴에 머물겠습니다.

마이트레야여, 친절은 치유이며,
친절의 불꽃은 나를 순수하게 합니다.
마이트레야여, 지금 그 불꽃을 방출하시어,

나를 영원히 더 높이 올려주소서.

2. 마이트레야여, 나는 기꺼이 이렇게 경험하겠습니다. "더 이상 차이가 없으므로 질문하는 것조차 의미가 없습니다."

마이트레야여, 진실로 당신께 배우기를 열망하니,
내가 당신께 돌아갈 수 있게 하소서.
하나됨만이 내 모든 바람이 되니
나는 타오르는 입문의 불꽃을 느낍니다.

**마이트레야여, 친절은 치유이며,
친절의 불꽃은 나를 순수하게 합니다.
마이트레야여, 지금 그 불꽃을 방출하시어,
나를 영원히 더 높이 올려주소서.**

3. 마이트레야여, 나는 의식하는 자아가 현존임을 경험하겠습니다. 나는 물질층, 감정층, 멘탈층, 정체성층에 존재하는 현존입니다.

마이트레야여, 더 이상은 당신을 피해,
숨지 않겠다고 결심합니다.
에덴의 자아를 죽음에 이르게 했던
그 거짓말을 내게 드러내 주소서.

**마이트레야여, 친절은 치유이며,
친절의 불꽃은 나를 순수하게 합니다.
마이트레야여, 지금 그 불꽃을 방출하시어,
나를 영원히 더 높이 올려주소서.**

4. 마이트레야여, 내가 그 현존임을, 즉 현존의 '내가 되고자 하는 나

로 될 존재[13], 측면임을 기꺼이 경험하겠습니다. "내가 되고자 하는 나로 될 존재"는 현존의 오메가 측면, 여성적 측면 또는 표현된 측면입니다.

마이트레야여, 내 신성한 구루시여,
내 가슴은 영원히 당신의 것입니다.
당신의 말씀을 깊이 듣겠다는 맹세로,
우리는 이제 뱀의 마법을 깨뜨립니다.

마이트레야여, 친절은 치유이며,
친절의 불꽃은 나를 순수하게 합니다.
마이트레야여, 지금 그 불꽃을 방출하시어,
나를 영원히 더 높이 올려주소서.

5. 마이트레야여, 영적인 영역에 존재하며 앞으로도 그곳에 남아 있을 '아이앰 댓 아이앰(I AM That I AM)' 측면이 있음을 경험하겠습니다. 그러나 '내가 되고자 하는 내가 될 존재(I Will Be Who I Will Be)' 측면은 미상승 구체에서 자신을 표현하기로 결정하는 측면입니다.

마이트레야여, 우리의 연결을 끊어버린
뱀의 거짓말을 볼 수 있게 도와주소서.
이제 뱀은 내 안에서 가져갈 것이 없으니,
하나됨 안에서 나는 참 자유를 누립니다.

마이트레야여, 친절은 치유이며,
친절의 불꽃은 나를 순수하게 합니다.
마이트레야여, 지금 그 불꽃을 방출하시어,
나를 영원히 더 높이 올려주소서.

---

[13] I Will Be Who I Will Be

6. 마이트레야여, 그리스도 마음이 나에게 앞으로 나아가는 에너지와 추진력을 준다는 것을 경험하겠습니다. 그러나 그 움직임이 특정한 상황으로 들어가서 특정한 상황을 구현하거나 특정한 경험을 갖도록 지휘하는 것은 현존의 '내가 될 (I Will Be)' 측면입니다.

마이트레야여, 진리는 이원성의 거짓에서
나를 자유롭게 해방합니다.
나는 지식의 열매(분리 의식)를 놓아버리고,
당신의 진정한 영을 깨닫습니다.

마이트레야여, 친절은 치유이며,
친절의 불꽃은 나를 순수하게 합니다.
마이트레야여, 지금 그 불꽃을 방출하시어,
나를 영원히 더 높이 올려주소서.

7. 마이트레야여, 나는 그 구분이 사라지는 것을 기꺼이 경험하겠습니다. 그리스도 마음과 아이앰 현존, 그리고 의식하는 자아 사이의 차이가 무엇인가요?

마이트레야여, 순수한 의도와 진실한 가슴으로,
나는 당신께 귀의합니다.
나는 에고에서 진실로 해방되어,
이제 당신과 완전한 하나가 됩니다.

마이트레야여, 친절은 치유이며,
친절의 불꽃은 나를 순수하게 합니다.
마이트레야여, 지금 그 불꽃을 방출하시어,
나를 영원히 더 높이 올려주소서.

8. 마이트레야여, 나는 의식하는 자아에게서 그런 구분이 사라지는 것을 경험하겠습니다. 나는 그것을 염려하지 않습니다. 내가 의식의 144단계 중 어디에 있는지 관심을 두지 않습니다. 나는 이 세상에서 나를 표현하는 것에, 내가 이 세상에 표현하고 싶은 것에 집중하고 있습니다.

마이트레야여, 친절이야말로 열쇠이니,
내게 친절의 모든 색조를 가르쳐 주소서.
나는 이제 열린 문이 되어,
친절의 예술을 되살립니다.

마이트레야여, 친절은 치유이며,
친절의 불꽃은 나를 순수하게 합니다.
마이트레야여, 지금 그 불꽃을 방출하시어,
나를 영원히 더 높이 올려주소서.

9. 마이트레야여, 나는 외적인 상황에 대한 집착을 모두 극복했기 때문에 내 감정체가 훨씬 더 고요해진 것을 경험하겠습니다. 감정의 동요가 있었다고 해도, 짧은 시간 안에 다시 평온해집니다. 나는 감정을 증폭시키거나 감정에 관여하지 않습니다.

마이트레야여, 오 감미로운 신비여,
나는 당신의 실재 안에 잠깁니다.
이제 신비학교가 다시 돌아오며,
내 가슴은 불꽃처럼 타오릅니다.

마이트레야여, 친절은 치유이며,
친절의 불꽃은 나를 순수하게 합니다.
마이트레야여, 지금 그 불꽃을 방출하시어,
나를 영원히 더 높이 올려주소서.

파트 6

1. 마이트레야여, 내 멘탈 마음이 훨씬 더 고요해진 것을 경험하겠습니다. 나는 내 감정체, 멘탈체, 정체성체가 훨씬 더 고요한 더 높은 수준의 의식에 도달했음을 인식합니다.

마이트레야여, 나는 진실로 온유하며,
겸허하게 당신의 지혜로운 조언을 구합니다.
나는 간절히 당신의 비전을 보기 원하며,
당신과 함께 에덴에 머물겠습니다.

**마이트레야여, 친절은 치유이며,
친절의 불꽃은 나를 순수하게 합니다.
마이트레야여, 지금 그 불꽃을 방출하시어,
나를 영원히 더 높이 올려주소서.**

2. 마이트레야여, 긍정적인 감정을 느끼고 긍정적인 생각을 하고 긍정적인 정체감을 가지며 긍정적인 행동을 하는 것이, 의식하는 자아와 아이앰 현존, 둘 다임을 압니다. 이제 이 둘은 결합되어 있습니다.

마이트레야여, 진실로 당신께 배우기를 열망하니,
내가 당신께 돌아갈 수 있게 하소서.
하나됨만이 내 모든 바람이 되니
나는 타오르는 입문의 불꽃을 느낍니다.

**마이트레야여, 친절은 치유이며,
친절의 불꽃은 나를 순수하게 합니다.
마이트레야여, 지금 그 불꽃을 방출하시어,
나를 영원히 더 높이 올려주소서.**

3. 마이트레야여, 나는 "내 현존이 지금까지 일하고 있으므로 나도 일하고 있다."라는 것을 경험하겠습니다." 둘 사이의 구분은 무의미합니다.

마이트레야여, 더 이상은 당신을 피해,
숨지 않겠다고 결심합니다.
에덴의 자아를 죽음에 이르게 했던
그 거짓말을 내게 드러내 주소서.

**마이트레야여, 친절은 치유이며,
친절의 불꽃은 나를 순수하게 합니다.
마이트레야여, 지금 그 불꽃을 방출하시어,
나를 영원히 더 높이 올려주소서.**

4. 마이트레야여, 내 생각의 많은 부분이 현존으로부터 온다는 것을 경험하겠습니다. 그것은 나를 통해 내 현존이 생각하는 것입니다.

마이트레야여, 내 신성한 구루시여,
내 가슴은 영원히 당신의 것입니다.
당신의 말씀을 깊이 듣겠다는 맹세로,
우리는 이제 뱀의 마법을 깨뜨립니다.

**마이트레야여, 친절은 치유이며,
친절의 불꽃은 나를 순수하게 합니다.
마이트레야여, 지금 그 불꽃을 방출하시어,
나를 영원히 더 높이 올려주소서.**

5. 마이트레야여, 내 정체감이 현존으로부터 오는 것을 경험하겠습니다. 내 멘탈체 안의 생각들도 현존으로부터 옵니다. 내 감정도 현존으

로부터 옵니다. 따라서 내 행동도 현존으로부터 흘러온 것입니다.

마이트레야여, 우리의 연결을 끊어버린
뱀의 거짓말을 볼 수 있게 도와주소서.
이제 뱀은 내 안에서 가져갈 것이 없으니,
하나됨 안에서 나는 참 자유를 누립니다.

**마이트레야여, 친절은 치유이며,
친절의 불꽃은 나를 순수하게 합니다.
마이트레야여, 지금 그 불꽃을 방출하시어,
나를 영원히 더 높이 올려주소서.**

6. 마이트레야여, 나는 의식적으로 나 자신에 대한 작업을 하고, 내가 가진 멘탈 이미지들을 살펴보고, 점진적으로 그것들에 도전하겠습니다. 그 멘탈 이미지들이 나에게 도움을 주고 여정의 특정한 지점으로 나를 데려왔지만, 이제는 그것들을 놓아줄 때임을 깨닫습니다.

마이트레야여, 진리는 이원성의 거짓에서
나를 자유롭게 해방합니다.
나는 지식의 열매(분리 의식)를 놓아버리고,
당신의 진정한 영을 깨닫습니다.

**마이트레야여, 친절은 치유이며,
친절의 불꽃은 나를 순수하게 합니다.
마이트레야여, 지금 그 불꽃을 방출하시어,
나를 영원히 더 높이 올려주소서.**

7. 마이트레야여, 실제로 내가 아이앰 현존과 연결되는 것은 결코 아님을 경험하겠습니다. 나는 현존으로 존재할 수 있거나, 혹은 현존으로 존재할 수 없습니다. 이것은 삶을 선택하느냐, 죽음을 선택하느냐

의 문제입니다.

마이트레야여, 순수한 의도와 진실한 가슴으로,
나는 당신께 귀의합니다.
나는 에고에서 진실로 해방되어,
이제 당신과 완전한 하나가 됩니다.

**마이트레야여, 친절은 치유이며,
친절의 불꽃은 나를 순수하게 합니다.
마이트레야여, 지금 그 불꽃을 방출하시어,
나를 영원히 더 높이 올려주소서.**

8. 마이트레야여, 나는 더 이상 관계가 존재하지 않는 지점에 도달하는 것을 기꺼이 경험하겠습니다. 왜냐하면 관계란, 연관된 두 존재가 있다는 사실을 함축하기 때문입니다. 하지만 둘 사이에 구분이 없어지면, 여기에 정말 관계가 있다고 말할 수 없습니다.

마이트레야여, 친절이야말로 열쇠이니,
내게 친절의 모든 색조를 가르쳐 주소서.
나는 이제 열린 문이 되어,
친절의 예술을 되살립니다.

**마이트레야여, 친절은 치유이며,
친절의 불꽃은 나를 순수하게 합니다.
마이트레야여, 지금 그 불꽃을 방출하시어,
나를 영원히 더 높이 올려주소서.**

9. 마이트레야여, 나는 말합니다. "위의 아이앰 현존처럼, 아래의 의식하는 자아도." 그러나 내 아이앰 현존은 위에 있지 않고, 내 의식하는 자아는 아래에 있지 않습니다. 나는 하나로 통합되어 있습니다. 의식

하는 자아는 자신이 현존임을 깨닫습니다. 그리고 그것이 바로 내가 있고 싶은 자리입니다.

마이트레야여, 오 감미로운 신비여,
나는 당신의 실재 안에 잠깁니다.
이제 신비학교가 다시 돌아오며,
내 가슴은 불꽃처럼 타오릅니다.

**마이트레야여, 친절은 치유이며,
친절의 불꽃은 나를 순수하게 합니다.
마이트레야여, 지금 그 불꽃을 방출하시어,
나를 영원히 더 높이 올려주소서.**

봉인
신성한 어머니의 이름으로, 나는 대천사 미카엘과 아스트레아와 쉬바께 나의 영적인 스승들과 아이앰 현존과 나와의 연결을 봉인해 주시기를 요청합니다. I AM THAT I AM의 이름으로, 이것이 이루어졌습니다! 아멘.

15
상위자아와 언어로 소통하는 것을 초월하세요

나는 상승 마스터 파드마삼바바입니다. 내 담화는 길지는 않을 것입니다. 하지만 나는 언어에 대해 얼마간 이야기해보려고 합니다. 여러분이 역사를 통해 이 행성에 전해져 온 영적인 가르침을 돌아본다면, 스스로에게 이런 질문을 할 수 있기 때문입니다. 여러 시대에 걸쳐 영적인 여정을 발견해 온 많은 진실한 사람들의 영적인 진보에 가장 큰 장애물은 무엇이며, 가장 큰 걸림돌은 무엇일까요? 진실로, 가장 큰 장애물은 언어입니다. 그렇다면, 스스로에게 이렇게 물어볼 수도 있습니다. 인류의 영적인 스승들에게 가장 큰 자산은 무엇일까요? 영적인 사람들에게 진보할 수 있는 가장 큰 기회는 무엇인가요? 그리고 그 대답은 언어입니다. 물론 그 단순한 이유는, 물질의 밀도와 집단의식의 밀도가 높은 지구 같은 행성에서는 대체로 텔레파시를 통한 소통의 실용성이 낮기 때문입니다. 따라서 영적인 가르침은 언어로 주어져야 합니다.

한편, 언어로 영적인 가르침을 주는 것은 진실로 기회입니다. 그것은 언어의 형태를 띤 영적인 영역으로부터의 소통이기 때문입니다. 그러나 다른 한편으로 언어는 영적인 진보에 가장 큰 장애물이기도 합니다. 왜 그럴까요? 사람들은 언어로 궁극적인 진리를 전달하거나 정의하기를 원하면서 그 언어로 된 표현에 집착하는 경향이 있기 때문입니다.

또 다른 이유는, 선형적인 마음, 즉 지성적이고 분석적이고 이성적으로 추론하는 마음은 언어로 마법을 부릴 수 있기 때문입니다. 여러분은 마법의 묘기를 보여주는 마술사들을 본 적이 있을 겁니다. 하지만 지성은 언어를 가지고 마법을 부릴 수 있습니다. 지성은 말을 해석할 수 있습니다. 속담처럼, 머리카락을 쪼개듯이 말을 쪼개면서 끝없이 해석할 수 있습니다. 물론 여러분이 보았듯이, 이것이 바로 힌두 브라민들이 한 일입니다. 그리고 붓다는 이것에 대응하려는 시도를 했습니다.

하지만 붓다가 육화를 벗어난지 얼마 되지 않아, 지성적인 불교도들은 정확히 똑같은 일을 시작했습니다. 예수가 지구에서 활동했을 때 율법학자들과 바리새인들도 똑같은 일을 했으며, 신학자들은 가톨릭 교회가 형성되자마자, 심지어 그 이전부터 예수의 가르침에 대해 똑같은 일을 하기 시작했습니다.

물론 현대에는 과학자와 유물론자들이 과학적 가르침이나 발견에 대해 똑같은 일을 하고 있습니다. 영적인 가르침을 발견한 많은 영적인 사람들도, 그것이 오래된 가르침이든 새로운 가르침이든 상관없이, 똑같은 일을 하고 있습니다. 말의 의미에 대해 끝없이 토론하고, 그 말에 대한 궁극적인 해석에 도달하기 위해 끝없이 말을 해석하려고 노력합니다.

과거에서 가능한 최고의 가르침을 찾기

영적인 분야에서 볼 수 있는 한 가지 경향은, 많은 영적인 사람들이 과거를 뒤돌아보려고 한다는 것입니다. 그들은 예전에 주어진, 언어로 된 가르침을 보고 있습니다. 그것은 현재 가장 오래된 경전으로 알려진 베다(Vedas)일 수도 있고, 붓다의 가르침일 수도 있으며, 구약

성서나 예수의 가르침, 후대의 해석들이나 불교의 경전, 코란 등일 수도 있습니다. 더 후대의 가르침일 수도 있고, 이전 시혜에 주어진 상승 마스터들의 가르침일 수도 있습니다.

그러나 과거의 시간을 뒤돌아보는 이러한 경향을 살펴보면, 사람들은 베다의 현인들(Rishis)이 육화했던 때가 더 순수한 시대였고, 그들이 받은 계시가, 받을 수 있었던 최고의 계시라고 생각하는 것 같습니다. 또는 모하메드의 시대는 특별한 시대였고, 그렇기 때문에 코란이 지구상에 나올 수 있었던 최고의 계시라고 생각합니다.

이 사람들은 신문이나 TV나 책을 보거나, 인터넷에 접속한 적이 한 번도 없을까요? 1만 년 전에 비해 생활 수준이 높아졌다는 것을 인식하지 못했을까요? 왜 이런 진보가 이루어졌는지 자문해본 적이 없을까요? 베다의 현인들이나 모하메드, 예수, 붓다 당시보다 집단의식이 오늘날 더 높아졌기 때문에 진보가 이루어졌다고 추론할 수 없을까요? 그렇다면 1만 년 전에 오늘날보다 더 높은 계시가 주어질 수 있었다는 것이 이치에 맞을까요? 집단의식이 지금보다 더 낮았을 때 어떻게 가능한 가장 높은 계시를 받을 수 있겠습니까? 이것이 말이 될까요?

해석의 여지가 점점 적어지는 것

몇몇 사람은 그렇다고 할 수도 있겠지만, 사람들은 대개 그것에 대해 생각하기를 거부합니다. 그 사람들은 왜 나중에 오는 계시를 알아보지 못하는 것일까요? 그들은 왜 옛것에 매달릴까요? 이전 시대에 주어진 계시는 더 낮은 수준의 의식을 위해 주어진 것이라는 사실이 무엇을 의미할까요? 그 당시 주어질 수 있었던 계시는 오늘날 주어질 수 있는 것만큼 정확하지 않다는 의미입니다.

가르침이 그만큼 정확하지 않다는 것, 가르침의 언어적인 표현이 정확하지 않다는 것은 무엇을 의미합니까? 그것은 해석의 여지가 더 많다는 뜻이며, 해석의 여지가 많을수록 선형적인 마음이 더 많은 속임수를 쓸 수 있습니다. 그리고 브라민들이나 율법학자들, 바리새인들과 같은 선형적인 마음에 갇힌 사람들은 더 우월한 지성을 사용하여 자신을 특별한 지위로 높일 수 있습니다. 그들이 일단 높은 지위를 얻고 나면 그것을 포기하기를 원치 않게 되고, 이로 인해 끝없이 해석될 수 있는 옛 가르침에 집착하게 됩니다.

심지어 지난 세기 동안 주어진 상승 마스터들의 가르침에서도 분명한 진전을 볼 수 있습니다. 이전 시혜의 가르침을 읽어 보면, 오늘날 주어진 가르침만큼 직접적이고 정확하지 않다는 것을 알 수 있습니다. 어떤 사람들은 이렇게 말하기도 합니다. "글쎄요, 옛날 가르침은 훨씬 더 고상한 언어를 사용했어요." 반면 오늘날의 가르침은 매우 단순하고 어휘가 매우 제한되어 있습니다. 나는 그 말에 동의하지만, 그 가르침에는 역시 해석의 여지가 더 많이 있었습니다.

점진적 계시로서, 그 계시의 일부로서, 그리고 그 계시의 오메가 측면으로서 우리가 하는 일은 가르침을 평이하게 만들어 점점 더 많은 사람이 그 내용을 파악할 수 있게 할 뿐 아니라, 더 높은 수준의 의식에 있는 사람들도 말해진 내용에 대해 의심하지 않도록 해석의 여지가 많지 않거나 해석할 필요가 없도록 하는 것입니다.

현재의 의식 수준에 따른 해석

물론 언어로 주어진 가르침은 항상 해석을 거치게 될 것입니다. 사람들은 자신의 현 의식 수준에 기반해서 해석을 할 것이기 때문입니다. 특정한 의식 수준에서 가르침을 줄 수 있지만 여전히 48단계에서 96단계까지의 수준이 있을 것이고, 심지어 그 아래 수준에서도, 사람들이 그 수준에서 가진 세계관과 인지 필터에 따라 가르침을 해석할 수 있습니다. 이것은 피할 수 없는 일이지만 적어도 우리는 상승 영역에서 가르침을 가능한 한 명확하고 정확하게 만들기 위해 할 수 있는 일을 다 할 수 있습니다. 물론 지금 우리가 전하는 가르침이 궁극적인 가르침이고 앞으로 집단의식이 더 높아져도 더 정확해질 수 없다는 말은 아닙니다.

하지만 그럼에도 불구하고 여러분은 내 요점을 이해할 것입니다. 옛 가르침을 되돌아보는 태도는 정말 비생산적이며, 특히 물고기자리에서 물병자리로 이동하는 두 영적인 주기 사이의 전환기에 있을 때는 그렇습니다. 왜냐하면 물고기자리 시대에 주어진 가르침은 그 의식 수준에 맞춰 주어졌고, 지금 우리는 물병자리 시대를 위한 가르침을 주고 있기 때문입니다.

언어를 초월해서 올라가기

물론 내가 지금 주는 이 가르침은 일반적인 가르침이 아니라, 여러분의 상위자아, 아이앰 현존과 연결을 이루는 주제에 관련된 것입니다. 이미 마이트레야께서 매우 정확한 가르침을 주었고 나는 내 조망에서 한 가지만 덧붙이고 싶습니다. 마이트레야께서는 여러분이 아이앰 현존에 대해 가지고 있던 이미지, 즉 더 낮은 수준에서 형성된 이미지에 도전해야 할 시점이 온다는 설명을 했습니다. 여러분은 이러한 이미지를 투사하는 것을 멈춰야 하며, 그렇지 않으면 아이앰 현존은 여러분에게서 물러나서, 여러분의 질문에 답하거나 방향을 제시하는 것을 중단할 수밖에 없습니다.

이 과정의 일부로서, 많은 사람이 처음 아이앰 현존에 대해 듣게 되면, 그들이 속해 있던 영적, 종교적 전통의 기반에서 익숙해진 행동을 하게 된다는 것을 고려해야 합니다. 그들은 아이앰 현존에게 요청을 하고, 아이앰 현존에게 기도하고, 아이앰 현존에게 질문을 합니다. 하지만 여러분은 어떻게 요청을 하고, 기도하고, 질문을 하나요? 언어로 하지 않나요?

영적인 여정의 특정한 단계에서 여러분은 하늘에서 울리는 큰 음성이 아니라 자신의 마음속에서 오는 언어로 된 안내나 대답을 아이앰 현존으로부터 받을 수 있습니다. 그러나 여러분이 아이앰 현존과의 일치를 경험하기 시작해야 하는 더 높은 단계로 올라간다면, 그때는 아이앰 현존과 언어로 소통하는 것으로는 현존과의 하나됨을 성취할 수 없음을 인식해야 합니다. 즉 아이앰 현존에게 언어로 말을 걸고, 질문을 하고, 요청을 하는 것으로는 아이앰 현존과 통합을 이룰 수 없습니다. 여러분이 언제 언어로 소통할 필요가 있을까요? 오직 여러분의 마음 밖에 있는 존재, 여러분과 분리된 존재와 소통할 때입니다. 물론 이것은 여러분이 다른 인간들과 대화하는 방식이며, 우리는 여러분이 이런 방식에 익숙하다는 것을 이해합니다. 다시 말하지만 지금 여러분을 비난하는 것이 아닙니다. 여러분이 아이앰 현존과 한동안 이렇게 소통하는 것은 지극히 자연스러운 일입니다. 그러나 언어로 소통하는 것이, 아이앰 현존과의 더 큰 하나됨에 장애가 되는 시점이 오게 됩니다.

이 시점에 이르면, 언어로 아이앰 현존의 존재에 접근하는 것을 그만두겠다고 의식적인 결정을 내려야 합니다. 언어로 된 대답을 받기를 기대하거나 바라는 것을 멈추세요. 왜냐하면 여러분이 여전히 현존으로부터 자극을 되돌려 받는 시점이 오지만, 그것은 언어의 형태가 아니라 느낌(sensation)이나 이미지에 더 가까울 것이기 때문입니다. 그리고 마이트레야의 설명처럼, 결국은 그것조차도 희미해집니다. 마이트레야께서 너무 잘 묘사해주었듯이, 아이앰 현존과 의식하는 자아와 그리스도 마음 사이의 구별이 사라지기 때문에, 여러분이 자신의 현존으로부터 뭔가 얻으려 하거나 현존과 소통을 하려고 애쓰지 않는 시점이 올 것입니다.

여러분은 더 이상 자신의 현존을 향해 어떤 것도 보내지 않으며, 더 이상 현존으로부터 어떤 것도 받기를 기대하지 않습니다. 여러분은 그냥 현존의 바다와 하나되어 있습니다. 여러분의 마음은 솟아오르기도 하고 썰물처럼 빠져나가기도 하면서 현존과 함께 흐르게 됩니다다. 그리고 여러분은 분석하지 않고, 합리화하지 않고, 해석하지 않고, 어떤 우주적 맥락이나 중요성 안에 무언가를 끼워 넣거나 설명하려고 하지도 않습니다. 여러분은 그냥 존재하고 있습니다. 즉 여러분은 현존으로 존재하고, 현존은 여러분으로 존재하고 있습니다. 그렇다면 언어로 소통할 필요가 어디 있겠습니까?

파드마삼바바의 제안

여러분이 이러한 상태를 성취하는 데 도움이 필요하다고 느낀다면, 나는 도움을 주겠습니다. 단순히 내 만트라를 낭송하세요. 만트라를 아홉 번 소리 내어 낭송한 다음, 눈을 감고 내면에 집중하세요. 그런 다음 만트라 낭송을 멈추고, 그냥 만트라가 자신에게 오도록 내버려 두세요. 여러분은 이렇게 물을지도 모릅니다. "하지만 당신의 만트라도 언어로 되어 있지 않나요?" 언어란 것이 무엇인가요? 그것은 소리이며, 그 소리에는 외면의 마음으로 붙잡을 수 있는 의미가 없습니다. 물론 인터넷 검색을 해본다면 그 만트라의 의미에 대한 해석을 찾을 수 있겠지만, 조금 더 검색하면 만트라의 의미에 대한 17가지 다른 해석을 찾을 수 있습니다. 어느 것이 맞을까요? 만트라의 의미에 대해서는 잊어버리고, 그냥 그것을 소리로 여기세요. 그 소리는 무슨 일을 할까요? 마음, 그 외면의 마음을 고요하게 만들어서, 여러분이 내 현존과 여러분 자신의 현존을 경험할 수 있게 해줍니다. 이것이 내가 이 맥락에서 여러분을 위해 해줄 수 있는 일이며, 여러분이 도움이 필요하다고 느낄 때 이 만트라를 낭송한다면 나는 여러분을 도와줄 것입니다. 나는 지금 여러분이 어느 초한과 조율하고 있는 것을, 혹은 친밀하게 느끼는 다른 마스터와 조율하고 있는 것을 이 만트라 수행으로 대체해야 한다고 말하는 것이 아닙니다. 이것은 단지 우리가 여러분에게 주기로 결정한 또 하나의 도구일 뿐입니다.

이것으로 나는, 여러분이 조직하고 참여한 이 장엄한 모임에서 큰 기쁨을 느끼며 내가 여러분에게 주고자 한 것을 전해주었습니다. 이러한 행사가 감정, 멘탈, 정체성 마음에 미치는 영향을 여러분이 볼 수 있기를 우리 모두가 바라고 있습니다. 안타깝게도 우리는 이 사실을 여러분에게 생각으로 전달할 수 없으므로, 여러분은 그냥 나의 말을 믿어주면 됩니다.

이제, 나는 여러분을 내 가슴의 사랑 안에 봉인합니다.

15-1
언어를 초월한 소통을 기원합니다

I AM THAT I AM, 예수 그리스도의 이름으로 나는 파드마삼바바를 부르며, 내가 현존임을 받아들이는 데 언어가 어떤 장애물로 작용하는지를 볼 수 있도록 도와달라고 요청합니다…
(여기에 개인적인 요청을 추가하세요)

파트 1

1. 파드마삼바바시여, 영적인 진보에서 가장 큰 장애물, 가장 큰 걸림돌은 언어임을 압니다.

감각들은 단지 우리를 기만할 뿐이기에,
나는 감각이 말하는 것을 믿지 않습니다.
모든 현상(appearances) 배후에는 오직 빛만이 존재하며,
우리의 제한된 시각에만 그 외양이 실재로 보입니다.

**파드마삼바바시여, 당신 평화의 불꽃 안에서,
나는 인간적인 견해를 모두 놓아버립니다.
이제 당신이 궁극적인 진리를 드러내시니,
지구라는 현상에서 아무것도 실재가 아님을 봅니다.**

2. 파드마삼바바시여, 인류의 영적인 스승들의 가장 큰 자산, 영적인 사람들이 진보하는 데 가장 큰 기회를 주는 것도 언어임을 압니다.

내 마음과 감각들은 단지 도구일 뿐이며,
나는 더 이상 속지 않겠다고 결심합니다.
내 개인적인 자아는 진정한 나 자신이 아니며,
지상의 정체성은 하나의 가상(假像)일 뿐입니다.

**파드마삼바바시여, 당신 평화의 불꽃 안에서,
나는 인간적인 견해를 모두 놓아버립니다.
이제 당신이 궁극적인 진리를 드러내시니,
지구라는 현상에서 아무것도 실재가 아님을 봅니다.**

3. 파드마삼바바시여, 지구처럼 물질과 집단의식의 밀도가 높은 행성에서는 텔레파시를 통한 소통이 실용적이지 않음을 압니다. 따라서 영적인 가르침은 언어로 주어져야 합니다.

감각에 기반을 둔 인식에서 나를 자유롭게 하소서.
내면의 시각을 정화하여, 진실로 볼 수 있게 하소서.
인간적인 견해들은 내 눈을 멀게 하지만,
중립적인 의식은 밝은 비전을 회복시킵니다.

**파드마삼바바시여, 당신 평화의 불꽃 안에서,
나는 인간적인 견해를 모두 놓아버립니다.
이제 당신이 궁극적인 진리를 드러내시니,
지구라는 현상에서 아무것도 실재가 아님을 봅니다.**

4. 파드마삼바바시여, 사람들이 언어로 궁극적인 진리를 전달하거나 정의하기를 원하면서, 언어로 된 특정한 표현에 집착하는 경향을 갖고 있음을 압니다.

어떤 자아는 한 의견을 실재로 여기게 만들고,
내가 해결해야 할 문제가 있다고 투사합니다.
이 거짓말을 간파하여 이 자아를 죽게 하지 않는다면,
나는 자유로워질 수가 없습니다.

**파드마삼바바시여, 당신 평화의 불꽃 안에서,
나는 인간적인 견해를 모두 놓아버립니다.
이제 당신이 궁극적인 진리를 드러내시니,
지구라는 현상에서 아무것도 실재가 아님을 봅니다.**

5. 파드마삼바바시여, 지성은 언어를 가지고 마법을 부릴 수 있음을 압니다. 지성은 말을 해석할 수 있습니다. 지성은 머리카락을 쪼개듯이 말을 쪼개면서, 끝없이 해석할 수 있습니다.

더 높은 조망을 주는 그리스도의 실재를,
인간적인 견해를 통해서는 볼 수 없습니다.
내가 진실로 이원적인 자아를 죽게 할 때,
그리스도 마음은 내면의 눈을 열어줍니다.

**파드마삼바바시여, 당신 평화의 불꽃 안에서,
나는 인간적인 견해를 모두 놓아버립니다.
이제 당신이 궁극적인 진리를 드러내시니,
지구라는 현상에서 아무것도 실재가 아님을 봅니다.**

6. 파드마삼바바시여, 오래된 가르침이든 새로운 가르침이든, 영적인 가르침을 발견한 많은 사람은 말의 의미에 대해 끝없이 논쟁하고, 끝없이 말을 해석해서 궁극적인 해석에 도달하려고 애씁니다.

파드마삼바바시여, 이원적인 사고로 선악이 규정되니,
이 세상은 광기로 빠져들었습니다.

어둠의 세력들에게 그리스도의 심판이 내려지니,
사람들 내면에서 영적인 불꽃이 되살아납니다.

**파드마삼바바시여, 당신 평화의 불꽃 안에서,
나는 인간적인 견해를 모두 놓아버립니다.
이제 당신이 궁극적인 진리를 드러내시니,
지구라는 현상에서 아무것도 실재가 아님을 봅니다.**

7. 파드마삼바바시여, 많은 영적인 사람들이 과거를 뒤돌아보고 있음을 압니다. 그들은 과거의 시간을 뒤돌아보며, 옛날이 더 순수한 시대였고 그때 받은 계시가, 받을 수 있었던 가장 높은 계시였다고 생각하는 것처럼 보입니다.

파드마삼바바시여, 모든 사람을 이원성에서,
그 서사적인 사고방식에서 자유롭게 하소서.
모든 사람을 뱀의 거짓말에서 해방하시어,
그리스도께 가까이 갈 수 있게 하소서.

**파드마삼바바시여, 당신 평화의 불꽃 안에서,
나는 인간적인 견해를 모두 놓아버립니다.
이제 당신이 궁극적인 진리를 드러내시니,
지구라는 현상에서 아무것도 실재가 아님을 봅니다.**

8. 파드마삼바바시여, 인류의 생활 수준에 진전이 있었음을 인식합니다. 오늘날의 집단의식이 과거보다 더 높아졌기 때문에 그런 진전이 이루어졌음을 봅니다.

뱀의 거짓말은, 우리가 지금 보는 것이,
이 행성에서 가능한 삶의 전부라고 하지만,
그리스도 마음 안에서 우리는 그 이상을 볼 수 있으며,

지구는 이전의 어느 때보다 더 밝아질 것입니다.

**파드마삼바바시여, 당신 평화의 불꽃 안에서,
나는 인간적인 견해를 모두 놓아버립니다.
이제 당신이 궁극적인 진리를 드러내시니,
지구라는 현상에서 아무것도 실재가 아님을 봅니다.**

9. 파드마삼바바시여, 이전 시대에 주어진 계시는 더 낮은 의식 수준에 있는 사람들을 위해 주어진 것임을 압니다. 이는 그 계시가 오늘날 주어질 수 있는 것만큼 정확하지 않았다는 의미입니다. 이전 시대의 계시에는 해석의 여지가 더 많았습니다.

성 저메인은 황금시대를 위한 계획을 가지고 계시며,
그것을 받으려면 우리 마음이 새장에서 나와야 합니다.
파드마삼바바시여, 당신은 평화의 불꽃과 함께,
모두에게 하나됨의 비전을 전해줍니다.

**파드마삼바바시여, 당신 평화의 불꽃 안에서,
나는 인간적인 견해를 모두 놓아버립니다.
이제 당신이 궁극적인 진리를 드러내시니,
지구라는 현상에서 아무것도 실재가 아님을 봅니다.**

파트 2

1. 파드마삼바바시여, 해석의 여지가 많을수록 선형적인 마음이 더 많은 속임수를 쓸 수 있음을 압니다. 그리고 선형적인 마음에 갇힌 사람들은 "우월한" 지성을 이용해서 자신을 특별한 지위로 높일 수 있습니다.

감각들은 단지 우리를 기만할 뿐이기에,

나는 감각이 말하는 것을 믿지 않습니다.
모든 현상(appearances) 배후에는 오직 빛만이 존재하며,
우리의 제한된 시각에만 그 외양이 실재로 보입니다.

파드마삼바바시여, 당신 평화의 불꽃 안에서,
나는 인간적인 견해를 모두 놓아버립니다.
이제 당신이 궁극적인 진리를 드러내시니,
지구라는 현상에서 아무것도 실재가 아님을 봅니다.

2. 파드마삼바바시여, 지난 세기 동안 주어진 상승 마스터들의 가르침에 분명한 진전이 있었음을 압니다. 점진적인 계시의 오메가 측면은, 가르침을 평이하게 만들어 점점 더 많은 사람이 그 가르침을 이해할 수 있도록 하는 것입니다.

내 마음과 감각들은 단지 도구일 뿐이며,
나는 더 이상 속지 않겠다고 결심합니다.
내 개인적인 자아는 진정한 나 자신이 아니며,
지상의 정체성은 하나의 가상(假像)일 뿐입니다.

파드마삼바바시여, 당신 평화의 불꽃 안에서,
나는 인간적인 견해를 모두 놓아버립니다.
이제 당신이 궁극적인 진리를 드러내시니,
지구라는 현상에서 아무것도 실재가 아님을 봅니다.

3. 파드마삼바바시여, 더 명확한 가르침이란 더 높은 수준의 의식에 있는 사람들조차도 말해진 내용에 대해 의심을 품지 않고, 해석의 여지가 많지 않음을 의미합니다.

감각에 기반을 둔 인식에서 나를 자유롭게 하소서.
내면의 시각을 정화하여, 진실로 볼 수 있게 하소서.

인간적인 견해들은 내 눈을 멀게 하지만,
중립적인 의식은 밝은 비전을 회복시킵니다.

**파드마삼바바시여, 당신 평화의 불꽃 안에서,
나는 인간적인 견해를 모두 놓아버립니다.
이제 당신이 궁극적인 진리를 드러내시니,
지구라는 현상에서 아무것도 실재가 아님을 봅니다.**

4. 파드마삼바바시여, 사람들이 자신의 현 의식 수준에 따라 가르침을 해석할 것이므로, 언어로 주어진 가르침은 항상 해석될 것임을 압니다. 하지만 상승 마스터들은 가능한 한 명확하고 정확한 가르침을 주기 위해 상승 영역에서 할 수 있는 모든 일을 다 합니다.

어떤 자아는 한 의견을 실재로 여기게 만들고,
내가 해결해야 할 문제가 있다고 투사합니다.
이 거짓말을 간파하여 이 자아를 죽게 하지 않는다면,
나는 자유로워질 수가 없습니다.

**파드마삼바바시여, 당신 평화의 불꽃 안에서,
나는 인간적인 견해를 모두 놓아버립니다.
이제 당신이 궁극적인 진리를 드러내시니,
지구라는 현상에서 아무것도 실재가 아님을 봅니다.**

5. 파드마삼바바시여, 상승 마스터들이 지금 주고 있는 가르침은 궁극적인 가르침이 아님을 압니다. 앞으로 집단의식이 더 높아지면 더욱 더 정확한 가르침이 주어질 수 있습니다.

더 높은 조망을 주는 그리스도의 실재를,
인간적인 견해를 통해서는 볼 수 없습니다.
내가 진실로 이원적인 자아를 죽게 할 때,

그리스도 마음은 내면의 눈을 열어줍니다.

**파드마삼바바시여, 당신 평화의 불꽃 안에서,
나는 인간적인 견해를 모두 놓아버립니다.
이제 당신이 궁극적인 진리를 드러내시니,
지구라는 현상에서 아무것도 실재가 아님을 봅니다.**

6. 파드마삼바바시여, 우리가 특히 물고기자리에서 물병자리로 이동하는 두 영적인 주기 사이의 전환기에 있을 때 옛 가르침을 되돌아보는 것은 비생산적입니다.

파드마삼바바시여, 이원적인 사고로 선악이 규정되니,
이 세상은 광기로 빠져들었습니다.
어둠의 세력들에게 그리스도의 심판이 내려지니,
사람들 내면에서 영적인 불꽃이 되살아납니다.

**파드마삼바바시여, 당신 평화의 불꽃 안에서,
나는 인간적인 견해를 모두 놓아버립니다.
이제 당신이 궁극적인 진리를 드러내시니,
지구라는 현상에서 아무것도 실재가 아님을 봅니다.**

7. 파드마삼바바시여, 물고기자리 시대의 가르침은 그 주기의 의식 수준을 위해 주어진 것입니다. 지금 상승 마스터들은 물병자리 시대를 위한 가르침을 주고 있음을 압니다.

파드마삼바바시여, 모든 사람을 이원성에서,
그 서사적인 사고방식에서 자유롭게 하소서.
모든 사람을 뱀의 거짓말에서 해방하시어,
그리스도께 가까이 갈 수 있게 하소서.

**파드마삼바바시여, 당신 평화의 불꽃 안에서,
나는 인간적인 견해를 모두 놓아버립니다.
이제 당신이 궁극적인 진리를 드러내시니,
지구라는 현상에서 아무것도 실재가 아님을 봅니다.**

8. 파드마삼바바시여, 내가 처음 아이앰 현존에 대해 들었을 때는 요청을 하고, 기도를 하고, 언어로 질문을 했습니다.

뱀의 거짓말은, 우리가 지금 보는 것이,
이 행성에서 가능한 삶의 전부라고 하지만,
그리스도 마음 안에서 우리는 그 이상을 볼 수 있으며,
지구는 이전의 어느 때보다 더 밝아질 것입니다.

**파드마삼바바시여, 당신 평화의 불꽃 안에서,
나는 인간적인 견해를 모두 놓아버립니다.
이제 당신이 궁극적인 진리를 드러내시니,
지구라는 현상에서 아무것도 실재가 아님을 봅니다.**

9. 파드마삼바바시여, 영적인 여정의 특정한 단계에서는 하늘에서 울리는 큰 음성이 아니라 내 마음속에서 오는 언어로 된 안내나 대답을 아이앰 현존으로부터 받을 수 있음을 압니다.

성 저메인은 황금시대를 위한 계획을 가지고 계시며,
그것을 받으려면 우리 마음이 새장에서 나와야 합니다.
파드마삼바바시여, 당신은 평화의 불꽃과 함께,
모두에게 하나됨의 비전을 전해줍니다.

**파드마삼바바시여, 당신 평화의 불꽃 안에서,
나는 인간적인 견해를 모두 놓아버립니다.
이제 당신이 궁극적인 진리를 드러내시니,**

지구라는 현상에서 아무것도 실재가 아님을 봅니다.

파트 3

1. 파드마삼바바시여, 내가 아이앰 현존과의 일치를 경험해야 하는 더 높은 단계에 이르면, 그때는 아이앰 현존과 계속 언어로 소통하는 것으로는 현존과의 하나됨을 성취할 수 없음을 압니다.

감각들은 단지 우리를 기만할 뿐이기에,
나는 감각이 말하는 것을 믿지 않습니다.
모든 현상(appearances) 배후에는 오직 빛만이 존재하며,
우리의 제한된 시각에만 그 외양이 실재로 보입니다.

**파드마삼바바시여, 당신 평화의 불꽃 안에서,
나는 인간적인 견해를 모두 놓아버립니다.
이제 당신이 궁극적인 진리를 드러내시니,
지구라는 현상에서 아무것도 실재가 아님을 봅니다.**

2. 파드마삼바바시여, 나는 단지 내 마음 밖에 있는 존재, 나와 분리된 존재와 소통할 때만 언어가 필요함을 압니다. 언어로 소통하는 것이 현존과의 더 큰 하나됨에 장애가 되는 시점이 옵니다.

내 마음과 감각들은 단지 도구일 뿐이며,
나는 더 이상 속지 않겠다고 결심합니다.
내 개인적인 자아는 진정한 나 자신이 아니며,
지상의 정체성은 하나의 가상(假像)일 뿐입니다.

**파드마삼바바시여, 당신 평화의 불꽃 안에서,
나는 인간적인 견해를 모두 놓아버립니다.
이제 당신이 궁극적인 진리를 드러내시니,**

지구라는 현상에서 아무것도 실재가 아님을 봅니다.

3. 파드마삼바바시여, 따라서 이제 나는 언어를 통해 아이앰 현존에 접근하는 것을 멈추겠다고 의식적인 결정을 내립니다.

감각에 기반을 둔 인식에서 나를 자유롭게 하소서.
내면의 시각을 정화하여, 진실로 볼 수 있게 하소서.
인간적인 견해들은 내 눈을 멀게 하지만,
중립적인 의식은 밝은 비전을 회복시킵니다.

파드마삼바바시여, 당신 평화의 불꽃 안에서,
나는 인간적인 견해를 모두 놓아버립니다.
이제 당신이 궁극적인 진리를 드러내시니,
지구라는 현상에서 아무것도 실재가 아님을 봅니다.

4. 파드마삼바바시여, 이제 나는 언어로 된 대답을 받을 것이라는 기대를 멈추겠습니다. 나는 여전히 현존으로부터 어떤 자극을 받을 수 있지만, 그것은 언어의 형태가 아니라 어떤 느낌이나 이미지에 가까울 것입니다.

어떤 자아는 한 의견을 실재로 여기게 만들고,
내가 해결해야 할 문제가 있다고 투사합니다.
이 거짓말을 간파하여 이 자아를 죽게 하지 않는다면,
나는 자유로워질 수가 없습니다.

파드마삼바바시여, 당신 평화의 불꽃 안에서,
나는 인간적인 견해를 모두 놓아버립니다.
이제 당신이 궁극적인 진리를 드러내시니,
지구라는 현상에서 아무것도 실재가 아님을 봅니다.

5. 파드마삼바바시여, 그 느낌이나 이미지조차도 결국 사라질 것임을 압니다. 아이앰 현존과 의식하는 자아와 그리스도 마음 사이의 구별이 사라지기 때문에 나는 내 현존으로부터 뭔가 얻거나 현존과 소통하려고 애쓰지 않습니다.

더 높은 조망을 주는 그리스도의 실재를,
인간적인 견해를 통해서는 볼 수 없습니다.
내가 진실로 이원적인 자아를 죽게 할 때,
그리스도 마음은 내면의 눈을 열어줍니다.

**파드마삼바바시여, 당신 평화의 불꽃 안에서,
나는 인간적인 견해를 모두 놓아버립니다.
이제 당신이 궁극적인 진리를 드러내시니,
지구라는 현상에서 아무것도 실재가 아님을 봅니다.**

6. 파드마삼바바시여, 나는 더 이상 내 현존을 향해 어떤 것도 보내지 않으며 현존에게서 어떤 것도 받기를 기대하지 않습니다. 나는 현존의 바다와 하나가 되었으며, 내 마음은 솟아오르기도 하고 썰물처럼 빠져나가기도 하면서 현존과 함께 흐르고 있습니다.

파드마삼바바시여, 이원적인 사고로 선악이 규정되니,
이 세상은 광기로 빠져들었습니다.
어둠의 세력들에게 그리스도의 심판이 내려지니,
사람들 내면에서 영적인 불꽃이 되살아납니다.

**파드마삼바바시여, 당신 평화의 불꽃 안에서,
나는 인간적인 견해를 모두 놓아버립니다.
이제 당신이 궁극적인 진리를 드러내시니,
지구라는 현상에서 아무것도 실재가 아님을 봅니다.**

7. 파드마삼바바시여, 나는 분석하지 않고, 합리화하지 않고, 해석하지 않고, 어떤 우주적인 맥락이나 중요성 속에 뭔가를 끼워 넣거나 설명하려고 하지도 않습니다. 나는 그냥 존재하고 있습니다. 즉 나는 현존(Presence)으로 존재하고 현존은 나로 존재하고 있습니다. 그렇다면 언어로 소통할 필요가 어디 있겠습니까?

파드마삼바바시여, 모든 사람을 이원성에서,
그 서사적인 사고방식에서 자유롭게 하소서.
모든 사람을 뱀의 거짓말에서 해방하시어,
그리스도께 가까이 갈 수 있게 하소서.

파드마삼바바시여, 당신 평화의 불꽃 안에서,
나는 인간적인 견해를 모두 놓아버립니다.
이제 당신이 궁극적인 진리를 드러내시니,
지구라는 현상에서 아무것도 실재가 아님을 봅니다.

8. 파드마삼바바시여, 나는 기꺼이 당신의 만트라를 사용하겠습니다. 그것은 언어가 아니기 때문입니다. 그것은 소리이며, 그 소리에는 외면의 마음으로 붙잡을 수 있는 의미가 없습니다.

뱀의 거짓말은, 우리가 지금 보는 것이,
이 행성에서 가능한 삶의 전부라고 하지만,
그리스도 마음 안에서 우리는 그 이상을 볼 수 있으며,
지구는 이전의 어느 때보다 더 밝아질 것입니다.

파드마삼바바시여, 당신 평화의 불꽃 안에서,
나는 인간적인 견해를 모두 놓아버립니다.
이제 당신이 궁극적인 진리를 드러내시니,
지구라는 현상에서 아무것도 실재가 아님을 봅니다.

9. 파드마삼바바시여, 당신 만트라의 소리는 외면의 마음을 고요하게
만들어서, 내가 당신의 현존과 나 자신의 현존을 경험할 수 있게 해
줍니다.

성 저메인은 황금시대를 위한 계획을 가지고 계시며,
그것을 받으려면 우리 마음이 새장에서 나와야 합니다.
파드마삼바바시여, 당신은 평화의 불꽃과 함께,
모두에게 하나됨의 비전을 전해줍니다.

**파드마삼바바시여, 당신 평화의 불꽃 안에서,
나는 인간적인 견해를 모두 놓아버립니다.
이제 당신이 궁극적인 진리를 드러내시니,
지구라는 현상에서 아무것도 실재가 아님을 봅니다.**

파트 4

1. 옴 아 훔, 바즈라 구루 파드마 싯디 훔

감각들은 단지 우리를 기만할 뿐이기에,
나는 감각이 말하는 것을 믿지 않습니다.
모든 현상(appearances) 배후에는 오직 빛만이 존재하며,
우리의 제한된 시각에만 그 외양이 실재로 보입니다.

**파드마삼바바시여, 당신 평화의 불꽃 안에서,
나는 인간적인 견해를 모두 놓아버립니다.
이제 당신이 궁극적인 진리를 드러내시니,
지구라는 현상에서 아무것도 실재가 아님을 봅니다.**

2. 옴 아 훔, 바즈라 구루 파드마 싯디 훔

내 마음과 감각들은 단지 도구일 뿐이며,
나는 더 이상 속지 않겠다고 결심합니다.
내 개인적인 자아는 진정한 나 자신이 아니며,
지상의 정체성은 하나의 가상(假像)일 뿐입니다.

**파드마삼바바시여, 당신 평화의 불꽃 안에서,
나는 인간적인 견해를 모두 놓아버립니다.
이제 당신이 궁극적인 진리를 드러내시니,
지구라는 현상에서 아무것도 실재가 아님을 봅니다.**

3. 옴 아 훔, 바즈라 구루 파드마 싯디 훔

감각에 기반을 둔 인식에서 나를 자유롭게 하소서.
내면의 시각을 정화하여, 진실로 볼 수 있게 하소서.
인간적인 견해들은 내 눈을 멀게 하지만,
중립적인 의식은 밝은 비전을 회복시킵니다.

**파드마삼바바시여, 당신 평화의 불꽃 안에서,
나는 인간적인 견해를 모두 놓아버립니다.
이제 당신이 궁극적인 진리를 드러내시니,
지구라는 현상에서 아무것도 실재가 아님을 봅니다.**

4. 옴 아 훔, 바즈라 구루 파드마 싯디 훔

어떤 자아는 한 의견을 실재로 여기게 만들고,
내가 해결해야 할 문제가 있다고 투사합니다.
이 거짓말을 간파하여 이 자아를 죽게 하지 않는다면,
나는 자유로워질 수가 없습니다.

파드마삼바바시여, 당신 평화의 불꽃 안에서,

나는 인간적인 견해를 모두 놓아버립니다.
이제 당신이 궁극적인 진리를 드러내시니,
지구라는 현상에서 아무것도 실재가 아님을 봅니다.

5. 옴 아 훔, 바즈라 구루 파드마 싯디 훔

더 높은 조망을 주는 그리스도의 실재를,
인간적인 견해를 통해서는 볼 수 없습니다.
내가 진실로 이원적인 자아를 죽게 할 때,
그리스도 마음은 내면의 눈을 열어줍니다.

**파드마삼바바시여, 당신 평화의 불꽃 안에서,
나는 인간적인 견해를 모두 놓아버립니다.
이제 당신이 궁극적인 진리를 드러내시니,
지구라는 현상에서 아무것도 실재가 아님을 봅니다.**

6. 옴 아 훔, 바즈라 구루 파드마 싯디 훔

파드마삼바바시여, 이원적인 사고로 선악이 규정되니,
이 세상은 광기로 빠져들었습니다.
어둠의 세력들에게 그리스도의 심판이 내려지니,
사람들 내면에서 영적인 불꽃이 되살아납니다.

**파드마삼바바시여, 당신 평화의 불꽃 안에서,
나는 인간적인 견해를 모두 놓아버립니다.
이제 당신이 궁극적인 진리를 드러내시니,
지구라는 현상에서 아무것도 실재가 아님을 봅니다.**

7. 옴 아 훔, 바즈라 구루 파드마 싯디 훔

파드마삼바바시여, 모든 사람을 이원성에서,
그 서사적인 사고방식에서 자유롭게 하소서.
모든 사람을 뱀의 거짓말에서 해방하시어,
그리스도께 가까이 갈 수 있게 하소서.

**파드마삼바바시여, 당신 평화의 불꽃 안에서,
나는 인간적인 견해를 모두 놓아버립니다.
이제 당신이 궁극적인 진리를 드러내시니,
지구라는 현상에서 아무것도 실재가 아님을 봅니다.**

8. 옴 아 훔, 바즈라 구루 파드마 싯디 훔

뱀의 거짓말은, 우리가 지금 보는 것이,
이 행성에서 가능한 삶의 전부라고 하지만,
그리스도 마음 안에서 우리는 그 이상을 볼 수 있으며,
지구는 이전의 어느 때보다 더 밝아질 것입니다.

**파드마삼바바시여, 당신 평화의 불꽃 안에서,
나는 인간적인 견해를 모두 놓아버립니다.
이제 당신이 궁극적인 진리를 드러내시니,
지구라는 현상에서 아무것도 실재가 아님을 봅니다.**

9. 옴 아 훔, 바즈라 구루 파드마 싯디 훔

성 저메인은 황금시대를 위한 계획을 가지고 계시며,
그것을 받으려면 우리 마음이 새장에서 나와야 합니다.
파드마삼바바시여, 당신은 평화의 불꽃과 함께,
모두에게 하나됨의 비전을 전해줍니다.

파드마삼바바시여, 당신 평화의 불꽃 안에서,

나는 인간적인 견해를 모두 놓아버립니다.
이제 당신이 궁극적인 진리를 드러내시니,
지구라는 현상에서 아무것도 실재가 아님을 봅니다.

봉인

신성한 어머니의 이름으로, 나는 대천사 미카엘과 아스트레아와 쉬바께 나의 영적인 스승들과 아이앰 현존과 나와의 연결을 봉인해 주시기를 요청합니다. I AM THAT I AM의 이름으로, 이것이 이루어졌습니다! 아멘.

16
공(emptiness)은 빈 개념입니다

나는(I AM) 상승 마스터 고타마 붓다입니다. 한동안 전통이 되어왔 듯이, 이 컨퍼런스에서 봉인하는 담화를 주는 것은 내 특권이자 기쁨 입니다. 상승 마스터들의 관점에서 볼 때, 이 행사는 큰 승리입니다. 이 행사가 많은 사람에게 깊은 변화를 일으키고, 상승 마스터들과 자신의 상위자아에 더 많이 연결될 수 있게 하는 자극을 집단의식에 보냈기 때문입니다. 물론 여기에 기꺼이 참여하고, 자기 자신을 살펴보며, 가르침을 받아들여 더 높이 올라가고자 하는 많은 사람의 변화도 봅니다. 여러분도 시간과 노력을 들인 보람을 느끼며 우리처럼 성취감을 느끼기를 바랍니다.

말로 된 가르침 이면에 있는 실재를 경험하기

이 기회를 빌어, 여러분의 상위자아와 영적인 스승들과 연결되는 것과는 관련이 없어 보일 수도 있는 개념에 대해 몇 가지 가르침을 주고 싶습니다. 하지만 결국 그것들은 서로 연결될 것입니다. 붓다 시대로 거슬러 올라가면 수냐타[14] 혹은 공(emptiness)이라는 개념이 있

---

[14] sunyata, 空

습니다. 실제로 그 의미가 무엇일까요? 다시 말하지만, 불교나 불교 전통의 지식인들은 이 개념을 살펴보고 다양한 해석을 내놓았지만, 어떤 것이 올바른 해석인지에 대해서는 합의에 이르지 못했습니다. 항상 다양한 수준의 의식이 있고 따라서 영적인 가르침을 이해하는 방식도 다양하므로 단 하나의 올바른 해석이란 없습니다. 그러므로 나는 여러분에게 '올바른' 해석을 제공하려고 하지 않습니다.

그러나 영적인 가르침을 해석하는 것과 말로 된 가르침 이면에 있는, 더 깊은 실재를 경험하는 것에는 근본적인 차이가 있다고 말하고 싶습니다. 세상에 알려진 모든 영적인 전통에서 볼 수 있는 것은, 전통이 성장하고 점점 더 많은 참여자를 확보해감에 따라, 스스로를 가르침의 해석자로 자처하는 부류가 생겨난다는 것입니다. 그리고 말씀 뒤에 숨겨진 더 깊은 실재를 경험하고자 하는 소수의 사람이 있습니다. 또한 이 세상이나 다음 세상에서 더 나은 삶을 살기를 바라기 때문에 가르침을 따르고, 사제 계급의 해석을 따르는 더 큰 그룹의 일반 대중이 있습니다. 이런 패턴은 어디에서나 볼 수 있습니다. 역사를 통해서나 오늘날의 현대적인 영적인 가르침, 심지어 상승 마스터들의 가르침에서도 이런 경향을 볼 수 있습니다. 영적인 가르침을 진정으로 활용하고 싶다면, 당연히 이를 단순히 이해하는 것이 아니라, 말의 해석을 넘어서 말 뒤에 숨겨진 더 깊은 실재를 경험하려고 노력해야 합니다.

이것을 영화관에 비유할 수 있습니다. 대부분의 사람은 영화관에 앉아 영화 스크린을 바라보고 있습니다. 그들은 그냥 영화를 경험하고 있을 뿐입니다. 그런 다음 영화가 어디에서 왔는지 이해하고자 하는 사람들은 영사실로 가서 필름들을 볼 수 있습니다. 하지만 진실로 영화 뒤에 있는 더 깊은 실재가 필름들에 들어 있는 것일까요? 더 깊은 실재가 영사기의 하얀 빛일까요? 아니면 영화 감독이나 각본가의 의도일까요? 배우들의 의도일까요?

현재 의식 수준을 초월하기 위해 가르침을 이용하기

타당한 영적인 가르침은 영적인 영역, 상승 영역에서 옵니다. 영적인 존재의 마음에서 나온 가르침을 최대한 활용하려면, 그 가르침의 근원인 영적인 존재와 접촉하기 위한 도구로만 외적인 가르침을 사용해야 합니다. 이것이 영적인 가르침을 활용하는 궁극적인 방법입니다. 이 점을 이해하면, 말을 읽고 이해하려고 노력하거나 지적인 마음으로 해석하는 것은, 가르침을 최선으로 활용하는 것이 아님을 깨닫게 됩니다. 그것은 영적인 가르침을 사용하지 않는 것이라고도 할 수도 있습니다. 왜냐하면 영적인 가르침의 목적이 대체 무엇인가요? 그것은 여러분이 현재 의식 수준을 초월하도록 돕는 것입니다. 현재의 의식 수준으로 가르침을 이해하고 해석하려 든다면, 그 수준에 스스로를 가두게 됩니다.

여러분은 영적인 가르침을 사용해서, 자신이 가르침에 대해 매우 정교하고 지적인 해석을 할 수 있으므로, 더 높은 수준의 의식에 도달했다고 스스로를 믿게 만들 수 있습니다. 그러나 지적인 해석과 이해를 통해서 더 높은 의식 수준에 도달하는 것이 아닙니다. 의식을 변형해야만 더 높은 수준에 도달할 수 있습니다. 선형적인 마음으로는 이것을 이해할 수 없습니다. 선형적 사고는 이 지점에서 다음 지점으로 이어지는 일종의 선형적인 진보만 설정할 수 있기 때문입니다. 그런 선형적인 척도에 넣을 수 없는 완전히 다른 차원의 현실이 존재할 수 있다는 것을, 선형적인 마음은 상상할 수도, 헤아릴 수도 없습니다.

중도

많은 사람이 중도의 개념을 이해하지 못한 이유가 바로 그것입니다. 그들은 중도(Middle Way)와 쌍(pairs)의 의미를 이해하지 못했고, 오늘날 우리가 항상 두 대극을 가진 이원성 의식이라고 부르는 것을 이해하지 못했습니다. 하나의 극성이 있고 반대 극성이 있으며, 중도가 그 사이 어딘가에 있다고 생각하는 사람들이 있습니다.

  2,500년 전 내가 전해준 가르침을 지적으로 이해한 사람들이 많습니다. 그들은 여정을 걷는 것, 즉 중도란 균형을 발견하는 것을 의미한다고 생각했습니다. 그들이 정의한 이원론적 극단 사이에서 어떤 종류의 균형을 찾으려 했습니다. 그러나 중도는 두 극단을 가진 선형적인 척도 위에서 균형을 찾는 것이 아닙니다. 중도란 이원론적 척도, 이원론적인 극단들을 초월하는 것인데, 그것이 무슨 의미일까요? 그 것은 선형적인 마음의 초월을 의미합니다.

공(emptiness, 空)의 개념

  다시 공의 개념으로 돌아가 봅시다. 선형적인 마음은 즉시, '무엇이 비어 있다는 것인가요?' '무엇에 비교해서 비어 있다는 것인가요?'라고 묻습니다. 무언가 비교할 수 있는 것이 있어야 한다는 것입니다. 이것은 영적인 가르침이 언제나 맥락 안에서 주어진다는 점에서 어느 정도 타당성이 있습니다. 2,500년 전, 나는 특정한 사회, 특정한 문화, 즉 힌두 브라민 문화 속으로 육화했습니다. 힌두 브라민들은 많은 다른 해석과 종파와 사상을 가지고 있었기 때문에, 다양한 개념을 가지고 있었습니다. 2,500년 전 내가 전한 가르침은 이 문화에 맞게 변형되었고, 그들이 특정한 방식으로 일부 개념을 사용했지만, 힌두 전통에서 보편화된 다른 개념에 도전하기도 했습니다. 공의 개념은 그 개념이 주어진 맥락을 살펴봐야만 제대로 이해할 수 있습니다. 힌두교에서 매우 지배적이었던 개념은 궁극적인 자아, 즉 아트만(Atman) 혹은 자아(Self)라는 개념이었습니다. 이 개념을 실제로 이해하는 사람은 오늘날 거의 없지만, 당시에는 이 개념을 중심으로 구축된 전반적인 문화가 있었습니다.

  그들이 자아(Self)를 어떻게 보았는지 간단하게 요약하면, 더 높은 영역에는 오직 하나의 진정한 자아(Self), 영원히 변하지 않는 자아(Self)인 아트만만이 존재한다는 생각이 있었습니다. 그리고 이 자아는 영원히 변하지 않는 자아였습니다. 이 아트만이나 진정한 자아(Self)의 개념 안에는, 인간이 내어놓을 수 있는 모든 개념, 인간 수준이 아닌 영적인 영역에서 나올 수 있는 모든 개념이 있었습니다. 이 개념은 어떤 이미지나 매트릭스와 같이 정의되었습니다. 이것은 플라톤이 말한 상위 영역의 이상적 형상에 관한 개념과도 비교할 수 있습니다.

다시 말해, 더 높은 영역에는 이 세상에 구현될 수 있는 모든 것과 이 세상에서 일어날 수 있는 모든 것에 대한 매트릭스가 존재한다는 개념이 있었습니다. 따라서 이 하나의 아트만으로부터 다른 자아가 정의되고, 이런 자아들이 특정한 구현을 정의한다는 개념이 생겨났습니다. 즉, 지구에는 변하지 않는 완벽한 지구의 매트릭스를 정의하는 더 높은 영역의 자아가 있다는 것입니다. 모든 인간에게는 그 영혼이 어떤 것인지 정의하는 더 높은 세계의 자아가 있습니다. 지구에서는 어떤 일들이 일어날 수 있고 그러면 지구와 사람들은 이 영원한 자아에서 벗어날 수 있지만, 결국 모든 것은 그 자아로 돌아가게 된다는 것입니다. 그리고 이것이 바로 내가 부정한 개념이었습니다.

내가 공(空)에 관해 얘기했을 때, 그러한 자아는 없다는 의미에서 공이라고 말했습니다. 즉 자신이 되돌아갈 더 높은 영역에 있는 특정한 자아에 의해 미리 정의된 자아 같은 것은 없다는 뜻입니다. 이에 대해 란토께서 이미 매우 심오한 가르침을 주었습니다. 하지만 현대 많은 불교도가 훨씬 더 선형적인 현대적 사고방식을 사용하여, 공의 개념이나 무아[15]의 개념을, 자아만 없는 것이 아니라 모든 것이 공이라는 의미로 해석하기 때문에, 나도 이에 대해 언급하고 싶습니다. 거기에는 아무것도 존재하지 않습니다. 다시 말하지만, 이런 말은 선형

---

[15] Non-Self, 영구불변하는 아트만과 같은 자아는 없다는 뜻

적인 마음이 좋아하는 것입니다.

불변의 자아 대 끊임없이 변화하면서 자기-초월하는 자아

선형적인 마음은 모든 것이 형체를 가지고 있는 이 세상을 살펴보다가 공의 개념을 듣고, 그 개념을 준 사람이 붓다이며, 붓다는 높고 깨달은 존재이므로, 그가 준 개념을 존중해야 한다고 생각합니다. 그리고 이제 선형적인 마음은 이렇게 말합니다. "하지만 나는 이 개념을 궁극적으로 이해하고 싶다. 이 세상은 형상을 가지고 있다. 공은 아무런 형상도 없는 것, 거기에 아무것도 없는 것을 의미해야 한다." 어떤 사람들은, 오직 브라만만이 존재하고, 오늘날 '무한한 의식'이라고 불리는 것만 존재하며, 이것이 공이라고 해석해왔습니다. 그래서 이 세상에 있는 것과 같은 형상이 존재하거나, 아니면 공이 존재한다고 생각합니다. 그리고 그 형상은 공으로부터 나왔다고 생각합니다. 다시 말해, 무(無)에서 무언가가 나왔다는 것입니다. 하지만 이것은 사실이 아닙니다. 나는 '공이 존재한다.'라는 것은 '아무것도 존재하지 않는다.'라는 것을 의미한다고 말하지 않았습니다. 내가 말한 것은 거기에 영구적인 자아(Self)란 없다는 것이었습니다. 나는 세상은 공에서 나오지 않았으며, 끝없는 윤회의 순환 후에 공으로 돌아가는 것도 아니라고 말했습니다. 불변의 자아는 없지만 끊임없이 변화하는 자아, 즉 초월하는 자아가 있습니다. 그리고 끊임없이 변화하는 자아는 거의 끝이 없는 윤회와 고통의 순환 후에 무(無)로 돌아가도록 예정된 것이 아닙니다. 그 자아의 목적은 계속 더 높이 올라가면서, 더 높은 의식 수준으로 상승하는 것입니다.

영적인 영역에 대해 우리가 이해할 수 있는 것이 무엇일까요?

그것은 2500년 전 내가 말한 것이 아닙니다. 왜냐하면 나는 우주론적 측면이 아닌 실용적 측면에 초점을 맞춘 가르침을 전하기로 결정했고, 그 선형적인 사고방식 너머로 사람들의 의식을 끌어올리는 것이 내 의도였기 때문입니다. 선형적인 사고방식으로는 이런 우주론적 개념들에 대한 궁극적 이해를 얻을 수 없음을, 나는 브라민들을 통해 분명히 보았습니다. 영적인 영역이 어떻게 작동하는지를 궁극적으로 이해하려면 어떻게 해야 할까요? 당연히, 영적인 영역으로 상승해야 합니다. 그런 다음 영적인 영역을 경험하고, 영적인 영역 이곳저곳을 돌아다니며 영적인 영역에 대한 모든 측면을 공부하고, 더 높은 단계로 이동하면서 탐구할 수 있는 모든 것을 탐구할 수 있습니다.

"그런데, 육화해 있는 동안 그것을 이해하려고 노력하는 것이 무슨 의미가 있을까요?"라고 말할 수도 있습니다. 이것이 2,500년 전 내가 추론한 방식이었습니다. 당시에는 집단의식의 수준이 매우 낮았기 때문입니다. 오늘날에는 많은 사람이 영적인 영역의 측면들과 그것이 어떻게 기능하는지를 파악함으로써 혜택을 얻을 수 있습니다. 따라서 실제로 이 측면에 어느 정도 주안점을 두고 있습니다. 여러분은 영적인 존재, 즉 영적인 스승인 상승 마스터들이 그 영역에 존재한다는 사실을 이해함으로써 분명 혜택을 얻을 수 있습니다. 또한 자연 행성이 존재하고 많은 영적인 사람들이 자연 행성에서 비자연 행성인 이 지구로 왔다는 것을 이해함으로써 유익을 얻을 수도 있습니다.

그래서 오늘날에는 영적인 영역에 대한 이해를 구하는 것이 더 많은 가치와 타당성이 있으며, 이것이 우리가 오늘 이런 가르침을 주는 이유입니다. 물론 오늘날에도 2,500년 전과 똑같은 경향, 즉 더 높은 이해를 추구하지만, 그 이해를 얻기 위해 말을 통해 나온 어떤 종류의 가르침을 사용하고, 이를 투사하고 해석하는 많은 사람이 있습니다. 물론 오늘날에는 소위 '채널링'이라고 불리는 많은 가르침이 있습니다. 그것들은 흔히 멘탈 영역과의 채널링이며, 선형적, 분석적, 지적 사고에 호소하는 가르침을 주는 경우가 많습니다. 상승 마스터의 가르침보다 훨씬 더 정교하다고 주장하는 가르침이 있고, 이런저런 책들을 궁극적인 영적인 가르침이라고 믿는 사람들이 있는데, 물론 이것은 전적으로 허용되는 일입니다. 사람들이 멘탈 영역과 상승 영역에서 오는 가르침 사이의 진동 차이를 알고 분별력을 높이기 위해서는, 특정한 경험을 해야 할 필요가 있습니다. 진동은 선형적인 마음으로 파악할 수 있는 것이 아닙니다. 선형적인 마음은 단지 단어들을 보고 단어를 해석할 수 있으므로, 이 가르침이 다른 가르침보다 상급의 가르침이라는 해석을 내놓을 수 있을 뿐입니다.

공(空) 또는 순수의식

다시 공의 개념으로 돌아가겠습니다. 이 개념의 진정한 가치는 무엇일까요? 우선 알파 측면은 영원히 변하지 않는 자아(self)는 없다는 것입니다. 여러분은 자아(self)입니다. 오늘날의 가르침에서 우리는 그것을 순수의식이라고 말하면서, 의식하는 자아(Conscious You)라고 불렀습니다. 그러나 순수의식에 대한 또 다른 단어는 공, 비어 있음이라고 할 수 있습니다. 정체성, 멘탈, 감정체 안에 있거나 그 안에서 생성되는 정체감과 생각과 감정이 텅 비어 있는 상태입니다. 인류 대부분이 자신의 감정, 생각 또는 정체감에 관심이 집중되어 있습니다. 이것은 의식의 내용에 집중하는 것입니다. 그러나 동전의 뒷면, 즉 의식의 알파 측면에 대해 깊이 생각하는 것도 가치가 있습니다. 즉 여러분은 내용에 집중하는 대신, 의식 그 자체에 집중할 수 있습니다. 그리고 의식은 텅 비어 있거나 내용이 비어 있을 수 있으며, 의식하는 자아가 자신을 순수의식으로서 경험할 때, 이 상태는 의식의 그릇에 내용물이 없는 공(空), 즉 텅 비어 있는 상태입니다.

공(空)을 이해하는 다양한 수준들

물론, 여러분은 그런 이해를 다른 단계로 가져갈 수 있습니다. 그리고 영적인 여정을 걸으며 48단계를 넘어 96단계 가까이 이르면, 이런 잠재의식적 자아들을, 즉 이원성 의식에 기반한 이런 많은 자아를 극복하게 됩니다. 지구에서 가장 낮은 수준에서는 사람들이 에고적인 마음, 분리된 마음에 둘러싸여, 그것에 눈이 멀고, 그것들을 자신과 동일시하고 있습니다. 96단계로 올라가면서 네 하위체를 초월하면, 낮은 자아의 그릇에서 에고적인 마음이 비워집니다. 따라서 이것은 또 다른 형태의 텅 빔, 또 다른 수준의 공이지만, 그것이 마음속에 아무것도 없다는 것을 의미하지는 않습니다.

여러분에게는 여전히 정체성, 생각, 감정이 있습니다. 여러분은 행동을 취하고, 세상에 반응하고, 세상과 상호작용하고, 상승 마스터들과 여러분의 아이앰 현존과 상호작용하고 있습니다. 여러분 안의 모든 것이 비어 있지는 않지만, 특정한 의식 수준에서 나오는 특정한 것은 비어 있습니다. 여러분은 공을 다른 수준에서 이해할 수 있음을 압니다. 공을 이해하고 파악하는 데 한 가지 방법만 있는 것이 아닙니다. 하지만 당연히 이 개념을 더 발전시킬 수 있는데, 그 이유는, 상승할 때 의식하는 자아의 관점에서 보면, 자신이 궁극적인 형태의 공으로 들어가는 것처럼 보이기 때문입니다. 그때는 의식하는 자아가 아이앰 현존과 완전히 결합되어 아이앰 현존이 되지만, 그 과정을 완전히 묘사할 수 있는 단어는 실제로 없습니다. 그럼에도 불구하고, 이제 의식하는 자아가 아이앰 현존에 의해 지구에 육화하도록 보내진 이후에 가지고 있던 자아감은 다 비워졌다고 말할 수 있습니다. 그러나 이것은 물론, 아무것도 없다는 것을 의미하지는 않습니다. 이제는 아이앰 현존의 완전한 자각이 있습니다. 다른 마스터들께서 설명했듯이, 여러분은 그리스도 의식의 그 지점에 다가가면서 아이앰 현존과 결합하고 점점 하나가 되어갑니다. 하지만 의식하는 자아는 여러분이 상승하기 전까지는, 아이앰 현존과 완전히 결합할 수 없습니다.

공(空)과 무아(無我)의 개념

공을 완전히 이해하려면, 공이 어떻게 왜곡되고 오용될 수 있는지도 파악해야 합니다. 이것은 오래된 형태의 불교뿐만 아니라 현대의 영적인 가르침에 이르기까지, 그리고 아드바이타 베단타[16]와 같은 다른 전통과 다른 현대의 교사들에게도 일어난 일입니다. 그들은 공의 개념과 자아가 비어 있다는 나의 선언을 받아들였습니다. 그리고 영적인 성장의 궁극적인 상태는 자아가 없는 상태이고, 그것은 궁극적인 공이라고 해석했습니다. 물론 이것은 잘못된 해석입니다.

란토의 설명에 따르면, 지구에 육화한 존재가 어떤 형태도, 어떤 표현도, 어떤 자아감도 없는 것처럼 여겨지는 상태를 경험하는 것이 실제로 가능합니다. 그러나 어떤 높은 존재나 신이 규정한 궁극적인 공의 상태가 존재하기 때문에 그런 것이 아닙니다. 우리는 여러분에게 태초에 창조주가 있었고, 창조주는 창조하겠다는 결정을 했다는 가르침을 주었습니다. 창조주는 가장 먼저 전체(Allness) 안에 자신을 둘러싼 경계를 그렸습니다. 그리고 그 경계 안의 모든 것을 철수시켜서 허공(the void)을 창조했습니다.

물론 허공을 궁극적인 공의 상태로 상상할 수 있습니다. 그러나 공동창조자로서 여러분은 허공을 경험할 수 없습니다. 창조주 자신조차도 허공을 경험하지 않는다고 말할 수 있습니다. 왜 그럴까요? 경험이 무엇인가요? 경험은 형태를 가진 어떤 것입니다. 아무 형태도 없다면, 어떻게 경험이 있을 수 있겠습니까? 허공에는 형태가 없습니다. 그렇다면 어떻게 허공을 경험할 수 있을까요? 사람들이 가장 높은 실재, 순수의식, 궁극적인 의식 상태라고 주장하는 것은 무엇을 경험한 것일까요? 무엇을 경험했을까요? 그들은 허공(void)을 경험한 것이 아닙니다. 그들은 이원성 의식을 가진 존재들이 만든 어떤 상태를 경

---

[16] 인도의 베단타 학파에 속하는 불이론(不二論) 학파

험한 것입니다.

  란토께서 설명했듯이 타락한 존재들은 분리된 자아를 궁극적인 위치로 끌어 올리려는 하나의 접근 방식과, 모든 자아의 존재를 부정하는 또 다른 접근 방식을 취했습니다. 따라서 그들은 집단의식 안에 텅 빈 것처럼 보이는 이런 야수, 이런 매트릭스, 이런 자아를 창조했습니다. 하지만 란토께서 말했듯이, 만일 여러분이 "나는 자아(self)가 없다.", "나는 자아가 없는 상태를 경험했다.", 혹은 "나는 공을 경험했다."라고 말한다면, 이때 (거기에 경험하는) 그 "나(I)"가 있기 때문에, 자아가 없는 상태는 존재하지 않는 겁니다. 그렇다면 '무아(no-self)'란 무엇일까요? 그것은 이미지의 투사입니다. 마찬가지로 무(無)와 공(空)의 이미지가 투사될 때 어떤 사람들은 공을 경험했다고 주장합니다. 하지만 그들은 공의 이미지를 경험한 것입니다. 이 상태는 공이 아닙니다. 왜냐하면 그것은 이미지로 채워져 있고, 이미지는 지상의 존재가 경험할 수 있는 형태를 가지고 있기 때문입니다. 따라서, 그것은 공이 아닙니다. 나는 지금 사람들이 어떤 경험을 할 때, 그 경험을 했다는 사실을 부정하는 것이 아니라, 그 경험이 궁극적인 공의 경험이 아니라고 말하는 것입니다. 그러나 사람들이 어떤 경험을 하고 일상적인 의식 수준으로 돌아와 그 경험을 말로 표현하기 시작하면, 그들은 그 멘탈 이미지를 기반으로 구축하고, 그 멘탈 이미지를 강화하고, 어쩌면 그것을 해석하고, 이제 그것을 사용해 자신이 궁극적인 경험을 했다고 투사합니다. 그게 무슨 뜻일까요? 자, 누군가 자신을 영적인 스승이라고 내세우며 공이나 '무아'라는 궁극적인 경험에 대해 이야기한다면, 그러면 그런 구루의 추종자들은 어떻게 할까요? 그들은 그가 공의 궁극적인 경험을 했기 때문에 궁극적인 의식에 도달했을 것이라고 투사합니다. 그런데 텅 비어 있는 공이 어떻게 궁극적인 의식 상태가 될 수 있을까요? 어떻게 비어 있는 상태가 궁극적 실재가 될 수 있을까요?

공(emptiness)은 빈 개념입니다

여러분은 왜 존재할까요? 세상은 왜 존재할까요? 여러분에게 경험을 줄 수 있는 세상은 왜 존재할까요? 현대의 많은 과학자가 묻고 있듯이 무(無)가 아니라 유(有)가 있는 이유는 무엇일까요? 그것은, 항상 무언가가 있었기 때문입니다. 무는 존재한 적이 없습니다. 만약 무가 있었다면, 무언가가 존재하지 않았을 것이고, 그렇다면 여러분은 여기에 있으면서 질문을 하지도 않았을 것입니다. 여러분이 존재한다는 사실 자체가, 아무것도 없는 상태인 무(無)란 존재하지 않음을 보여줍니다. 자기의식을 지닌 존재들의 창조가 있었고, 항상 어떤 창조가 있었습니다. 그 창조에는 목적이 있고 방향이 있는데, 그것은 더 높은 단계의 의식을 향해 성장하는 것입니다.

여러분은 무(無)를 통해 점점 더 높은 수준의 의식으로 성장하는 것이 아닙니다. 무는 점점 더 높아질 수도 없고, 궁극적인 것이 될 수도 없습니다. 항상 그 이상의 의식 수준이 있으므로, 사실 궁극적인 것이 있을 수가 없습니다.

다시 말하지만, 선형적인 마음은 이런 개념에 대해 듣게 되면 어쩔 줄을 모릅니다. 그러나 여러분은 직관적으로 존재의 목적이 의식의 성장임을 이해할 수 있습니다. 그리고 이곳 지구에 있는 여러분은 지구 대부분의 사람보다 훨씬 더 높은 의식으로 성장해서 상승 마스터가 될 수 있습니다. 그런데 상승 마스터는 성장해서 창조주 의식에 도달할 수 있고, 창조주는 그 이상의 수준까지 성장할 수 있습니다. 이제, 창조주 의식을 넘어서는 단계에 대해 이야기할 때는, 말은 무의미합니다. 개념은 무의미합니다. 여러분이 상승하지 않았을 때는 이것을 가늠할 수 없습니다. 상승한 상태에서도 이것을 실제로 가늠할 수는 없지만, 그래도 순간적으로 일별할 수는 있습니다.

따라서 공의 개념에는 의미가 비어 있습니다. 공은 의미가 없는 개념입니다. 타당한 영적인 가르침에 공이 설 자리는 없습니다. 그것을 가르치는 사람들, 공이 어떤 궁극적 상태라고 주장하는 사람들은 진정한 영적인 스승이 아닙니다. 그들은 상승 마스터와 조율하지 않습니다. 그들은 상승 영역을 우회하고, 영적인 영역을 우회하고, 지구상의 사람들과 창조주 사이에 있는 모든 존재를 우회했습니다. 그들은 무한한 의식이나 순수의식 또는 브라만을 아무런 형태가 없는 개념이라고 말하면서 심지어 창조주도 비껴갔습니다. 따라서 그들은 올바른 가르침을 가르치고 있지 않습니다.

자기-초월에서 오는 긍정적 동기

그들[17]은 목적이나 의미에 대한 감각을 부여하는 가르침을 주지 않기 때문에, 붓다 당시의 힌두교도 중 상당수가 의미에 대한 감각이 없었던 것처럼, 많은 사람이 의미에 대한 감각이 없는 것입니다. 힌두교는 수십억 년이라는 거의 무한한 우주의 주기를 가르치고 있으므로, 이것이 사람들에게 미쳤던 영향과 지금도 미치고 있는 영향은, 사람들이 무(無)로부터 나왔다고 여기게 만든다는 것입니다. 이번 삶에서 고통을 받듯이, 여러분은 거의 무한한 수의 육화를 거듭하면서 고통받았습니다. 그리고 이 모든 노력과 이 모든 고군분투에 대한 보상은 다시 무로 돌아가 사라지는 것입니다. 진실로, 사람들이 그 무의 상태에 도달하기 위해 열심히 노력하고 싶게 만드는 그런 종류의 상(賞) 말입니다. 그렇지 않나요?

그것은 많은 그리스도교인이 하늘나라에 가고 싶어 하는 주된 동기가, 지옥에 가는 것을 피하고 싶어하는 것과 어느 정도 비슷합니다. 하늘나라가 어떤 곳인지, 하늘나라에서 무엇을 하는지를 이해하는 그리스도교인이 얼마나 되는지 생각해 보세요. 하지만 그들은 지옥이 어떤 곳인지 알고 있고, 지옥이 피하고 싶은 곳이라는 것 정도는 알

---

[17] 공이 궁극적인 의식 상태라고 주장하는 사람들

고 있습니다. 이것은 곧 부정적인 동기라고 말할 수 있습니다. 무에 대한 생각과 무로 되돌아가는 끝없는 윤회의 수레바퀴에 대한 생각은, 기껏해야 부정적인 동기이거나, 전혀 동기라고 할 수도 없는 것입니다.

오늘 우리가 여러분에게 주는 것은 더 나은 동기입니다. 여러분은 공동창조자로 창조되었고, 자신의 자아감을 초월해 가면서 점점 더 높은 수준에 도달할 잠재력을 지니고 있습니다. 그 과정에서 여러분은 창조주뿐만 아니라 다른 모든 공동창조자와 함께하는 공동창조자로서 자신을 표현해가며 점점 더 많은 의미를 발견할 수 있습니다. 이원성에 빠진 타락한 존재 중 일부는 동기를 가진 것처럼 보일지도 모릅니다. 그들의 꿈은 분리된 자아를 완벽하게 만들어서 신이 틀렸음을 증명하고, 그들이 영적인 영역에 들어가 불멸의 존재가 되거나 이 미상승 구체를 관리하도록 허락받는 것입니다. 그들이 동기를 가졌다고 말할 수 있지만, 그것은 공동창조와 자기-초월에 전념하고 있을 때 가지게 되는 그런 동기가 아닙니다. 점점 더 정교한 분리된 자아를 구축하는 것은 자기 초월이 아닙니다. 이것은 많은 사람이 파악하지 못한 것, 선형적인 마음이 파악할 수 없는 것, 분명 타락한 존재가 파악하지 못한 것입니다.

이것[18]을 묘사해주는 하나의 예를 말해봅시다. 한 무리의 사람들이 매우 정교한 건물을 짓기로 결정하고, 바벨탑의 전설에서처럼 하늘에 닿을 만큼 탑을 높이 쌓기로 결정합니다. 그들은 계획을 세우고, 재료를 모으고, 탑을 점점 더 높이 쌓아 올립니다. 그들은 이 탑에 엄청난 노력을 기울입니다. 하지만 결국 어떻게 될까요? 중력이라는 힘이 있기 때문에, 지구에 세워진 모든 구조물은 한계에 도달하며 자체 무게로 무너져 내리는 시점이 올 것입니다. 기반을 아무리 튼튼하게 쌓아

---

[18] 타락한 존재들의 동기

도, 위층에 점점 더 많은 무게를 더하다 보면 임계점에 도달하게 되고, 하층 기반이 위의 무게를 지탱하지 못해 무너지기 시작합니다. 어떤 재료를 사용하든, 무게 때문에 구조물이 무너지기 시작하면, 갑자기 전체가 흔들거리기 시작하고, 결국 모든 것이 무너져 내립니다.

 이것이 타락한 존재들이 시도하고 있는 것입니다. 그들은 분리된 자아의 물질로 바벨탑을 쌓아 하늘나라에 들어가려고 합니다. 자기 초월이란 무엇인가요? 그것은 완전히 다른 접근 방식을 취하는 것입니다. 대략 설명하자면, 그들은 하늘에 닿는 탑을 세우는 대신 자신을 하늘로 데려다 줄 로켓을 만들기로 결정했다고 말할 수 있습니다. 과학이 증명했듯이, 이것은 가능합니다. 그러나 가장 정교한 비유는 여러분이 중력뿐만 아니라 열역학 제2 법칙의 적용을 받는 이원성 의식의 수준을 실제로 초월하여, 하늘에 들어가기 위해 힘(force)을 사용할 필요가 없다고 말하는 것입니다. 힘을 사용하지 않아도 되므로 자연스럽게 더 높은 단계로 올라갈 수 있습니다.

 하늘나라란 과연 무엇일까요? 중세 유럽에서 생각했던 것처럼 지구 표면으로부터 수 킬로미터 위에 있는 물리적 위치일까요? 아니면 우리가 말했듯이 다른 차원, 다른 수준의 의식일까요? 하늘나라에 들어가는 유일한 방법은 실제로 현재의 의식 수준을 초월하는 것, 즉 자아(self)를 완벽하게 만들려는 대신 자아(self)를 초월하는 것입니다. 왜 이것이 유일한 방법일까요? 영적인 영역에는 진정한 자아(Self)가 있기 때문입니다. 여러분은 그 진정한 자아(Self)에서 나왔습니다. 여러분은 자신을 원래 상태에서 멀어지게 하고 아래로 데려가는 그런 자아들(selves)을 취함으로써 물질세계로 내려왔습니다. 그리고 자신을 실제의 자신보다 못한 어떤 존재로 여기게 되었습니다. 여러분을 상승한 상태에서 벗어나게 만들었던 그 자아들을 떨쳐버리면, 여러분은 자연스럽게 상승한 상태로 돌아갈 수 있습니다. 자, 어떤 사람들은 선형적인 마음으로 이렇게 물을지도 모릅니다. "하지만 고타마시여,

당신은 처음 설법을 시작하실 때, 더 높은 영역에는 자아가 없다고 하지 않으셨나요?" 그런데, 내가 그랬었나요?

항상 초월하는 자아

브라민들은 더 높은 영역의 영구적인 자아[19]인, 진정한 자아(Self)가 존재한다고 말했습니다. 나는 그런 영구적인 자아(Self)는 존재하지 않는다고 말했습니다. 나는 자아(Self)가 없다고는 말하지 않았습니다. 항상 자신을 초월하는 자아(Self)가 존재합니다. 이것은 궁극적으로는, 창조를 통해 스스로를 초월하고 있는 창조주입니다. 그리고 그다음은 이전 구체들의 모든 수준에 존재하는 상승한 존재들이며, 이들은 자신의 확장체들을 창조함으로써 자신을 초월했습니다. 그리고 이 확장체들은 새로운 공동창조자가 되고, 이런 식으로 계속 내려와서 이 미상승 영역과 함께 일하고 있는 상승 마스터들까지 이어지게 됩니다. 그리고 이 상승 마스터들은 여러분의 아이앰 현존을 창조함으로써 스스로를 초월했습니다. 아이앰 현존은 의식하는 자아를 창조함으로써 스스로를 초월했습니다. 그리고 의식하는 자아는 멀리 형상 세계 안으로, 지금 여러분이 갈 수 있는 곳으로 내려왔습니다. 창조주의 마음이 형상 세계까지 그 자신을 확장해가는 이 과정이, 지금 여러분이 이 구체에서 갈 수 있는 곳까지 멀리 내려왔다면, 그러면 그다음의 자연스러운 단계는 무엇일까요?

그것은 다시 거슬러 올라가는 여정을 시작하는 것이며, 이것이 의식하는 자아의 기능이고 목적입니다. 그리고 이것이 바로 상승의 과정입니다. 상승 과정을 완료하면 무(無) 안으로 들어가는 것이 아닙니다. 여러분을 창조주 의식에 이르기까지 위로 데려가는 상향 여정을 계속합니다. 그 후에 할 일은 그 수준에서 여러분이 하는 선택에 달

---

[19] a permanent self

려 있으며, 진실로 현재 수준에서 그것에 대해 걱정할 필요는 없습니다. 여러분은 지구에서, 이 비자연 행성에서 상승할 수 있도록, 그 상승 과정을 어떻게 완료할 것인지에 관심을 가져야 합니다. 그런 다음, 상승하고 나서, 거기에서 무엇을 하고 싶은지 결정하세요.

가르침을 통해 상승 마스터와 연결되기

이번에도 우리는 대부분의 사람이 한 번에 감당할 수 있는 것보다 더 많은 것을 주었고, 여러분의 잔은 가득 차서 넘쳐흐릅니다. 그러나 우리가 현재 의식 수준에서 여러분이 이해할 수 있는 것을 제공하려는 것이 아닙니다. 우리는 여러분이 이 가르침에서 현재 수준에 맞는 한 가지를 취하고 그것을 내면화하여 다음 단계로 올라갈 수 있도록 하고 있습니다. 돌아와 반복해서 공부할 수 있는 것을 제공하려고 합니다. 여러분은 그 가르침을 다시 공부하고, 처음에 놓쳤던 다른 끌림을 발견하고, 그것을 내면화하고, 더 높은 수준으로 올라갈 수 있으며, 이것이 여정을 발전시키는 방법입니다.

담화를 한번 읽거나 들으면 거기서 얻을 수 있는 모든 것을 파악할 수 있다고 생각하는 사람들은, 가르침이 항상 여러 수준을 위해 주어진다는 점을 놓치는 것입니다. 만일 여러분이 열려 있다면, 영적인 가르침의 공부를 다 마쳤다는 것은 있을 수가 없습니다. 그렇다면 영적인 가르침이 해주는 일은 무엇일까요? 20년 후에 돌아와서 오늘 들었거나 읽은 이 담화를 다시 읽는다면, 여러분이 할 수 있는 일은 무엇일까요? 여러분은 "나는 외적이고 지적인 마음으로 가르침이 무엇에 대한 것인지 이해했습니다."라고 말할지도 모릅니다. 하지만 가르침의 진정한 요점이 무엇일까요? 그것은 여러분을 그 가르침을 준 상승 마스터와 연결해주는 것입니다.

나는 20년 후에도 여전히 여기에 있을 것입니다. 나는 20년 후에 나 자신을 초월해 있을 것이고, 여러분도 그럴 것이라고 믿습니다. 이 말은 20년 후에 여러분이 이 담화를 읽고 나의 현존에 조율한다면, 말로 된 가르침에는 없는, 말로 된 가르침을 초월한 무언가를 내가 여러분에게 줄 수 있다는 뜻입니다. 그리고 나와 어떻게 연결하고 무엇을 받을지는 정말로 여러분에게 달려 있습니다. 그것은 말로 된 가르침이 아닐 수 있습니다. 여러분은 말을 넘어선 방식으로 교감하는 지점에 도달해 있을지도 모릅니다. 그러나 여전히 외적인 가르침은 여러분의 마음을 내 마음에 조율해주는 역할을 할 수 있으므로, 우리는 마음의 만남을 가질 수 있습니다. 그리고 확언컨대, 이 만남에 에고의 마음, 선형적인 마음이 비어 있고 지구에 떠다니는 이런 온갖 개념과 아이디어가 비어 있다고 해도, 이 만남은 공(emptiness)이 아닙니다. 여러분은 그런 영적인 교감(communion)이 어떤 것인지 말로 표현할 수 없을지도 모르지만, 나는 이것이 공의 상태가 아니라고 확언합니다. 내가 설명하려고 시도했듯이, 공은 그냥 비어 있는 개념이기 때문입니다.

  이것으로, 이 컨퍼런스, 이 피정(retreat), 이 행사를 봉인하는 것은 나의 큰 기쁨입니다. 여러분에게 이 행사에 참여한 우리 모두의 감사를 전합니다. 실제로 이 담화를 준 것보다 훨씬 더 많은 상승 마스터들이 이 행사에 참여했습니다. 그러니 여러분과 가장 가까운 상승 마스터가 이번 컨퍼런스에서 담화를 주지 않았더라도, 여러분의 가슴과 가장 가까운 마스터와 조율하는 데 도움이 되었기를 바랍니다. 결국 우리는 모두 하나이므로 어떤 마스터의 담화를 다른 마스터와 조율하는 데 사용할 수 있습니다. 이것으로, 우리의 현존을 기꺼이 경험해 준 것에 대해 이곳 물질 영역에 있는 여러분의 현존에 큰 감사를 드립니다.

16-1
고타마 붓다와의 연결을 기원합니다

I AM THAT I AM, 예수 그리스도의 이름으로 나는 고타마 붓다를 부르며, 내가 외적인 가르침이나 가르침의 해석으로 당신 현존의 체험을 막고 있는 것은 아닌지 볼 수 있게 해달라고 요청합니다…
(여기에 개인적인 요청을 추가하세요)

파트 1

1. 고타마 붓다여, 영적인 가르침을 해석하는 것과 그 가르침 뒤에 있는 더 깊은 실재를 경험하는 것 사이에는 근본적인 차이가 있음을 압니다.

고타마 붓다시여, 나에게 애증을 일으키는
마음의 상태를 보여주소서.
당신이 드러내 주는 것을 견디면서,
내 지각은 순수해질 것입니다.

고타마 붓다, 우주 평화의 불꽃이시여,
이제 거칠게 몰아치던 사념들이 그치고,
당신과 나는 내면의 평화를 방사하여
윤회의 바다를 고요하게 합니다.

2. 고타마 붓다여, 나는 진정으로 가르침을 활용하기를 원합니다. 나는 말의 해석을 넘어서야 하며, 단지 말을 이해하는 것이 아니라, 말 뒤에 있는 더 깊은 실재를 경험하려고 해야 합니다.

고타마 붓다시여, 당신의 평화의 불꽃 안에서,
분투하던 자아를 놓아버립니다.
나는 이제 불성을 깨달으며,
불성은 당신과 나의 중심핵입니다.

고타마 붓다, 우주 평화의 불꽃이시여,
이제 거칠게 몰아치던 사념들이 그치고,
당신과 나는 내면의 평화를 방사하여
윤회의 바다를 고요하게 합니다.

3. 고타마 붓다여, 유효한 영적인 가르침은 상승 영역에서 온다는 것을 압니다. 그것은 영적인 존재의 마음에서 옵니다. 나는 외적인 가르침을 그 가르침의 근원인 영적인 존재와 접촉하기 위한 도구로만 사용하겠습니다.

고타마 붓다시여, 내가 그대와 하나되니,
이제 마라의 데몬들은 달아납니다.
당신의 현존은 고통을 치유하는 향유와 같이,
내 마음과 감각들을 늘 고요하게 합니다.

고타마 붓다, 우주 평화의 불꽃이시여,
이제 거칠게 몰아치던 사념들이 그치고,
당신과 나는 내면의 평화를 방사하여
윤회의 바다를 고요하게 합니다.

4. 고타마 붓다여, 단지 말로 된 가르침을 읽고 이해하려 하거나 지적

인 마음으로 해석하는 것은 가르침을 최상으로 활용하는 것이 아님을 깨닫습니다. 그런 것은 가르침을 활용하는 것이 아닙니다. 영적인 가르침의 목적은 현재의 의식 수준을 초월하도록 도와주는 것이기 때문입니다.

고타마 붓다시여, 영원한 현재 안에 살겠다고,
나는 이제 서약합니다.
당신과 함께 모든 시간을 초월하여,
더없이 숭고한 현재 안에서 살겠습니다.

고타마 붓다, 우주 평화의 불꽃이시여,
이제 거칠게 몰아치던 사념들이 그치고,
당신과 나는 내면의 평화를 방사하여
윤회의 바다를 고요하게 합니다.

5. 고타마 붓다여, 내가 현재 의식 수준으로 가르침을 이해하고 해석하려고 할 때, 그 수준에 갇히게 된다는 것을 압니다.

고타마 붓다시여, 나에게는 아무런 욕망도 없으며,
세속의 어느 것도 갈망하지 않습니다.
이제 나는 무집착으로 휴식하며,
마라의 미묘한 시험을 통과합니다.

고타마 붓다, 우주 평화의 불꽃이시여,
이제 거칠게 몰아치던 사념들이 그치고,
당신과 나는 내면의 평화를 방사하여
윤회의 바다를 고요하게 합니다.

6. 고타마 붓다여, 중도는 두 극단을 가진 선형적인 척도에서 균형을 찾는 것이 아님을 압니다. 중도란 이원적인 척도, 이원적인 대극들을

초월하는 것, 즉 선형적인 마음을 초월하는 것입니다.

고타마 붓다시여, 당신 안으로 녹아들며,
내 마음은 이제 둘이 아닌 하나입니다.
당신의 눈부신 빛 안에 잠기니,
내가 아는 모든 것은 열반뿐입니다.

고타마 붓다, 우주 평화의 불꽃이시여,
이제 거칠게 몰아치던 사념들이 그치고,
당신과 나는 내면의 평화를 방사하여
윤회의 바다를 고요하게 합니다.

7. 고타마 붓다여, 훨씬 더 선형적으로 되어버린 현대의 사고방식으로는 공(emptiness)이나 무아의 개념을 해석할 수 없음을 압니다. 선형적인 마음은 그것을 '자아가 비어 있을 뿐만 아니라 모든 것이 다 비어 있다.'라는 뜻으로 해석합니다. 즉 거기에 아무것도 없다고 해석합니다.

고타마 붓다시여, 시간을 초월한 당신의 공간 안에서,
나는 우주적 은총 안에 잠겨 듭니다.
모든 형상을 초월해 계신 신을 깨달으며,
나는 더 이상 세상을 따르지 않습니다.

고타마 붓다, 우주 평화의 불꽃이시여,
이제 거칠게 몰아치던 사념들이 그치고,
당신과 나는 내면의 평화를 방사하여
윤회의 바다를 고요하게 합니다.

8. 고타마 붓다여, 당신이 말씀하신 내용은, 영구불변하는 자아는 없지만, 끊임없이 변화하며 자신을 초월하는 자아는 있다는 의미임을

압니다. 그리고 그 자아는 끝없는 윤회와 고통의 순환을 겪은 후에 무(無)로 돌아가야 하는 것이 아닙니다. 그 자아의 목적은 계속 더 높이 올라가면서, 더 높은 의식 수준으로 상승하는 것입니다.

고타마 붓다시여, 나는 이제 깨어나서,
무엇이 시급한지를 명료하게 봅니다.
그러므로 나는 내 신성한 권리를 선언하며
지상에서 불성의 빛이 됩니다.

고타마 붓다, 우주 평화의 불꽃이시여,
이제 거칠게 몰아치던 사념들이 그치고,
당신과 나는 내면의 평화를 방사하여
윤회의 바다를 고요하게 합니다.

9. 고타마 붓다여, 당신의 의도는 사람들의 의식을 선형적인 사고방식 너머로 올려주는 것이었습니다. 선형적인 사고방식으로는 그러한 우주론적 개념에 대한 궁극적인 이해를 결코 얻을 수 없기 때문입니다.

고타마 붓다시여, 당신의 뇌성 번개와 더불어,
우리는 지구에 거대한 동요를 일으킵니다.
누군가는 깨달음을 얻어,
붓다의 영원한 무리에 합류할 것입니다.

고타마 붓다, 우주 평화의 불꽃이시여,
이제 거칠게 몰아치던 사념들이 그치고,
당신과 나는 내면의 평화를 방사하여
윤회의 바다를 고요하게 합니다.

파트 2

1. 고타마 붓다여, 나는 영적인 존재들, 내 영적인 스승들인 더 높은 영역의 상승 마스터들이 있음을 이해하는 것이 유익함을 압니다. 또한 자연 행성들이 존재하고, 많은 영적인 사람들이 자연 행성에서 비자연 행성인 지구로 왔음을 이해한다면 유익을 얻을 수 있습니다.

고타마 붓다시여, 나에게 애증을 일으키는
마음의 상태를 보여주소서.
당신이 드러내 주는 것을 견디면서,
내 지각은 순수해질 것입니다.

고타마 붓다, 우주 평화의 불꽃이시여,
이제 거칠게 몰아치던 사념들이 그치고,
당신과 나는 내면의 평화를 방사하여
윤회의 바다를 고요하게 합니다.

2. 고타마 붓다여, 공(emptiness)이라는 개념의 진정한 가치는, 영구적이고 변하지 않는 자아란 없음을 일깨워주는 데 있습니다. 나는 하나의 자아입니다. 의식하는 자아는 순수의식이지만, 순수의식을 다른 말로 공(空)이라고도 할 수 있습니다.

고타마 붓다시여, 당신의 평화의 불꽃 안에서,
분투하던 자아를 놓아버립니다.
나는 이제 불성을 깨달으며,
불성은 당신과 나의 중심핵입니다.

고타마 붓다, 우주 평화의 불꽃이시여,
이제 거칠게 몰아치던 사념들이 그치고,
당신과 나는 내면의 평화를 방사하여
윤회의 바다를 고요하게 합니다.

3. 고타마 붓다여, 나의 의식하는 자아 안에 정체감과 생각과 감정이 텅 비어 있는, 공(空)의 상태를 경험하겠습니다. 정체감, 생각, 감정은 마음 안에 있거나 마음이 만들어낸 것들입니다.

고타마 붓다시여, 내가 그대와 하나되니,
이제 마라의 데몬들은 달아납니다.
당신의 현존은 고통을 치유하는 향유와 같이,
내 마음과 감각들을 늘 고요하게 합니다.

**고타마 붓다, 우주 평화의 불꽃이시여,
이제 거칠게 몰아치던 사념들이 그치고,
당신과 나는 내면의 평화를 방사하여
윤회의 바다를 고요하게 합니다.**

4. 고타마 붓다여, 의식의 알파 측면은, 의식의 내용에 집중하는 대신 의식 자체에 집중할 수 있는 것임을 경험하겠습니다. 의식은 내용을 비울 수 있으며, 의식하는 자아가 자신을 순수의식으로 경험할 때, 이것이 공(空)의 상태입니다.

고타마 붓다시여, 영원한 현재 안에 살겠다고,
나는 이제 서약합니다.
당신과 함께 모든 시간을 초월하여,
더없이 숭고한 현재 안에서 살겠습니다.

**고타마 붓다, 우주 평화의 불꽃이시여,
이제 거칠게 몰아치던 사념들이 그치고,
당신과 나는 내면의 평화를 방사하여
윤회의 바다를 고요하게 합니다.**

5. 고타마 붓다여, 내가 여전히 정체감과 생각과 감정을 갖고 있음을

압니다. 나는 행동을 취하고, 세상과 상호작용하고, 내 아이앰 현존과 상승 마스터들과 상호작용합니다. 내 안의 모든 것이 비워진 것이 아니라, 특정한 의식 수준에서 나오는 어떤 것들이 비워졌습니다.

고타마 붓다시여, 나에게는 아무런 욕망도 없으며,
세속의 어느 것도 갈망하지 않습니다.
이제 나는 무집착으로 휴식하며,
마라의 미묘한 시험을 통과합니다.

고타마 붓다, 우주 평화의 불꽃이시여,
이제 거칠게 몰아치던 사념들이 그치고,
당신과 나는 내면의 평화를 방사하여
윤회의 바다를 고요하게 합니다.

6. 고타마 붓다여, 내가 상승할 때, 의식하는 자아의 관점에서는 궁극적인 형태의 공 안으로 들어가는 것처럼 보입니다. 이제 의식하는 자아는 아이앰 현존과 완전히 연합되어, 아이앰 현존이 되기 때문입니다. 이때는 의식하는 자아가 아이앰 현존에 의해 육화로 보내진 이후로 지니고 있던 자아감이 비워지게 됩니다.

고타마 붓다시여, 당신 안으로 녹아들며,
내 마음은 이제 둘이 아닌 하나입니다.
당신의 눈부신 빛 안에 잠기니,
내가 아는 모든 것은 열반뿐입니다.

고타마 붓다, 우주 평화의 불꽃이시여,
이제 거칠게 몰아치던 사념들이 그치고,
당신과 나는 내면의 평화를 방사하여
윤회의 바다를 고요하게 합니다.

7. 고타마 붓다여, 이것이 아무것도 존재하지 않는 상태를 의미하는 것이 아님을 압니다. 이제는 아이앰 현존의 완전한 자각이 있습니다. 내가 상승할 때 의식하는 자아는 아이앰 현존과 완전한 합일을 이루게 됩니다.

고타마 붓다시여, 시간을 초월한 당신의 공간 안에서,
나는 우주적 은총 안에 잠겨 듭니다.
모든 형상을 초월해 계신 신을 깨달으며,
나는 더 이상 세상을 따르지 않습니다.

고타마 붓다, 우주 평화의 불꽃이시여,
이제 거칠게 몰아치던 사념들이 그치고,
당신과 나는 내면의 평화를 방사하여
윤회의 바다를 고요하게 합니다.

8. 고타마 붓다여, 자아가 비어 있다는 말은, 영적인 성장의 궁극적인 상태가 '아무런 자아도 없는' 상태이자 궁극적인 공이라는 의미가 아님을 압니다. 어떤 더 높은 존재나 신이 정의한 궁극적인 공의 상태는 존재하지 않습니다.

고타마 붓다시여, 나는 이제 깨어나서,
무엇이 시급한지를 명료하게 봅니다.
그러므로 나는 내 신성한 권리를 선언하며
지상에서 불성의 빛이 됩니다.

고타마 붓다, 우주 평화의 불꽃이시여,
이제 거칠게 몰아치던 사념들이 그치고,
당신과 나는 내면의 평화를 방사하여
윤회의 바다를 고요하게 합니다.

9. 고타마 붓다여, 허공(the void)이 공(emptiness)이라고 생각될 수도 있지만, 내가 허공을 경험할 수는 없음을 압니다. 경험은 형태를 가진 어떤 것입니다. 아무 형태도 없다면, 어떻게 경험이 있을 수 있겠습니까?

고타마 붓다시여, 당신의 뇌성 번개와 더불어,
우리는 지구에 거대한 동요를 일으킵니다.
누군가는 깨달음을 얻어,
붓다의 영원한 무리에 합류할 것입니다.

**고타마 붓다, 우주 평화의 불꽃이시여,
이제 거칠게 몰아치던 사념들이 그치고,
당신과 나는 내면의 평화를 방사하여
윤회의 바다를 고요하게 합니다.**

파트 3

1. 고타마 붓다여, 어떤 사람들은 최고의 실재, 순수의식, 궁극적인 의식 상태를 경험했다고 주장하지만, 그들은 이원성 의식을 가진 존재들이 만들어낸 어떤 상태를 경험한 것임을 압니다.

고타마 붓다시여, 나에게 애증을 일으키는
마음의 상태를 보여주소서.
당신이 드러내 주는 것을 견디면서,
내 지각은 순수해질 것입니다.

**고타마 붓다, 우주 평화의 불꽃이시여,
이제 거칠게 몰아치던 사념들이 그치고,
당신과 나는 내면의 평화를 방사하여
윤회의 바다를 고요하게 합니다.**

2. 고타마 붓다여, 나는 모든 자아의 존재를 부정하려는 경향을 놓아 버립니다. 나는 집단의식 안에 있는, 텅 빈 것처럼 보이는 이런 야수, 이런 매트릭스, 이런 자아를 놓아버립니다.

고타마 붓다시여, 당신의 평화의 불꽃 안에서,
분투하던 자아를 놓아버립니다.
나는 이제 불성을 깨달으며,
불성은 당신과 나의 중심핵입니다.

고타마 붓다, 우주 평화의 불꽃이시여,
이제 거칠게 몰아치던 사념들이 그치고,
당신과 나는 내면의 평화를 방사하여
윤회의 바다를 고요하게 합니다.

3. 고타마 붓다여, 무(無)와 공(空)의 이미지가 투사될 때, 어떤 사람들은 공을 경험했다고 주장한다는 것을 압니다. 하지만 그들은 공의 이미지를 경험한 것입니다. 이 상태는 공이 아닙니다. 왜냐하면 그것은 이미지로 채워져 있고, 이미지는 지상의 존재가 경험할 수 있는 형태를 가지고 있기 때문입니다.

고타마 붓다시여, 내가 그대와 하나되니,
이제 마라의 데몬들은 달아납니다.
당신의 현존은 고통을 치유하는 향유와 같이,
내 마음과 감각들을 늘 고요하게 합니다.

고타마 붓다, 우주 평화의 불꽃이시여,
이제 거칠게 몰아치던 사념들이 그치고,
당신과 나는 내면의 평화를 방사하여
윤회의 바다를 고요하게 합니다.

4. 고타마 붓다여, 공은 의식의 궁극적인 상태가 될 수 없음을 압니다. 내가 존재한다는 사실 그 자체가, 아무것도 없는 상태인 무(無)란 존재하지 않음을 보여줍니다. 자기의식을 지닌 존재들의 창조가 있었고, 항상 어떤 창조가 있었습니다. 그 창조에는 목적이 있는데, 그것은 더 높은 단계의 의식을 향해 성장하는 것입니다.

고타마 붓다시여, 영원한 현재 안에 살겠다고,
나는 이제 서약합니다.
당신과 함께 모든 시간을 초월하여,
더없이 숭고한 현재 안에서 살겠습니다.

**고타마 붓다, 우주 평화의 불꽃이시여,
이제 거칠게 몰아치던 사념들이 그치고,
당신과 나는 내면의 평화를 방사하여
윤회의 바다를 고요하게 합니다.**

5. 고타마 붓다여, 내가 무(無)를 통해 더 높은 수준의 의식으로 성장하는 것이 아님을 압니다. 무는 점점 더 높아질 수도 없고, 궁극적인 것이 될 수도 없습니다. 항상 그 이상의 의식 수준이 있으므로, 사실 궁극적인 것이 있을 수가 없습니다.

고타마 붓다시여, 나에게는 아무런 욕망도 없으며,
세속의 어느 것도 갈망하지 않습니다.
이제 나는 무집착으로 휴식하며,
마라의 미묘한 시험을 통과합니다.

**고타마 붓다, 우주 평화의 불꽃이시여,
이제 거칠게 몰아치던 사념들이 그치고,
당신과 나는 내면의 평화를 방사하여
윤회의 바다를 고요하게 합니다.**

6. 고타마 붓다여, 내가 공동창조자로서 창조되었고, 자아감을 초월하여 점점 더 높은 수준에 이를 수 있는 잠재력을 가지고 있음을 압니다. 이 과정에서 나는 창조주뿐만 아니라 다른 모든 공동창조자들과 함께하는 공동창조자로서 나를 표현하면서 점점 더 많은 의미를 발견할 수 있습니다.

고타마 붓다시여, 당신 안으로 녹아들며,
내 마음은 이제 둘이 아닌 하나입니다.
당신의 눈부신 빛 안에 잠기니,
내가 아는 모든 것은 열반뿐입니다.

고타마 붓다, 우주 평화의 불꽃이시여,
이제 거칠게 몰아치던 사념들이 그치고,
당신과 나는 내면의 평화를 방사하여
윤회의 바다를 고요하게 합니다.

7. 고타마 붓다여, 나는 열역학 제2법칙의 지배를 받는 이원성 의식을 초월하겠습니다. 그러면 하늘나라에 들어가기 위해 힘(force)을 사용할 필요가 없습니다. 나는 힘을 사용하지 않아도 되므로 자연스럽게 더 높은 단계로 올라갑니다.

고타마 붓다시여, 시간을 초월한 당신의 공간 안에서,
나는 우주적 은총 안에 잠겨 듭니다.
모든 형상을 초월해 계신 신을 깨달으며,
나는 더 이상 세상을 따르지 않습니다.

고타마 붓다, 우주 평화의 불꽃이시여,
이제 거칠게 몰아치던 사념들이 그치고,
당신과 나는 내면의 평화를 방사하여
윤회의 바다를 고요하게 합니다.

8. 고타마 붓다여, 나는 하늘나라가 물리적인 장소가 아님을 압니다. 그것은 다른 차원, 다른 수준의 의식입니다. 하늘나라에 들어가는 유일한 방법은 현재의 의식 수준을 초월하는 것, 즉 자아를 완벽하게 만들려고 하는 대신, 자아를 초월하는 것입니다.

고타마 붓다시여, 나는 이제 깨어나서,
무엇이 시급한지를 명료하게 봅니다.
그러므로 나는 내 신성한 권리를 선언하며
지상에서 불성의 빛이 됩니다.

**고타마 붓다, 우주 평화의 불꽃이시여,
이제 거칠게 몰아치던 사념들이 그치고,
당신과 나는 내면의 평화를 방사하여
윤회의 바다를 고요하게 합니다.**

9. 고타마 붓다여, 영적인 영역에는 진정한 자아(Self)가 있으며, 내가 그 자아로부터 나왔음을 압니다. 나는 원래의 상태에서 나를 벗어나게 하는 분리된 자아들(selves)을 취함으로써 물질세계로 내려왔습니다. 그 자아들은 나를 아래로 데려왔으며, 내가 자신을 실제의 나보다 못한 존재라고 생각하게 만들었습니다.

고타마 붓다시여, 당신의 뇌성 번개와 더불어,
우리는 지구에 거대한 동요를 일으킵니다.
누군가는 깨달음을 얻어,
붓다의 영원한 무리에 합류할 것입니다.

**고타마 붓다, 우주 평화의 불꽃이시여,
이제 거칠게 몰아치던 사념들이 그치고,
당신과 나는 내면의 평화를 방사하여
윤회의 바다를 고요하게 합니다.**

파트 4

1. 고타마 붓다여, 상승 상태에서 나를 벗어나게 한 자아들을 떨쳐버림으로써, 내가 자연스럽게 상승 상태로 돌아간다는 것을 압니다.

고타마 붓다시여, 나에게 애증을 일으키는
마음의 상태를 보여주소서.
당신이 드러내 주는 것을 견디면서,
내 지각은 순수해질 것입니다.

고타마 붓다, 우주 평화의 불꽃이시여,
이제 거칠게 몰아치던 사념들이 그치고,
당신과 나는 내면의 평화를 방사하여
윤회의 바다를 고요하게 합니다.

2. 고타마 붓다여, 더 높은 영역에는 끊임없이 스스로를 초월하는 자아(Self)가 존재함을 압니다. 이것은 궁극적으로는, 창조를 통해 스스로를 초월하고 있는 창조주입니다. 그 창조는 그 아래 모든 수준의 상승한 존재들을 거쳐 내려오면서 이 미상승 구체까지 이어집니다.

고타마 붓다시여, 당신의 평화의 불꽃 안에서,
분투하던 자아를 놓아버립니다.
나는 이제 불성을 깨달으며,
불성은 당신과 나의 중심핵입니다.

고타마 붓다, 우주 평화의 불꽃이시여,
이제 거칠게 몰아치던 사념들이 그치고,
당신과 나는 내면의 평화를 방사하여
윤회의 바다를 고요하게 합니다.

3. 고타마 붓다여, 상승 마스터들은 내 아이앰 현존을 창조함으로써 스스로를 초월했음을 압니다. 그리고 내 아이앰 현존은 의식하는 자아를 창조함으로써 스스로를 초월했습니다.

고타마 붓다시여, 내가 그대와 하나되니,
이제 마라의 데몬들은 달아납니다.
당신의 현존은 고통을 치유하는 향유와 같이,
내 마음과 감각들을 늘 고요하게 합니다.

고타마 붓다, 우주 평화의 불꽃이시여,
이제 거칠게 몰아치던 사념들이 그치고,
당신과 나는 내면의 평화를 방사하여
윤회의 바다를 고요하게 합니다.

4. 고타마 붓다여, 의식하는 자아는 멀리 형상 세계 안으로, 지금 내가 갈 수 있는 곳까지 내려왔음을 압니다. 창조주의 마음이 형상 세계까지 자신을 확장해가는 이 과정이, 이 구체에서 내가 갈 수 있는 곳까지 멀리 내려왔을 때, 그다음의 자연스러운 단계는 다시 올라가는 귀환의 여정을 시작하는 것입니다.

고타마 붓다시여, 영원한 현재 안에 살겠다고,
나는 이제 서약합니다.
당신과 함께 모든 시간을 초월하여,
더없이 숭고한 현재 안에서 살겠습니다.

고타마 붓다, 우주 평화의 불꽃이시여,
이제 거칠게 몰아치던 사념들이 그치고,
당신과 나는 내면의 평화를 방사하여
윤회의 바다를 고요하게 합니다.

5. 고타마 붓다여, 나는 이것이 의식하는 자아의 기능이며, 상승의 과정임을 압니다. 상승 과정을 완료하면, 무(無) 안으로 들어가는 것이 아닙니다. 나는 창조주 의식까지 올라가는 상향 이동을 계속합니다.

고타마 붓다시여, 나에게는 아무런 욕망도 없으며,
세속의 어느 것도 갈망하지 않습니다.
이제 나는 무집착으로 휴식하며,
마라의 미묘한 시험을 통과합니다.

고타마 붓다, 우주 평화의 불꽃이시여,
이제 거칠게 몰아치던 사념들이 그치고,
당신과 나는 내면의 평화를 방사하여
윤회의 바다를 고요하게 합니다.

6. 고타마 붓다여, 나는 비자연 행성인 이 지구에서 상승할 수 있도록 상승의 과정을 기꺼이 완수하겠습니다. 내가 상승했을 때, 그때 무엇을 하고 싶은지 그곳에서 결정하겠습니다.

고타마 붓다시여, 당신 안으로 녹아들며,
내 마음은 이제 둘이 아닌 하나입니다.
당신의 눈부신 빛 안에 잠기니,
내가 아는 모든 것은 열반뿐입니다.

고타마 붓다, 우주 평화의 불꽃이시여,
이제 거칠게 몰아치던 사념들이 그치고,
당신과 나는 내면의 평화를 방사하여
윤회의 바다를 고요하게 합니다.

7. 고타마 붓다여, 나는 가르침이 항상 여러 의식 수준을 위해 주어진 다는 것을 압니다. 나는 결코 영적인 가르침의 공부를 다 마친 것이

아닙니다. 언제든 가르침을 통해서 그 가르침을 준 마스터와 연결될 수 있기 때문입니다.

고타마 붓다시여, 시간을 초월한 당신의 공간 안에서,
나는 우주적 은총 안에 잠겨 듭니다.
모든 형상을 초월해 계신 신을 깨달으며,
나는 더 이상 세상을 따르지 않습니다.

**고타마 붓다, 우주 평화의 불꽃이시여,
이제 거칠게 몰아치던 사념들이 그치고,
당신과 나는 내면의 평화를 방사하여
윤회의 바다를 고요하게 합니다.**

8. 고타마 붓다여, 내가 20년 후에 담화를 읽고 당신의 현존에 조율하면, 당신은 말로 된 가르침을 넘어서는 무언가를 내게 줄 수 있음을 압니다.

고타마 붓다시여, 나는 이제 깨어나서,
무엇이 시급한지를 명료하게 봅니다.
그러므로 나는 내 신성한 권리를 선언하며
지상에서 불성의 빛이 됩니다.

**고타마 붓다, 우주 평화의 불꽃이시여,
이제 거칠게 몰아치던 사념들이 그치고,
당신과 나는 내면의 평화를 방사하여
윤회의 바다를 고요하게 합니다.**

9. 고타마 붓다여, 나는 기꺼이 당신과 연결되어 당신에게서 무언가를 받겠습니다. 그것은 말로 된 가르침이 아닐 수 있습니다. 우리는 말을 넘어선 방식으로 교감할 수 있을지도 모릅니다. 나는 기꺼이 공(空)이

아닌 마음의 만남을 가지겠습니다. 나는 공(空)이 공허한 개념임을 알기 때문입니다.

고타마 붓다시여, 당신의 뇌성 번개와 더불어,
우리는 지구에 거대한 동요를 일으킵니다.
누군가는 깨달음을 얻어,
붓다의 영원한 무리에 합류할 것입니다.

고타마 붓다, 우주 평화의 불꽃이시여,
이제 거칠게 몰아치던 사념들이 그치고,
당신과 나는 내면의 평화를 방사하여
윤회의 바다를 고요하게 합니다.

봉인

신성한 어머니의 이름으로, 나는 대천사 미카엘과 아스트레아와 쉬바께 나의 영적인 스승들과 아이앰 현존과 나와의 연결을 봉인해 주시기를 요청합니다. I AM THAT I AM의 이름으로, 이것이 이루어졌습니다! 아멘.

▶ 아이앰 출판사 연락처
· 이 책의 오류 및 아래 내용과 관련된 문의 사항은 메일로 해주세요.
· biosoft@naver.com (아이앰출판사 대표 메일)

▶그리스도 의식 카페 안내
　용어집: cafe.naver.com/christhood/2411 (그리스도 의식을 추구하며 카페)
　이 책에 나오지 않는 용어는 카페의 용어집을 참조하거나 카페에서 검색을 하면 다양한 정보를 얻을 수 있습니다. 카페 회원 가입시 상승 마스터 가르침과 관련된 개인적인 질문, 답변도 가능합니다.

▶온라인, 오프라인 모임 및 행사 안내

· 공부 모임: 서울, 분당, 대전, 대구, 부산 등에서 매달 온/오프라인 모임
　(공부를 하기 위한 진지한 목적으로는 누구나 참여 가능함)

· 온라인 기원문 낭송: 카페에서 매주 1~2회 저녁에 공동 기원문 낭송

· 성모 마리아 500 세계 기원: 매월 마지막 일요일 개최
　(오후 3시~7시 또는 8시~12시. 전 세계적으로 같은 시간에 진행)

· 상승 마스터 국제 컨퍼런스 및 웨비나: 한국에서 매년 또는 정기적 개최
　(한국, 유럽, 러시아, 미국 등에서 매년 개최함)

· 더 상세한 내용은 네이버 카페 공지사항을 참조하시기 바랍니다.
　(cafe.naver.com/christhood)

▶ 자아통달 과정

상승 마스터들은 2012년부터 매년 한 광선에 해당하는 자아통달 시리즈의 책을 킴 마이클즈를 통해서 전해주었습니다. 이 과정은 책만 구입하면 별도의 비용이 들지 않고 개인적으로 누구나 수행할 수 있습니다. 처음 수행하는 분은 비영리 단체인 '그리스도 의식을 추구하며' 카페에서 진행과 관련하여 도움을 받을 수 있습니다.

· 단계별로 아래의 책을 구입 후 개인적으로 수행을 해도 됩니다.
  (카페에서 번역서 구입 가능. 일부 책은 yes24 등의 전국 온라인 서점에서 구입 가능)
· 초기에는 온/오프라인 모임과 카페의 '자아통달' 메뉴에서 도움을 받을 수 있습니다.
· 각 과정은 책을 읽고 기원문을 낭송하는 방식으로 진행됩니다.
· 수행 시간은 매일 약 20분~40분 내외입니다.

자아통달 시리즈 책

한글 서적 명	번역서	시리즈
'영원한 나'를 찾아가는 여정	출판됨	1
내면의 창조적인 힘 (1광선)	출판됨	3
'신성한 지혜'를 찾아가는 여정 (2광선)	출판됨	4
'조건 없는 사랑'을 찾아가는 여정 (3광선)	출판됨	5
'영적인 순수함'을 찾아가는 여정 (4광선)	출판됨	6
'초월적인 비전'을 찾아가는 여정 (5광선)	출판됨	7
'내면의 평화'를 찾아가는 여정 (6광선)	출판됨	8
'영원한 자유'를 찾아가는 여정 (7광선)	출판됨	9
생명의 강과 함께 흐르기 (8광선) (내면의 영체들을 초월하기)	출판됨	2

주의 사항: 상승 마스터 가르침을 처음 접하면, 몇 권의 책을 읽고, 기원문을 일정 기간 낭송하면서 자신에게 적합한지 살펴본 후에 이 과정을 시작하세요. 이 과정 전체를 마치려면 약 2년의 기간이 소요됩니다.

▶그리스도 의식 과정

이 과정은 '그리스도 의식에 이르는 여정(Master Keys to Personal Christhood) 1~3권' 및 '그리스도 의식 기원문' 책으로 진행합니다.

이 책에는 2008년 예수님이 킴 마이클즈를 통해 전해주신 17개의 핵심적인 담화가 담겨 있습니다.

그리스도 의식으로 안내하는 이 17개의 담화를 읽고, 이 내용의 체화를 돕는 기원문을 33일간 낭송하는 방식으로 공부해 나가도록 되어 있습니다.

그리스도 의식 시리즈 책

한글 서적 명	번역서	시리즈
그리스도 의식에 이르는 열쇠 1권 Master Keys to Personal Christhood	출판됨	1
그리스도 의식에 이르는 열쇠 2권 Master Keys to Personal Christhood	출판됨	2
그리스도 의식에 이르는 열쇠 3권 Master Keys to Personal Christhood	출판됨	3
그리스도 의식 기원문	전자책	4

주의 사항: 상승 마스터 가르침을 처음 접하면, 몇 권의 책을 읽고, 기원문을 일정 기간 낭송하면서 자신에게 적합한지 살펴본 후에 이 과정을 시작하세요. 이 과정 전체를 마치려면 약 2년의 기간이 소요됩니다.

▶ 아바타 과정

'예수와 함께했던 나의 생애들' 책은 지구에 육화한 어느 존재의 수많은 전생 이야기를 통해 지구 문명과 예수 그리스도의 사명과 악의 기원에 대해 깊은 통찰을 제시하는 자서전적 소설입니다.

'힐링 트라우마' 책은 소설 '예수와 함께했던 나의 생애들'과 짝을 이루는 수행서(workbook)입니다. 그 소설은 많은 영적인 사람이 자원자나 아바타로 지구에 오게 되었다는 개념을 소개합니다. 우리는 그때 지구에서 겪은 경험의 결과로 깊은 영적인 트라우마를 받았습니다.

아래의 책들은 이러한 개념에 대한 더 많은 가르침을 포함하고 있습니다. 또한, 여러분이 그 트라우마들을 치유하고, 이 행성에서의 삶의 태도에서 모든 부정성을 극복할 수 있도록 도울 수 있는, 실제적인 도구들을 포함하고 있습니다. 이 책을 활용하기 전에 우선 '예수와 함께했던 나의 생애들' 소설을 읽어볼 것을 권합니다. 그 소설이 여러분이 치유 과정을 시작하도록 도울 수 있는 중요한 가르침을 많이 포함하고 있기 때문입니다.

· 단계별로 아래의 책을 구입 후 개인적으로 수행을 해도 됩니다.
  (카페에서 번역서 구입 가능. 일부 책은 yes24 등의 전국 온라인 서점에서 구입 가능)
· 초기에는 오프라인 모임, '힐링 과정' 메뉴에서 도움을 받을 수 있습니다.
· 책을 읽고 기원문을 낭송하는 방식으로 진행됩니다.

아바타 시리즈 책

한글 서적 명	번역서	시리즈
예수와 함께했던 나의 생애들	**출판됨**	1
힐링 트라우마	**출판됨**	2
신성한 계획 완성하기	**출판됨**	3
최상의 영적인 잠재력 구현하기	**출판됨**	4
지구에서 평화롭게 존재하기	**출판됨**	5

▶ 상승 마스터 가르침 책 구입 안내

· 아이앰 출판사에서 출간된 모든 책은 네이버 '아이앰출판사' 스토어에서 구입할 수 있습니다.

네이버 서적 구입용 QR

· 종이책 구입처: 네이버, yes24, 알라딘 및 전국 대형 서점, 카페에서 판매
· 전자책(eBook) 구입처: 네이버, 리디북스, yes24, 알라딘, 카페에서 판매

그리스도 의식 시리즈 책

한글 서적 명	번역서	시리즈
그리스도 의식에 이르는 열쇠 1권 Master Keys to Personal Christhood	출판됨	1
그리스도 의식에 이르는 열쇠 2권 Master Keys to Personal Christhood	출판됨	2
그리스도 의식에 이르는 열쇠 3권 Master Keys to Personal Christhood	출판됨	3
그리스도 의식 기원문	전자책	4

아바타 시리즈 책

한글 서적 명	번역서	시리즈
예수와 함께했던 나의 생애들 My Lives with Lucifer, Satan, Hitler and Jesus	출판됨	1
힐링 트라우마 Healing Yout Spiritual Trauma	출판됨	2
신성한 계획 완성하기 Fulfilling Your Divine Plan	출판됨	3
최상의 영적인 잠재력 구현하기	출판됨	4

Fulfilling Your Highest Spiritual Potential		
지구에서 평화롭게 존재하기 Making Peace with Being on Earth	출판됨	5

초월 툴박스(힐링, 심리 치유) 시리즈 책

한글 서적 명	번역서	시리즈
생명의 강과 함께 흐르기 (내면의 영체들을 초월하기) Flowing with the River of Life (Freedom from Internal Spirits)	출판됨	1
생명의 노래 – 힐링 매트릭스 Song of Life – Healing Matrix	출판됨	2
가슴으로 소통하는 방법 How to Communicate from the Heart	출판됨	3
차크라를 치유함으로써 자신을 치유하기 Healing Yourself by Clearing the Chakras	출판됨	4
모든 것을 용서함으로써 치유하기 Heal Your Life by Forgiving Everything	출판됨	5
무조건 믿지는 마세요 Don't Drink Your Own Kool-Aid Second Edition	출판됨	
영적이지 않은 사회에서 영적으로 존재하기 Being Spiritual in an Anti-Spiritual Society	미정	
원하는 삶을 경험하세요 Getting the Life Experience You Want	예정	

풍요 시리즈 책

한글 서적 명	번역서	시리즈
물질을 넘어선 마음 Mind Over Matter	예정	1
풍요를 위한 인생 계획 Your Lifes Plan for Abundance	예정	2
삶에 대한 사랑 표현하기 Expressing Your Love for Life	예정	3
풍요 시리즈 기원문 모음	출판됨	4

한국 컨퍼런스/웨비나 시리즈 책

한글 서적 명	번역서	시리즈
한국의 미래를 위한 신성한 선물 (2016)	출판됨	1
통일 한국의 황금시대를 위한 신성한 지혜 (2017)	출판됨	2
독재를 부르는 우리 안의 심리 (2019)	출판됨	3
지구 행성을 위한 열린 문이 되기 (2021)	출판됨	4
여성의 영적인 자유 상/하 The Spiritual Liberation of Women	출판됨	5
영적인 스승들과 연결하기 Connecting with Your Spiritual Teachers	출판됨	

예수의 가슴으로부터 시리즈 책

한글 서적 명	번역서	시리즈
예수의 신비주의 가르침 The Mystical Teachings of Jesus	예정	1
예수님의 신비 여정을 걷기 Walking the Mystical Path of Jesus	미정	2
신비 여정에서 더 높이 오르기 Climbing Higher on the Mystical Path	미정	3
에고 환영에서 벗어나기 Freedom from Ego Illusions	예정	4
에고 게임에서 벗어나기 Freedom from Ego Games	예정	5
에고 드라마에서 벗어나기 Freedom from Ego Dramas	예정	6
신비주의가 과학과 종교를 통합하는 방법 How Mystics Can Unify Science and Religion	미정	7
예수님은 그리스도교에 대해 뭐라고 말할까요? What Would Jesus Say about Christianity	미정	8

세계 영성화 시리즈 책

한글 서적 명	번역서	시리즈
세상의 변화를 돕는 방법 How You Can Help Change the World	미정	1
상승 마스터들과 함께 전쟁 없는 지구를 만들기 Help the Ascended Masters Stop War ➔ 은하문명에서 "전쟁과 세계경제조작 배후의 영적인 원인과 그 해법"으로 출간됨	**출판됨**	2
사람들이 과거를 극복하도록 돕기 Help People Overcome the Past	미정	3
성 저메인의 황금시대 수용하기 Accepting Saint Germain's Golden Age	예정	4
성 저메인의 황금시대 구상하기 Envisioning Saint Germain's Golden Age	예정	5
성 저메인의 황금시대 구현하기 Manifesting Saint Germain's Golden Age	예정	6
미국 문제의 영적인 해법 Spiritual Solutions to America's Problems	미정	7
미국을 위한 영적인 정화 A Spiritual Clearance for America	미정	8
독재를 부르는 우리 안의 심리 Ending the Era of Dictatorships	**전자책**	9
광신주의 시대를 끝내기 Ending the Era of Fanaticism	미정	10
엘리트주의 시대를 끝내기 Ending the Era of Elitism	미정	11
여성의 영적인 자유 상/하 The Spiritual Liberation of Woman	**출판됨**	12
이념의 시대를 끝내기) Ending the Era of Ideology	미정	13

기타 책들

한글 서적 명	번역서
예수님의 선문답 The Jesus Koans	**출판됨**
영적인 자유에 이르는 길 33 Master Keys to Spiritual Freedom	**출판됨**
지구 어머니 치유하기 Healing Mother Earth	예정
악의 우주론 Cosmology of Evil	**전자책**
악의 심리학 Psychology of Evil	**전자책**

은하문명 출판사 책들

한글 서적 명	번역서
성모의 메시지 - 너희의 행성을 구하라	**출판됨**
그리스도는 여러분 내면에서 탄생한다	**출판됨**
빛을 향한 내면의 길	**출판됨**
여러분 자신을 구원하라	**출판됨**
전쟁과 세계경제조작 배후의 영적인 원인과 그 해법	**출판됨**
풍요로운 삶에 이르는 핵심 열쇠	**출판됨**